品質を守る木造住宅のつくり方

住宅現場公開講座

力石眞一

井上書院

はじめに

本書は，次のような方々のために書かれています。

- 期待している品質を備えた住まいをつくってもらいたいと考えている，建築主の方々。
- 建築主から期待されている品質を備えた住まいをつくるには，工事監理上どのようなポイントがあるのかを知りたいと考えている，現場経験のまだ浅い設計者の方々。
- 建築主や設計者から期待されている品質を備えた住まいをつくるには，施工管理上どのようなポイントがあるのかを知りたいと考えている，現場経験のまだ浅い施工管理者の方々。

本書は，現場の作業に初めて触れる設計者や施工者の方々だけでなく，一般の建築主の方々にも何が問題なのかを把握していただきやすくするために，工事段階ごとに説明を区切り，必要に応じて不具合な事例だけでなく良好な事例の写真も掲載し解説したものです。

本書が，「住まいづくり」に関わるさまざまな方々に工事現場で活用され，少しでも建物の品質確保の役に立つことができましたなら，筆者の大きな喜びです。

力石眞一

■本書をお読みいただく前に

　本書の主題は，「在来工法による住宅の施工段階において，どうすれば確かな品質を確保できるか（以下「施工品質の確保」といいます）」という点にあります。そして，それは，特別な工法によらない，「普通のコスト条件下」での，「普通の技能」をもった職人さんたちによって行われている「ごく一般的に採用されている仕様」による施工を対象としています。

　本書はいわゆる「欠陥工事」や「手抜き工事」などを告発しようという姿勢で書かれたものではありません。誤解を恐れずに言えば，共通仕様書や施工の教科書などに書いてあるとおりにはいかない状況が発生するのが現実の工事であり，そうした見地から，教科書どおりの施工をすべての場面で求めようとは考えていません。しかし，大変重要な個所までが手間がかかるということや，普段やっていないということなどを理由にして，十分な仕事がなされない場合があるということも現実です。

　そこで，このような現実を乗り越えるために，下記の3つの柱を前提に記載にあたることにしました。

1. 「仕上げ」の下に隠れてしまう部分の品質を見過ごさない
2. 架構の安全性に関わるものは厳格に仕様を守る
3. 不具合な施工が行われることのないように極力事前に手を打つ

　また，以下に本書の記載内容に関し，お断りしておきたいことをいくつか述べておきます。

　本書でいう「施工品質の確保」を実現するということは，「住宅の品質確保の促進等に関する法律（以下「品確法」といいます）」に規定されている「日本住宅性能表示基準」の性能等級を確保するということとは若干異なります。ここに書かれている内容は，そうした性能等級を実現するための施工方法ではなく，どのようなランクの等級であっても，必ず守っていただきたい施工の基本ともいうべきものです。

　本書は，いわゆる設計段階で行うべき作業は記載対象外としました。しかし，施工段階での努力だけで品質を確保するには限界があることも現実です。そうしたことから，本来設計段階で確認すべき内容であっても「施工品質の確保」のために必須と判断した内容については，1章と2章にその一部を記載することとしました。ただし，それらはあくまでも初歩知識としての内容にとどめています。そして逆に，施工段階で行われる作業であっても，コストコントロールや近隣折衝関係のような，「施工品質の確保」に直接的に関係しない内容や，職人さんの資質によるばらつきがあまりなく，一定以上の品質を確保できているといえるような作業は，簡単な記述にとどめたり記載を省略しています。

　また，工事検査のためのマニュアルや施工の実務手順書としての位置づけはしておりません。したがって，法的に必要なチェック内容の詳細や，職人さんの作業手順や手配段取りなどに関しては記載対象外としていますので，これらについては，それぞれの分野の専門書で補っていただきたいと思います。

　本書は，「有害性情報のある建材はできる範囲で排除する」というスタンスで建材を絞り込んでいますが，誤解を恐れずに言えば，有害性情報のある建材のすべてを排除するという考えはもっておりません。したがって，本書に記載した建材のなかには，いわゆる健康建材だけでなく，有害性情報があってもほかに代わり得る建材がないと判断した場合などには，そうした情報を明らかにした上で選定した建材も含まれていることをお断りしておきます。

　最後に，現場内ではくれぐれも慎重に行動していただきたいということをお願いしておきます。現場での確認作業には危険が伴うことがありますが，初心者の方々は危険性に気づかない場合が少なくありませんし，少し慣れてきた頃なども事故が起きやすいといえますので，常に注意を怠らないようにしていただきたいと思います。そして，特に建築主の方には，施工管理者の許可がない場所には決して立ち入らないよう，強くお願いしておきます。

■本書の利用のしかた

●各ページは下記のような構成になっています。本文をお読みになる際の参考にして下さい。

●工事の名称，内容，区分などは一般的な慣例にそったものとするように努めましたが，多少異なる場合があり得ます。

●各節で取り扱う内容の概要や注意点などをまとめてあります。

●施工の品質に与える影響の大きさに応じて，重要度のランクを★の数で表示しています。数が多いほど品質に与える影響が大きい内容ということになりますが，あくまでも一つの目安と考えていただき，数が少ない項目は配慮しないでよい，という意味ではないことに注意して下さい。

●各項目のトップには，そこに記載されている内容の概要や，特に重要と判断している内容などを見出しという位置付けで載せています。ここには必ず目を通していただきたいと思います。

3 床組

床組とは土台，大引き，梁，根太，床束などで組まれた躯体をいい，組み上げた各部材を金物や釘などで固定していきます。2章で躯体の初歩知識として，起きがちないくつかの問題点に関し述べていますので，ここではそこで取り上げた以外の問題点や注意点などについて記載しています。
なお，ここで取り上げている記載内容は，ごく一般的に見られる架構を対象としていることをお断りしておきます。

■ 1 1階の床組回りについて   重要度：★

1-1 床束について ★★

最近では，床束に金属製(写真 1，2)や樹脂製のものを使用する事例が多くなっているようです。レベル調整が容易なことや，木製の床束とする場合は，乾燥材を使用しないと床の傾きやきしみの原因となることがありますので，こうした傾向も否定はできないと感じてはいます。
ただ，固定に際し接着剤の使用が前提(写真 1，2の○部分)となり，さらに言えば，写真 2のように 50mm近い高さの床束を全くとめないでいない施工も見受けられます。束の高さが高い場合は，地震時などの安全性に欠けると思われ，こうした点などを考えると，筆者としてはあまり積極的にはお勧めできないと感じています。
なお公庫仕様書では，床束と大引きの仕口部にはかすがいか平金物のどちらかを設けるように規定されていますが，小屋組のところでも述べたような理由から，できれば平金物を使用することをお勧めします。

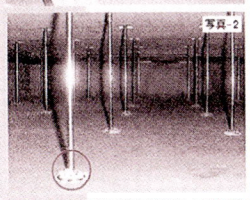
写真-1

写真-2

写真-3

床束と大引きを番線(矢印)で止める仕様もよく見受けられますが，それで金物が省略できるというわけではありません。この事例では○部分に金物が取り付けられていないだけでなく，番線の締め方も怪しく思います。

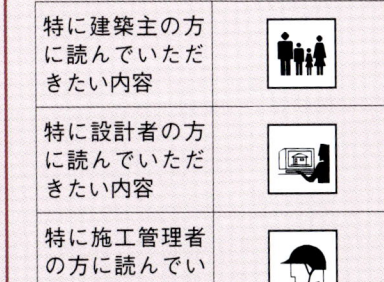

通常は，1階の根太は45mm×45mm程度の材を使用する場合が多いといえますが，2階に使用する(45mm×105mm程度)の材とすることで床のたわみを考慮する構法もみられるようになってきました。4章 6 基礎工事」で述べたように，防湿コンクリートの場合は転圧が不十分となる場合が多く，この点も考えると床束に頼らないこうした仕様はお勧めできると思います。

●施工上の標準としていただきたい事例や，現場でよく見受けられる不具合事例などの写真を掲載しています。
ただし，前者の事例の中には仕様書通りの理想的な施工状態ではないものもあり，また，後者の事例の中には公庫仕様書などには規定がなく，多くの場合は問題とされない施工を不具合と指摘しているものもあることをお断りしておきます。

特に建築主の方に読んでいただきたい内容	👪
特に設計者の方に読んでいただきたい内容	🖥
特に施工管理者の方に読んでいただきたい内容	⛑

●撮影にご協力下さった施工会社名を以下の符号（＊，＊＊）で表示しています。
　＊　：株式会社こもだ建総
　＊＊：マルイ木材株式会社
また，符号の記載のないものは，撮影にはご協力いただきましたが，社名の掲載は希望されなかった施工会社さんのものです。
なお，上記各社の連絡先は巻末をご覧下さい。

●説明文のうち，掲載した写真に関連した部分は，赤字や必要に応じて矢印などで表示しています。

●説明文は建築主，設計者，施工管理者の，それぞれの立場の違いにかかわらずすべての方々に読んでいただきたいと思いますが，その中でも特に読んでいただきたい方を左図のシンボルで区分し，表示しています。

目 次

　　はじめに ··· 3
　　本書をお読みいただく前に ·· 4
　　本書の利用のしかた ··· 5

1章　家づくりの第一歩として押さえておきたい土地と木に関する初歩知識
　　1　土地の品質について ··· 12
　　2　木の品質について ··· 21

2章　工事契約前までに確認しておきたいこと
　　1　架構の不具合をなくす ·· 28
　　2　契約書類について ··· 32
　　コラム1　木材の乾燥について ·· 37

3章　大工さんの仕事に関し契約後から上棟までの間に確認しておきたいこと
　　1　刻み段階での不具合をなくす ·· 40
　　2　アンカーボルトと土台の照合 ··· 44
　　3　プレカットの施工品質を考える ·· 48

4章　鳶さんの仕事に関し契約後から上棟までの間に確認しておきたいこと
　　1　地縄・水盛り遣方 ··· 52
　　2　根切り・地業 ·· 55
　　3　基礎工事 ─ 配筋と型枠 ·· 59
　　4　基礎工事 ─ コンクリート打ち ·· 65
　　5　基礎工事 ─ 養生 ··· 69
　　6　基礎工事 ─ 基礎コンクリート打設後の工事 ····························· 71
　　7　基礎工事 ─ コンクリートと基礎の形 ····································· 76
　　コラム2　品確法（1）─ 性能表示と評価について ························· 81
　　コラム3　品確法（2）─ 瑕疵担保について ································· 82

5章　建方作業に関し確認しておきたいこと
　　1　土台の設置 ·· 84
　　2　建方，養生 ··· 89

6章　上棟以降に大工さんが行う仕事に関し確認しておきたいこと
　　1　小屋組，野地板 ·· 94
　　2　軸組 ··· 98
　　3　床組 ·· 104

4　金属製建具工事 ……………………………………………………………107
　　5　本書に記載した建材と有害性情報 …………………………………………110
　　6　内部造作工事 ………………………………………………………………120
　　7　外部造作工事 ………………………………………………………………128
　　8　断熱工事 ……………………………………………………………………133
　　コラム4　現場打ち工法による地下室施工の一例 …………………………138

7章　上棟以降に大工さん以外の職人さんが行う仕事に関し確認しておきたいこと
　　1　屋根・板金工事 ……………………………………………………………140
　　2　内部の左官，内装，塗装，木製建具 ………………………………………145
　　3　外部の左官，外装，タイル，塗装，防水 …………………………………149
　　4　給排水・ガス・電気・空調・住器工事 ……………………………………157
　　5　その他の工事（防腐・防蟻処理，仮設工事）………………………………163

　　引用文献 …………………………………………………………………………171
　　参考文献 …………………………………………………………………………172
　　索　引 ……………………………………………………………………………173
　　あとがき …………………………………………………………………………176

■ 工事スケジュールと本書の記載内容

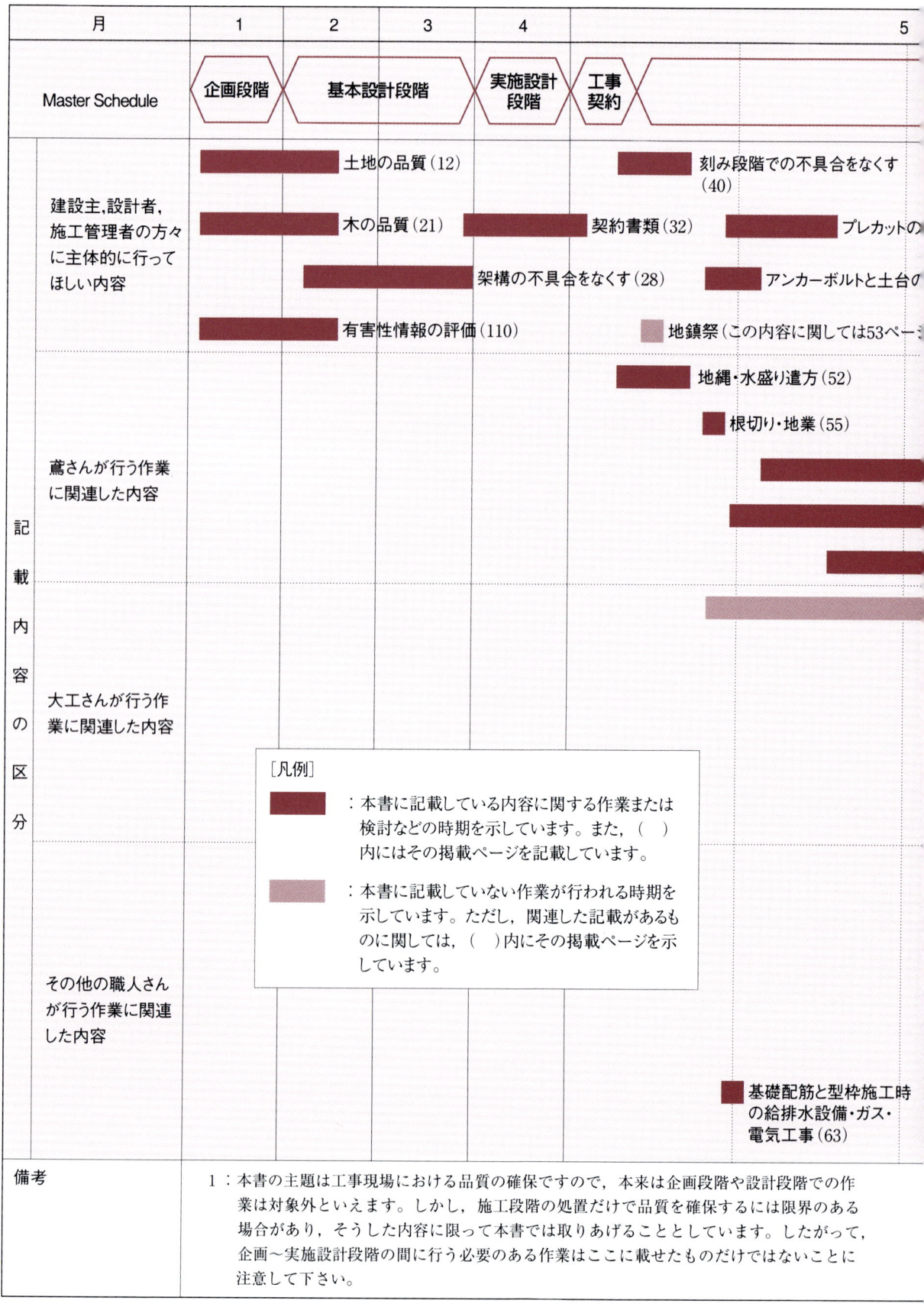

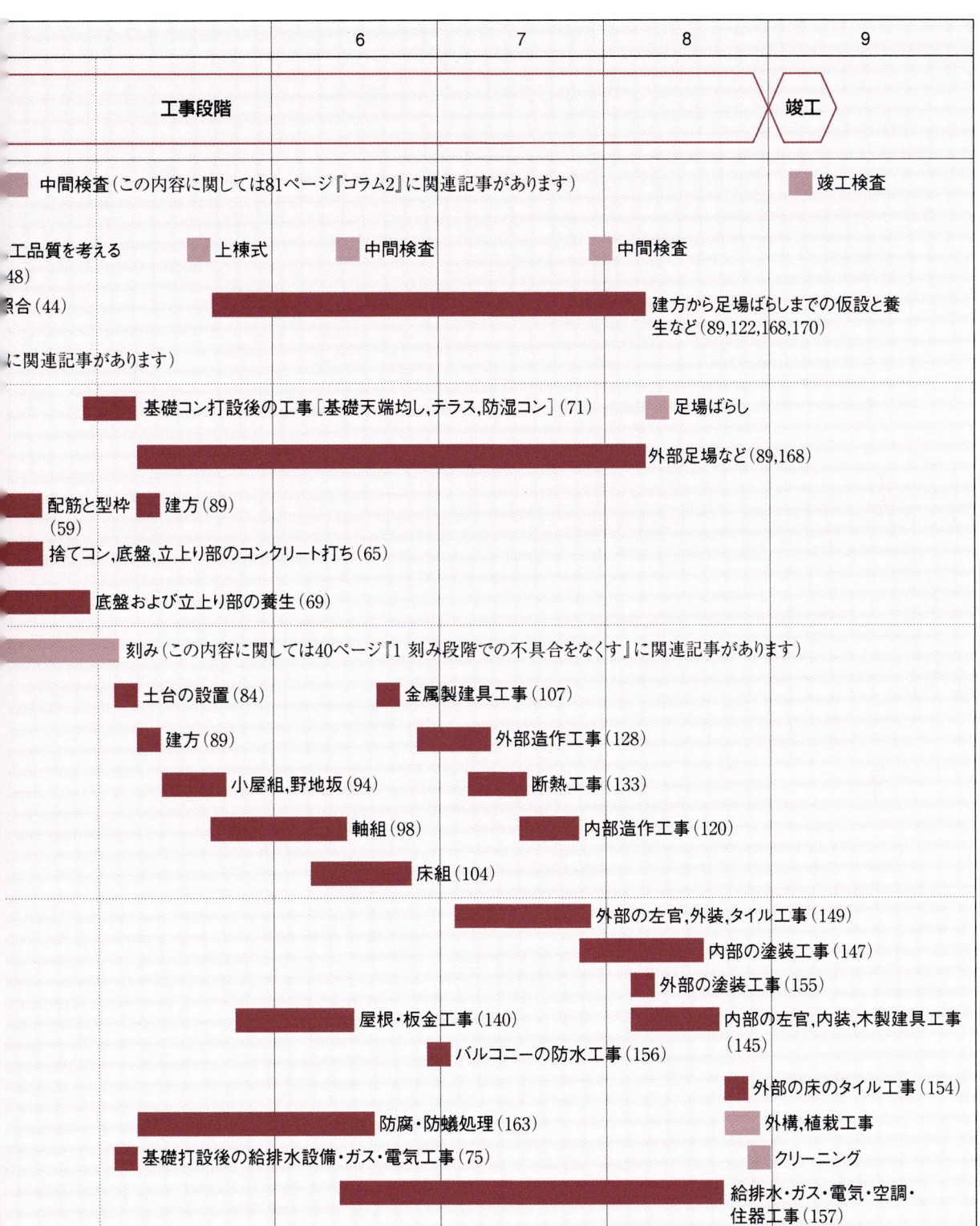

1章

家づくりの第一歩として押さえておきたい土地と木に関する初歩知識

土地の品質について
木の品質について

1 土地の品質について

　本書の主題は「施工品質の確保」ですので，ここで述べようとしていることは，読者の方々から見れば範疇外の内容に感じられると思います。しかし，3章以降の内容を実行しても，「土地の品質」の確認が不十分であった場合には，その努力が無になってしまうことさえあります。

　ここで述べている内容を確認しておくことは，本書の主題である「施工品質の確保」のためには欠かせない重要な前提であるということを理解していただきたいと思います。

　なお，ここでの記載内容はおもに首都圏で得られた情報をもとにしていますので，その他の地域では同様な情報が得られない場合や，入手先が異なる場合などがあることをお断りしておきます。

■1 ここで述べている「土地の品質」の意味について　　重要度：★

　「土地の品質」という表現はあまり一般的でないと思いますので，この点に関し若干の説明をしておきたいと思います。

　本書では「土地の品質」という言葉を，「施工品質の確保」の努力を無にしないために，その土地について知っておくべき情報と定義しました。そして，そうした情報として以下のような項目をあげておきたいと思います。
- ①地震災害に関する情報
- ②地盤沈下に関する情報
- ③水害に関する情報
- ④その他（風害，雪害，塩害，凍上被害，高潮，がけ崩れなど）の被害に関する情報

　通常の場合，不動産の評価尺度としては地形，道路の方位，交通の便，周辺施設の利便性などがあるようです。これらの点は確認も容易であり購入者の方々も必ず確認する情報であると思いますが，法律などの規制がある場合は別にして，上記①～④のような情報は不動産取引の際には説明されない場合が多いのではないでしょうか。

　しかし，説明がないからといって，建物が受けるかも知れない災害に関する理解が不十分なままでは，冒頭でも述べたように，せっかくの「施工品質の確保」の努力が無になってしまう場合があります。

　そうした問題を回避したいという意図で，これらの情報に関してここで取りあげることとしましたが，紙面の都合上④については割愛しています。これは④の重要度が低いと評価したためではなく，たとえば凍結深度や風雪害，がけ崩れなどについては，地方の条例や指導などでの規制が実施されていることから，それらの情報の収集はそれほど難しくないと判断したことによります。

　読者の方々にはこうした点をご理解いただき，ここに掲載された情報の確認だけでよしとせず，法規制やその他の諸条件を精査し，個々の工事がおかれている状況に応じた対応をしていただきたいと思います。

　なお，これ以降の記載には，災害を受ける可能性の高い土地を排除しようという意図はなく，土地の品質をきちんと把握し，適切な対応を取ってもらいたい，という考えがベースになっていることをお断りしておきます。

■2 地震災害に関する情報源として参考となる資料　　重要度：★★★

2-1 地震被害想定策定調査報告書 ★★★

　写真-1は埼玉県が作成した『地震被害想定（策定）調査報告書』です。すべての自治体でこのような報告書が作成されているわけではありませんが，内容も平易に書かれており，一般の方でも参考になると思います。こうした資料がそろえられている地域の方々は，一度は確認しておくことをお勧めします。

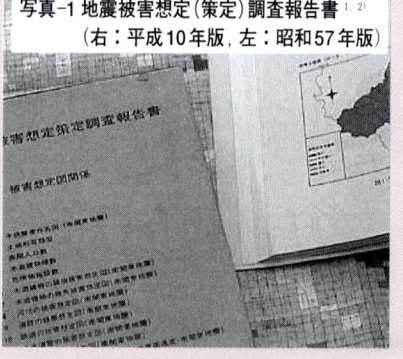
写真-1 地震被害想定（策定）調査報告書 [1,2]
（右：平成10年版，左：昭和57年版）

　この報告書には，想定した地震が木造建物に与える破損被害をはじめとして，焼失建物やライフラインなどの被害に関する想定図が収められており，地震時にどのような被害を受ける可能性があるかを知ることができます。ただ，この資料に関していえば，最新版である平成10年版は，旧版に添付されていた地図よりも縮尺率が大きくなっており，建設地の情報を読み取ることが困難です。新旧両方の情報を突き合わせて確認することをお勧めします。

2-2 地質図 ★★★

図-1, 2は地質図と呼ばれているものですが、ここには地殻の最上部の地質（表土の状況ではありません）が年代ごとに色分けされています。木造住宅は支持地盤が浅いので、表層部分の地質を知ることは、建築に適した地盤かどうかを判断する重要な指標となります。

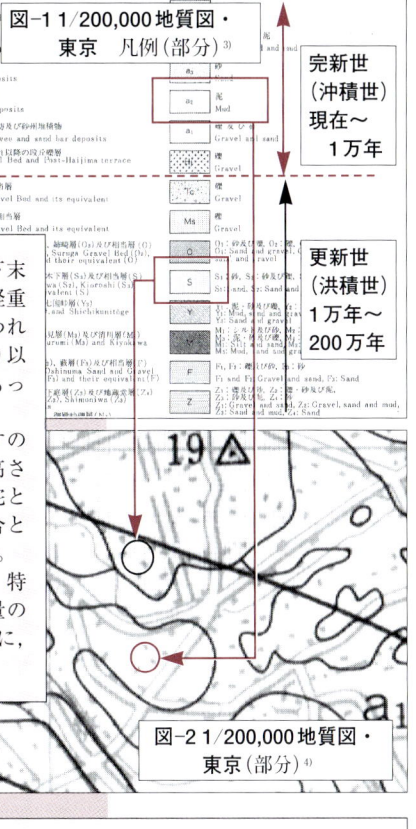

図-1 1/200,000地質図・東京 凡例（部分）[3]

完新世（沖積世）現在～1万年

更新世（洪積世）1万年～200万年

図-1は埼玉県川口市東部の地質図ですが、○印部の地質は更新世後期の下末吉ローム相当層（約13万年～11万年前のいわゆる洪積層の地盤）であり、軽重量の木造住宅の地盤としては十分な耐力をもっていると判断してよいと思われます。一方、この地点から500mほど南へ下がった○印部の地質は1万年より以前の新しい地盤（「低湿地堆積物」の沖積層）であり、これは十分な耐力をもっていない可能性が高いと考えておかなくてはなりません。

この事例では後で述べるように、台地と低地という状況の違いがありますので、現地を見れば地層が異なることが比較的容易に想像できますが、地盤高さが同一であっても地層が異なる場合もありますので、基礎構造を周辺の住宅と合わせておけばよいというわけではなく、そうした判断が危険側になる場合とオーバースペック側になる場合とがあることを理解しておく必要があります。

なお、建設予定地が○印部の地層（低湿地堆積物）となっている場合で、特に谷間部の中央に厚く堆積している土地などに盛り土した場合は、盛り土量の半分近くが沈下することもあり、異なる地盤の境目に近い場合などとともに、不同沈下の可能性も含めて検討しておくことをお勧めします。

図-2 1/200,000地質図・東京（部分）[4]

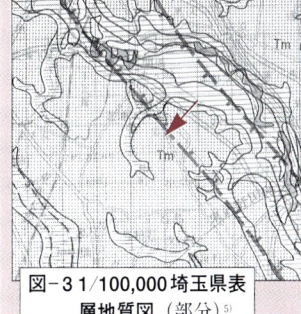

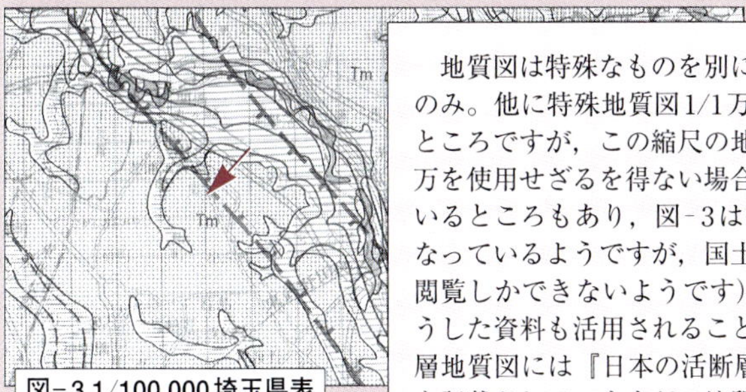

図-3 1/100,000埼玉県表層地質図（部分）[5]

地質図は特殊なものを別にすれば、1/5万、1/20万、1/50万の3種類（1/7.5万は4地域のみ。他に特殊地質図1/1万～など）があります。建設地を識別するには1/5万がほしいところですが、この縮尺の地図が作られている地域は限られています。したがって、1/20万を使用せざるを得ない場合が少なくありませんが、自治体の中には地質情報を整備しているところもあり、図-3はその一例（国土交通省が作成している表層地質図がベースになっているようですが、国土交通省作成のものは市販されておらず、国会図書館などでの閲覧しかできないようです）です。縮尺は1/10万となっており入手も容易ですので、こうした資料も活用されることをお勧めします。地質図には**活断層**（図-3矢印部分。この表層地質図には『日本の活断層』に記載された確実度Ⅰ～Ⅲの活断層が記載されています）も記載されていますが、地質図によりその内容には違いがありますので注意が必要です。

2-3 旧版地形図 ★★★

旧版地形図（図-4）とは「仮製版」や「本製版」とも呼ばれている、明治時代に作成された、等高線が引かれた近代的な地図として入手できる最も古いものです。旧版地形図と現在の地形図とを重ね合わせることで、地表面の状態の変遷を知ることができ、そこから住宅の地盤の適性などがある程度予測できます。

なお、本図は国土交通省国土地理院の地方測量部や国土地理院本院（つくば市）などでコピーが入手できます。

図-4 旧版地形図川口町、明治25年版[6]

この地図の○印部は、上記地質図の○印部と同一地点ですが、もとは水田であったことがわかります。こうした土地では、埋立ての状況によっては地盤状況があまりよくない場合がありますので注意が必要です。

なお、原本は単色ですが、本図では識別しやすいように水田部分に網を掛けています。

2-4 土地条件図 ★★★

　土地条件図（図-5）とは，盛り土，切り土，がけ，などといった現状の地表面の状態を色分けして表現しているものです。縮尺は1/25,000となっていますので，地質図に比べてかなり細かい状況が把握できますが，現在発行されている地区は，本州と四国の一部に限られています。範囲外の地域の状況把握としては多少手間のかかる作業になりますが，旧版地形図によって推定していくことになります。

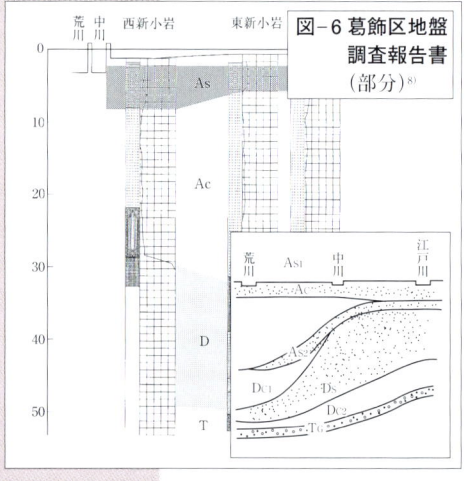

図-5 1/25,000 土地条件図
東京東北部（部分）[7]

　この土地条件図からは，○印部分には盛り土がなされており，一方○印部の地盤は急斜面の上にある台地で特に人の手が加えられてはいないことが読み取れます。13ページの内容も含めてここで指摘した土地に関して整理すると，○印部の土地については沖積層の水田跡に盛り土がなされており，○印部の土地は洪積層の台地で特に手は加えられていないということになります。このように，わずかな距離しか離れていない地盤でもその状況は大きく違う場合があることを理解していただき，適切な基礎形式を選定してもらいたいと思います。また，図-5 ①は13ページで述べた谷間部の腐植土層にあたりますが，こうした部分で盛り土地となっている場合は不同沈下に注意する必要があります。
　なお，多少年代は古くなりますが，現在発行している地区以外の土地条件図が地元の公共図書館に置いてある場合がありますので確認することをお勧めします。また，地名が地盤の良否の判断材料になるともいわれていますが，この地図の台地部分にも「東貝塚」（図-5 ②）という地名を見ることができます。川口市の多くは，いわゆる縄文海進時に古（奥）東京湾の底であったことから，軟弱な層が堆積している沖積層の地盤が多いのですが，この土地はその時代に地上として残り，結果として浸食を免れ，締まった地盤が形成されたことがこれらの地図からも裏付けられます。

2-5 土質柱状図 ★

　ここに載せた報告書やボーリングデータは，前述した『地震被害想定（策定）調査報告書』などに比べやや専門的なものといえ，素人である建築主の方々には荷が重いかも知れません。ただ，すべてを理解する必要はなく，ポイントだけでも理解できれば十分ですので，ぜひ専門家の方に説明を受けていただきたいと思います。

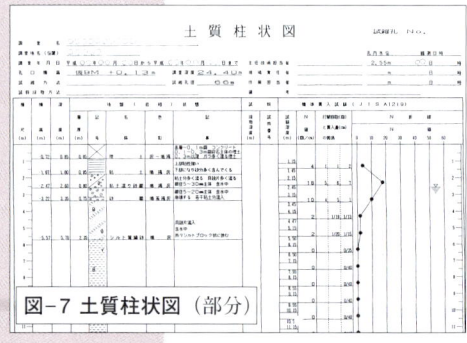

図-6 葛飾区地盤調査報告書（部分）[8]

　図-6は東京都葛飾区の建築部がとりまとめたものですが，ボーリングデータの分析をはじめとして液状化の可能性，地盤沈下の変動量などが収められています。地盤の状況を推定する際に大変参考になりますので，所轄の建築課や防災課などでこうしたデータの有無を確認してみることをお勧めします。
　また，建築予定地の所轄の建築指導課では，過去に確認申請で提出されたボーリングデータ（図-7 土質柱状図）を保管しており，閲覧が可能です。ただ，これらには普通の木造住宅の根切り深さである50cm前後のデータは記載されていない場合が多く，その意味では直接役に立つデータではありません。しかし，「柱状図」の内容と「地質図」などとを見比べることで，地盤状況の推測がさらに容易になりますので，重要な情報であることには変わりません。
　なお，孔内水位が記載されている場合は，地下室を設ける際の仮設工事費用に与える影響を予測できますので，その意味からも大変貴重な資料といえます。

図-7 土質柱状図（部分）

■3 地盤沈下被害に関する情報源として参考となる資料　　重要度：★★

特に，沖積層と洪積層の境目に近い敷地で，地盤沈下（または上昇）の変動量が大きい場合や突然変化している場合などでは，地盤の不同沈下や地下埋設管との接続障害などに関して，周辺の状況も含めて現地確認をすることをお勧めします。

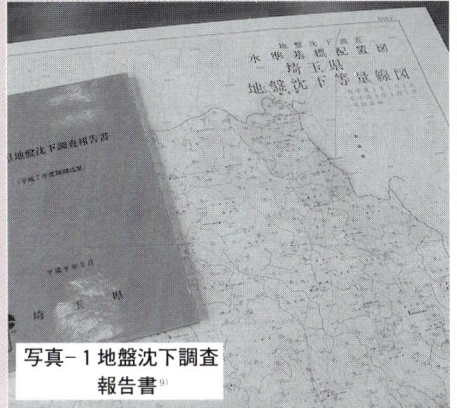

写真-1 地盤沈下調査報告書[9]

前述したように葛飾区では，地盤沈下年間変動量をデータとして整理しています。また，写真-1は埼玉県環境生活部大気水質課が毎年まとめている調査報告書です。測定点は限られていますが，変動量の大きい地域を知ることができますので，こうした資料がそろえられている地域の方々は，一度は確認しておくことをお勧めします。

■4 水害に関する情報源として参考となる資料　　重要度：★★

4-1 氾濫予想区域図など ★★

国土交通省が管理者である河川については，氾濫予想区域図が作られています。ここにあげた事例は，荒川の「**直轄河川防御対象氾濫区域図**」（写真-1：右）ですが，残念なことにこれは非売品です。ただ，公共図書館に置かれている場合もあり，各河川の工事事務所調査課では一般配布用のパンフレットも作成しています。

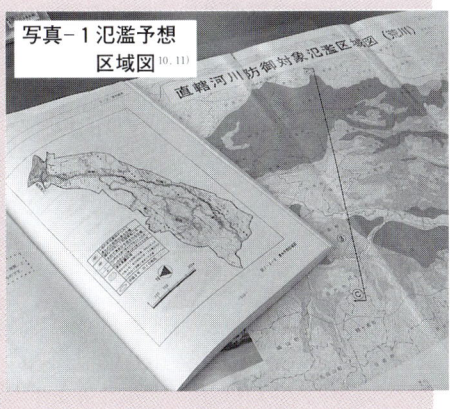

写真-1 氾濫予想区域図[10, 11]

埼玉県内の河川に関して市販されている資料では，財団法人リバーフロント整備センターが発行している『**身近な川について考えてみよう**』（写真-1：左）というシリーズがあります。

ここに載せた資料のいずれについてもわかりやすい解説がなされており，氾濫被害に関する危険度を測るには好適な資料といえます。

また，集中豪雨などによる過去の浸水被害状況は所轄の消防防災課で確認できます。

4-2 河川の被害想定図 ★

図-1は，12ページ「2-1地震被害想定策定調査報告書」で紹介した「昭和57年版 埼玉県地震被害想定策定調査報告書」の中に納められている，南関東地震を想定した「河川の被害想定図」です。

また，特に大きな洪水災害を過去に受けた地域では，自治体がハザードマップや洪水の記録を整備しているところもあり，そうした資料の有無なども合わせて，自治体への問合せや地元の図書館での検索などを実行することをお勧めします。

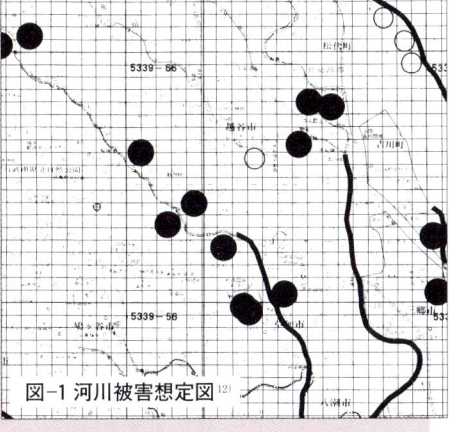

図-1 河川被害想定図[12]

図-1では，想定される水位に対して堤防の高さがどれだけ余裕をもっているかを評価しています。河川に沿って危険度の高い個所がランクに分けて表示されてますので，専門家でなくても理解しやすいと思います。

5 地盤に関する初歩知識　　重要度：★★★

5-1 地震の揺れと地盤の硬さ ★★

　木造住宅の地盤として，沖積層は好ましい地盤ではないと述べてきました。それは，液状化した場合を除いて，地震動は地層の振動特性に合致した成分が増幅され，その地層が軟弱なほど増幅の度合いが大きくなるからです。

　図-1は関東大震災時における木造建築物の倒壊率ですが，沖積層の厚さが増すにつれて被害が飛躍的に大きくなっていることが読み取れます。

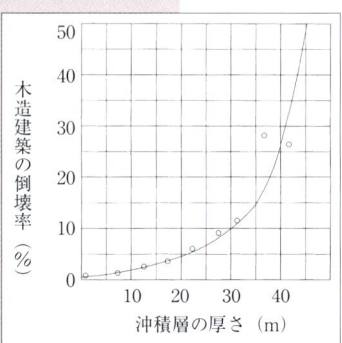

図-1 沖積層の厚さと木造建築の被害との関係[1]

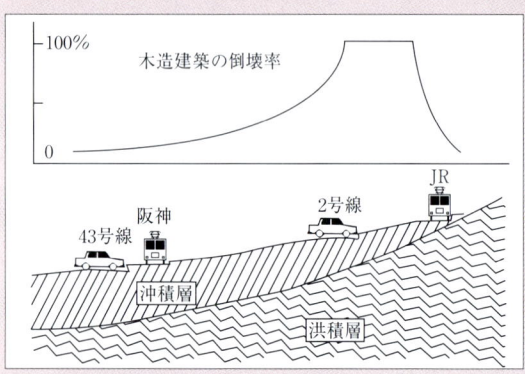

図-2 神戸市東灘区における木造家屋の被害分布と地盤の模式断面[13]

　特に硬い地盤に沖積層が接しているような部分では，フォーカシングと呼ばれる現象が起きる場合があるといわれています。これは沖積層の厚さが薄い場所であっても，硬い地盤と接しているような場合は，沖積層の厚い場所よりも大きな揺れを生じてしまう現象をいいます。

　沖積層の厚さが薄ければよいとは単純に考えられない場合があることにも注意しなければなりません。

5-2 共振現象 ★★★

　建物の被害の大きさは，地盤の軟らかさだけで決まるものではありません。地盤の**卓越周期**と建物の固有周期が一致すると，建物に大きな被害を与えることも知っておいていただきたいと思います。

　それは，地盤と建物の震動の周期が一致すると，振幅が増大する現象が起きるからです。これを共振現象といいます。

　過去の研究によれば関東大震災当時の木造建築の固有周期は0.4〜0.6秒，土蔵は0.2秒程度だったといわれています。下町における地盤の卓越周期は0.5〜1.0秒，山の手は0.3〜0.5秒程度であることから，下町の木造建築が大きな被害を受けたのに反して土蔵の被害が少なかったことと，山の手ではその逆の現象が見られたという事実（図-3）から，共振現象が被害を大きくしたということを理解していただきたいと思います。

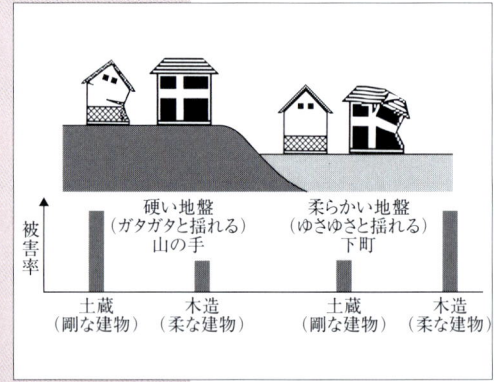

図-3 地盤の卓越周期と建物の固有周期との関係による被害率[14]

　［卓越周期］地盤はさまざまな硬さの集合体であり，地震動の大きさや速さによって揺れ方が異なります。このような集合体としての地盤が，共振現象のために最も大きく揺れる地震動の周期をその地盤の固有周期と考え，それを卓越周期と呼んでいます。

5-3 液状化現象 ★

砂質地盤であっても，乾いていれば液状化は起こりません。言い換えれば，液状化が起きるためには水が必要であるということです。1983年の日本海中部地震では，地下水位が3mより浅く，N値が10より小さい砂地盤に，液状化による顕著な被害が発生したことが報告されています。

なお，粘土や礫層は液状化しませんが，粘土と砂の中間状態（シルト）の地盤には，発生する場合があるといわれていますので注意が必要です。

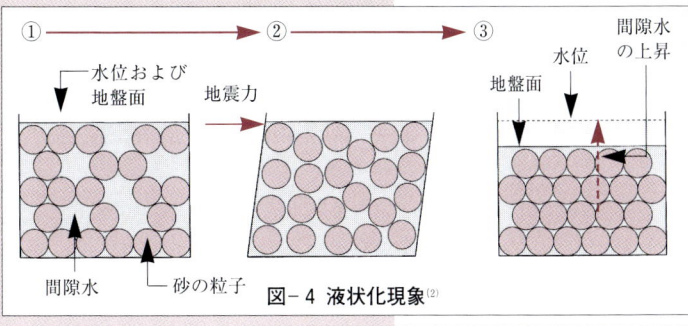

図-4 液状化現象[2]

地震が発生する前の地下水面下の砂地盤では，砂の粒子は互いに結びついており一応安定している状態（①の状態）といえます。しかし，このような状態の地盤が地震力を受けると，砂の粒子が引き離されてバラバラな状態となり，地盤は比重の大きな液体のようになりますが，こうした状態（②の状態）を液状化と呼んでいます。そしてその結果，間隙水が地上に押し出され，その分だけ砂の粒子が沈下し，地盤や建物の沈下などの被害を発生させます。

5-4 宅地造成 ★★

図-6に示すように，盛り土などによってできた境界面が傾斜している場合には，上部から雨水が浸透すると地滑りを起こしやすいといえます。こうした場合はその状況に応じて，段切りや押え盛り土，杭，横ボーリングなどの対策が必要になりますので，造成地の購入にあたっては造成関連の設計図書を閲覧して，どのような処置をしているのかを確認することをお勧めします。

また，切り土は一般的に良好な地盤といわれていますが，軟弱な地層を含む傾斜地を切り取った場合には，その部分が雨などにより軟化する場合があり，排水処置などの対策に十分な注意が必要です。

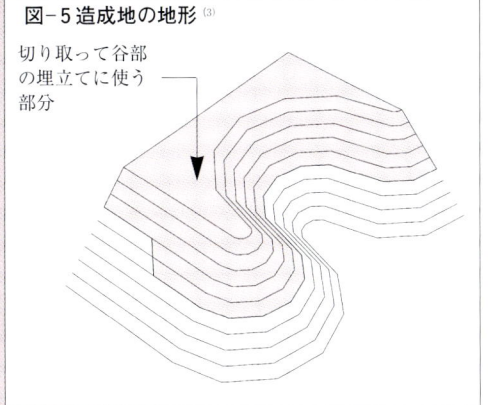

図-5 造成地の地形[3]

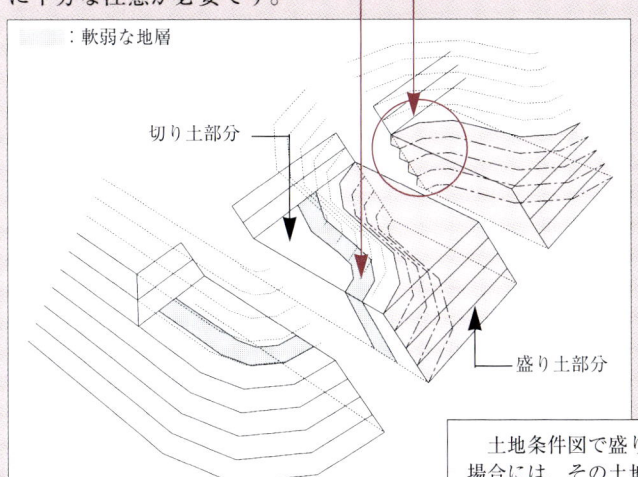

図-7 造成地の注意点[4]

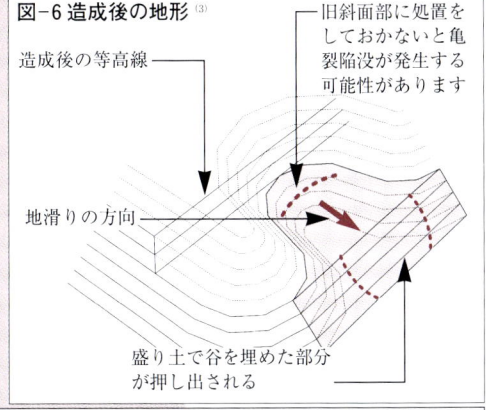

図-6 造成後の地形[3]

土地条件図で盛り土と表示されている土地を宅造工事で切り土とした場合には，その土地は購入者には切り土地盤であると告げられることがあるようです。こうした直前の情報だけで基礎形式を決定してしまうことの危険性をよく認識していただき，できるだけ広範囲に情報を収集することをお勧めします。

6 地耐力に関する評価の一例　　　重要度：★★

6-1 机上調査の概要について ★

ここに、地耐力評価をする際の机上調査と本調査に関して、埼玉県庄和町の事例をもとにして、その評価の概略を説明しておきます。読者の方々が実際にこうした調査をする際の参考としていただければと思います。

建設予定地の地盤（図-1 ②）は、地質図によれば成増礫層相当層（約10万年前の洪積層）で、下末吉ロームよりわずかに新しい地層ではあるものの、立川ロームや武蔵野ロームより古いことから、いわゆる関東ローム層と総称される地層のなかでも十分な地耐力を期待できる地層と考えられます。また、この地域の土地条件図は、昭和47年発行のもの（図-4）が最も新しいものですので現状と多少異なっている可能性がありますが、この地図を見る限りでは人の手が加わっていない台地であることがわかります。

さらに、昭和57年版埼玉県地震被害想定策定調査報告書の「木造建物の破壊危険度想定図」（図-3）によれば、危険度は「微」（図-3○部分）という評価になっています。

以上のような情報から、この地盤の地耐力は、机上調査の範囲では、木造住宅を支える地盤としては特に問題はないと判断できます。

なお、土地条件図の情報はインターネット（土地条件図でヒットします）から入手することもできます。こうした情報も積極的に活用することをお勧めします。

図-1 1/100,000埼玉県表層地質図[15]
（庄和町周辺部分）

図-2 1/200,000 地質図・東京[16]
（庄和町周辺部分）

図-1と図-2とでは同じ場所にもかかわらず、○部分の形が大きく違うことがわかると思いますが、縮尺率によってはこれだけ表示線が違うことを知っておいてほしいと思います。

計画地が軟弱部分に近いようなときに、大きい縮尺率の地質図しか入手できない場合は特に注意が必要です。

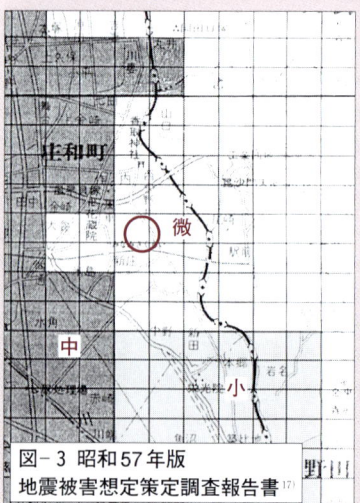

図-3 昭和57年版
地震被害想定策定調査報告書[17]

危険度は「大」「中」「小」「微」の4段階に区分されており、地図の縮尺は1/100,000であることから建設予定地のおおまかな特定はできます。ただ、色分けのグリッドが1kmと大きいので、色分けの境に近い場合は慎重に判断する必要があります。

なお、平成10年版は「埼玉県地震被害想定調査報告書」となっていますが、昭和57年版は「埼玉県地震被害想定策定調査報告書」となっており、資料の名称が違いますので、検索の際には注意して下さい。

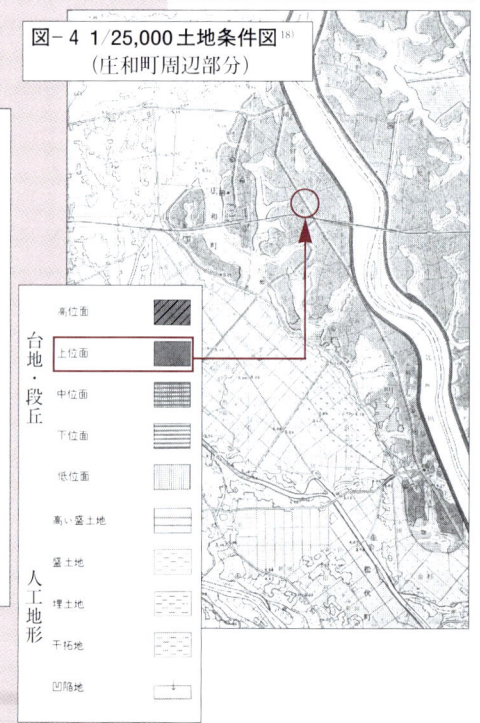

図-4 1/25,000 土地条件図[18]
（庄和町周辺部分）

6-2 現地の確認と壺掘りについて ★★

　机上調査により，建設予定地についてのある程度の知識を得た上で，さらにその周辺を現地確認しておくことは重要です。

　この目的としては，机上調査によって把握した内容が裏付けられることになるのか，あるいは相違点が明らかになるのかを確認していくなかで，本調査を実施する必要があるかどうかを判断することといえます。以下の内容が明らかとなった場合には，本調査を省略しないことをお勧めします。

①沖積層と洪積層の境目に近い敷地
②谷底状の沖積層の敷地
③盛り土が新しい敷地
④盛り土厚さに変化のあることが推測される敷地

　20ページで紹介している埼玉県庄和町の事例では，施工会社が購入者への提示資料として，最初から**スウェーデン式サウンディング試験**（以下，SS試験といいます）を実施しています。こうした費用は販売価格に上乗せされているという見方もできますが，筆者としては施工会社のこうした姿勢は評価したいと考えています。

　また，本調査に先立つこの段階に，いわゆる「壺掘り」を敷地内の複数個所に実施することで，表-1をもとに，**N値と地耐力**それぞれの推定値を得ることができます。この数値が十分高い場合には，本調査を省略することも可能であると思います。この壺掘りは推定という作業が入りますので，素人である建築主の方には少し荷が重いかもしれません。しかし，建築主の方が単独で行うことは無理でも，設計者や施工者に働きかけることはできると思います。多くの住宅では，SS試験のような簡易な**地盤調査**さえ行うことなく基礎の形式が決められているようですが，このような現実を乗り越えるために，せめて壺掘りだけでも実施することを建築主の方にはお勧めします。

　なお，「地盤については安全性の把握手法自体が確立されていないこともあり今後の検討が必要である」との答申が平成12年6月に「住宅宅地審議会」から建設省（当時）に提出されました。SS試験だけではなく，表面波探査法などの現在行われている調査法の信頼性評価や，水害，土砂災害などの危険性も考慮した何らかの基準が定められることを期待していますが，こうした動きがあることを設計者や施工者者の方々もよく認識し，土地の状態も含めたより良い施工品質を目指すという姿勢をもっていただければと思います。

表-1 N値および地耐力推定表[19]

地質の硬さ		素掘り	推定N値	推定許容地耐力（長期t/m²）
粘性土	極軟	鉄筋を容易に押し込むことができる	2以下	2以下
	軟	スコップで容易に掘れる	2〜4	3
	中	スコップに力を入れて掘る	4〜8	5
	硬	スコップを強く踏んでようやく掘れる	8〜15	10
	極硬	つるはしが必要	15以上	20
地下水面上の砂質土	非常にゆるい	孔壁が崩れやすく，深い足跡ができる	5以下	3以下
	ゆるい	スコップで容易に掘れる	5〜10	5
	中	スコップに力を入れて掘る	10〜20	10
		スコップを強く踏んでようやく掘れる	20〜30	20
	密	つるはしが必要	30以上	30

[**スウェーデン式サウンディング試験（SS試験）**] 100kgの載荷による沈下測定に続き，スクリューポイントと呼ばれる先端部分を地中に回転貫入させて，その回転数によってN値を算出します。電動式試験機もありますが，人力で回転させるタイプを使用する場合が多いようです。

　いずれの試験機を使用するにしても，この試験は土質や調査員の経験によって結果に大きな差がでる場合がありますので，試験の実施個所を少なくとも4〜5個所程度は行い，そのデータに大きな差がある場合は慎重な判断が望まれます。

[**N値**] N値とは，重りを自由落下させて地中に杭を打ち込み，30cm打込む間の打撃回数を10cm当たりの回数に換算した数値をいいます。たとえば，2回の打込みで40cm貫入した場合は，(2/40)×30=1.5で，N値1.5，50回で打込みを打ち切り，貫入量が25cmの場合は，(50/25)×30=60.0で，N値60.0ということになります。

[**地盤調査**] 本書は，地盤調査を主題としてはおりませんので，具体的な調査方法の適否について述べることは避けたいと思いますが，調査会社に関する注意点については，以下に述べておきたいと思います。筆者は地盤調査業者さんを以下のように区分しています。
①地盤調査専門会社
②さく井などを主とした会社
③基礎工事を主とした会社

あくまでも一般論ですが，これらのうち特に注意していただきたいのは②，③の会社といえます。特に，独立した地盤調査部門を持たないで，本業の片手間に地盤調査を行っているような会社は，①の地盤調査専門会社に比べて地盤に関する知識や経験が乏しく，調査内容の信頼度が低い場合がありますので注意が必要です。

6-3 SS試験の評価について ★

建設予定地は地震災害という観点から見て，机上調査の範囲では特に問題はないと思われますが，本調査を行うと机上調査ではわからなかったことが見えてきます。

図-5 SS試験報告書（No.19地点）

スウェーデン式サウンディング試験

				側点番号	19
				年月日	平成　年　月　日
標高	KBM -0.030m	最終貫入深さ	5.00m	試験者	△△／□□
水位	m	天候	晴	試験方法	機械

荷重 Wsw kgf	半回転数	貫入深さ D m	貫入量 L cm	1m当たりの半回転数 Nsw	記事 音・感触	記事 貫入状況	換算 N値 Nc	換算 qu kgf/cm2
100	0.0	0.25	25	0	無音	回転緩速	3.0	0.45
100	8.0	0.50	25	32	〃		4.6	0.69
75	7.0	0.75	25	28	〃		4.4	0.66
75	4.0	1.00	25	16	〃		3.8	0.57
75	8.0	1.25	25	32	〃		4.6	0.69
100	7.0	1.50	25	28	〃		4.4	0.66
100	5.0	1.75	25	20	〃		4.0	0.60
100	4.0	2.00	25	16	〃		3.8	0.57
100	4.0	2.25	25	16	〃		3.8	0.57
100	5.0	2.50	25	20	〃		4.0	0.60
100	4.0	2.75	25	16	〃		3.8	0.57
100	4.0	3.00	25	16	〃		3.8	0.57
100	5.0	3.25	25	20	〃		4.0	0.60
100	9.0	3.50	25	36	〃		4.8	0.72
100	26.0	3.75	25	105	〃		8.2	1.23
100	5.0	4.00	25	20	〃		4.0	0.60
75	0.0	4.25	25	0	〃	回転緩速 ①	2.3	0.34
75	0.0	4.40	15	0	〃	〃	2.3	0.34
100	0.0	4.50	10	0	〃	〃	3.0	0.45
100	14.0	4.75	25	56	〃		5.8	0.87
100	19.0	5.00	25	76	〃		6.8	1.02

スウェーデン式サウンディング試験

調査名	庄和町17期			側点番号	
調査地点	埼玉県庄和町新宿新田			年月日	平成○年○月○日
標高	KBM -0.020m	最終貫入深さ	6.75m	試験者	△△／□□
水位	m	天候	晴	試験方法	機械

荷重 Wsw kgf	半回転数	貫入深さ D m	貫入量 L cm	1m当たりの半回転数 Nsw	記事 音・感触	記事 貫入状況	換算 N値 Nc	換算 qu kgf/cm2
100	0.0	0.25	25	0	無音	回転緩速	3.0	0.45
100	36.0	0.50	25	145	〃		10.2 ③	1.53
75	0.0	0.75	25	0	〃	回転緩速	2.3 ④	0.34
75	0.0	1.00	25	0	〃	〃	2.3 ④	0.34
75	0.0	1.25	25	0	〃	〃	2.3 ④	0.34
100	6.0	1.50	25	24	〃		4.2	0.63
100	4.0	1.75	25	16	〃		3.8	0.57
100	4.0	2.00	25	16	〃		3.8	0.57
100	6.0	2.25	25	24	〃		4.2	0.63
100	4.0	2.50	25	16	〃		3.8	0.57
100	4.0	2.75	25	16	〃		3.8	0.57
100	5.0	3.00	25	20	〃		4.0	0.60
100	5.0	3.25	25	20	〃		4.0	0.60
100	12.0	3.50	25	48	〃		5.4	0.81
100	3.0	3.75	25	12	〃		3.6	0.54
100	0.0	3.90	15	0	〃	回転緩速	3.0	0.45
75	0.0	4.00	10	0	〃	〃	2.3	0.34
75	0.0	4.25	25	0	〃	〃	2.3	0.34
50	0.0	4.40	15	0	〃	〃	1.5 ②	0.23
75	0.0	4.50	10	0	〃	〃	2.3	0.34
100	0.0	4.65	15	0	〃	〃	3.0	0.45
100	2.0	4.75	10	20	〃		4.0	0.61
100	2.0	5.00	25	8	〃		3.4	0.51
100	0.0	5.25	25	0	〃	回転緩速	3.0	0.45
100	6.0	5.50	25	24	〃		4.2	0.63
100	7.0	5.75	25	28	〃		4.4	0.66
100	10.0	6.00	25	40	〃		5.0	0.75
100	8.0	6.25	25	32	〃		4.6	0.69
100	9.0	6.50	25	36	〃		4.8	0.72
100	13.0	6.75	25	52	〃		5.6	0.84

図-6 SS試験報告書（No.20地点）
（図-5，6ともに庄和町在住の上村氏に提供していただきました）

図-5，6は図-1に示した建設予定地で実施されたSS試験の結果です。これを見ると，No.19地点の深さが4.25～4.40で*N*値が**2.3**（①），No.20の地点の深さが4.40で*N*値が**1.5**（②）という小さな数値がまず目につきます。ただ，この事例の場合はこの層の厚さが薄いことや，この直上の地層が地質図により洪積層であることがわかっている点などから，木造2階建程度の軽重量の建築物の地盤としては問題ないと判断してよいと思われます。

なお，関東平野では，洪積層の下にはこのように耐力の低い砂質粘土層の地盤が存在する場合が多いようですが，自重の大きな建築物であれば，こうした地層のさらに下にある耐力が十分な地層まで杭を打ち込み，そこを支持層とすることが一般的といえます。また，地盤の状態によっても評価は変わってきますので，ここでの評価がどんな場合でも適応できるというわけではないことを理解しておいていただきたいと思います。

さらに，No.20地点では，深さが0.75mの部分で*N*値が**10.2**（③）と高くなっていますが，No.19地点での同じ深さの地盤状態とは異なっており，さらにNo.20地点のN値が**2.3**（④）となっている同じ深さのNo.19地点にもそうした状況は見られない，などには注意が必要です。

SS試験では，部分的な礫などにぶつかったり，19ページで述べた「腐植土層」では植物がからみ合うなどの問題から，*N*値が大きく出てしまう場合がありますので，数値をそのまま受け取れない場合があることも承知しておかなくてはなりません。こうしたSS試験のもつ誤差も考えれば，No.20地点のような結果が得られた場合は，できればこの近くでもう1～2本の調査を求めたいところです。SS試験を実施しても当初決めていた本数だけでは不十分な情報しか得られない場合もありますので，できれば設計者の方にはSS試験に立ち会って，その場で適切な指示を出してもらいたいと思います。

なお，SS試験は地盤の支持力を確認するための調査方法であり，不同沈下に関しては沈下量を測定する調査が必要なことを付け加えておきます。特に盛土をしてからあまり時間が経過していない沖積層の地盤などでは，その状況に応じてSS試験だけでなく圧密試験や載荷試験などを実施して，沈下量を把握した上で基礎を設計することをお勧めします。

2 木の品質について

「木工事の施工品質」については2章以降で説明していますので、ここで述べているのは建築素材としての「木」に関する、初歩的な知識といえるものです。しかし、初歩的な知識とはいえ、ここに書かれた内容に対する理解が不足していると、「特記仕様書」などへの記載が不十分なものとなってしまったり、せっかく本書で述べている内容をきちんと実行できたとしても、その努力が無になってしまうことさえあります。

そうした意味で、以下に述べる内容を理解しておくことは、施工品質の確保のためには欠かせない重要な前提であると考えていただきたいと思います。

■ 1 現行の木材の等級区分　　　重要度：★

1-1 JAS規格による等級区分 ★

　針葉樹の構造用製材の等級については、JAS規格による等級と、それとは呼称の多少異なる一般の流通経路の中での等級の2つが使われているといえます。そこで、まず最初にJAS規格の等級について述べてみたいと思います。

現行のJAS規格（以下、新JAS規格といいます）は平成3年に施行されましたが、平成7年までは一般市場で使われている等級付けに近いといえる、旧規格としての「製材のJAS規格（以下、旧JAS規格といいます）」と併存状態となっていました。旧JAS規格は目視による評価を主とした規格であったのに対し、新JAS規格には含水率やヤング係数などの指標が取り入れられているという点は大変評価できますが、それらが等級基準とはなっていないという点は残念であると筆者は感じています。

また、いわゆる街の材木屋さんに置かれている建築用の構造材には、新JAS規格が規定通りに表示されているものは、実はあまり多くはありません。そして、写真-1、2のように新JAS規格の表示がされている材であっても、ヤング係数の記載がないものが多いようです。官庁工事を除けばJASの表示がなくても流通にはまったく支障がなく、数年前まで新旧の2つの規格が併存していたことも原因しているのかも知れませんが、現段階ではまだ新JAS規格は浸透しているとはいえないと筆者には感じられます。

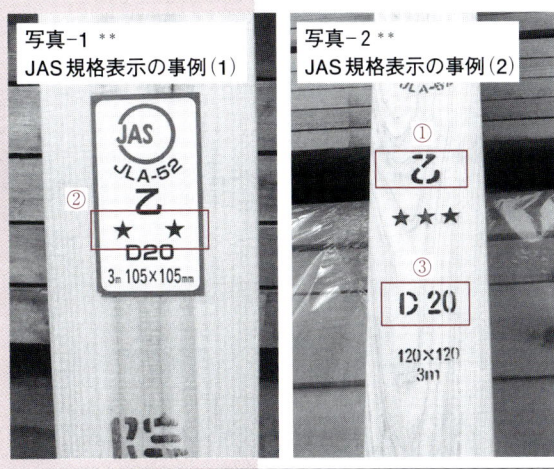

写真-1 ** JAS規格表示の事例(1)

写真-2 ** JAS規格表示の事例(2)

構造材としての木に関連するJAS規格の中には、「針葉樹の構造用製材」、「広葉樹の製材」、「枠組壁工法構造用製材」などがあります。ここでは軸組工法の構造材に主として使われる「針葉樹の構造用製材」について述べてみたいと思います。この規格における指標のおもなものとしては、

① 「曲げ」と「圧縮」それぞれの応力をおもに必要とする部位に使う材の区分：前者を甲種、後者を**乙種**（写真-2 ①）として指定。
② 目視による等級区分：最上級の1級から最低の3級までの3段階に区分し、**★印の数**（写真-1 ②）で表示（★の数が多いほど等級が高い）。
③ 含水率による区分：**D15～D25**（写真-2 ③）までと、これに含まれない未乾燥材の4段階に区分。
④ ヤング係数による区分：抜き取り破壊試験によるE50～E150までの6段階に区分。

などがあげられます。そして、JAS認定の製材工場から出荷される製品には、これらの指標が表示されることになっています。

1-2 市場規格による等級区分 ★★

一般市場では，多くの材がJAS規格とは別の規格（以下，本書では市場規格と呼びます）によって等級付けが行われ，取引きされています。この市場規格は旧JAS規格の基準と同様に，割れ，曲がり，ねじれ，腐朽，丸身，節などから判定しているようです。

これらの基準の内容についてみていくと，「割れ，曲がり，ねじれ，腐朽」などは，建築用材であれば最下級の材であっても，こうした点に問題がある材は建築用材として使われてはなりませんし，市場に出ることはほとんどないといってよいと思います。

また，「丸身」に関しては，写真-3～6の各等級の写真を見ればわかるように，1等材を別にすると「丸身」はほとんど見られず，特1等材以上であれば各等級間に大きな差はないといえます。

そして最後の評価項目の「節」ですが，これに関しては各等級間に明確な差が見られます。というより，「節」の状態で等級が付けられているといったほうがよいかも知れません[*1]。ここに載せた写真を見ていただければ，「特1等」とその上のランクの「上小節」と「無節」の間には大きな差があることがわかると思います。また，この写真ではその差が判別できませんが，「上小節」と「無節」の間にも小さな節の数で違いがあります。

なお，上記の等級付けとは別に，乾燥状態に関する規格があります。一般的には「KD材[*2]」と呼ばれ，そうした表示もされていますが，含水率の数値を明記したものはないようです。確かに「KD材」は，含水率に関しては優れた材といってよいと思いますが，数値の測定を必ず実施することをお勧めします。また，JAS規格や市場規格に入らない材を「グリーン材」と呼ぶ場合もあるようです。当然といえるかも知れませんが，「グリーン材」には含水率などの表示がされているものはありません。

写真-3[**]
無節（ヒノキ）

写真-4[**]
上小節（ヒノキ）

写真-5[**]
特1等（ヒノキ）

写真-6[**]
1等（ヒノキ）の丸身

[*1] 現在の「市場規格」は，「節の状態」を等級判断の重要な指標としていると思います。こうした評価を否定するつもりはありませんが，やや「節」の有無にその評価が傾き過ぎているきらいがあるように感じています。
確かに見た目のきれいさも重要ですが，建築用材としては，それ以前に強度や耐久性などの備えていなければならない品質があると，筆者は考えており，そうした点を担保するために必要な指標について，23，24ページで述べてみたいと思います。

[*2] Kiln Dryの略称で，人工乾燥材を指します。
ベイマツなどは，おおむね20％前後の含水率となっている場合が多く，100％を超えるスギなどが使われることもある現状では，含水率に関しては評価できる材といってよいと思います。

■2 木の品質を評価するために必要な指標　　　重要度：★★

2-1 年輪の間隔について ★

　現行の木材の等級区分からは、利用者が本当に必要としている木の品質は把握できないと筆者は考えています。そこで、ここでは評価の指標としたいと考えている2つの点について述べてみたいと思います。

　その一つは、年輪の間隔（平均値）です。新JAS規格では年輪の間隔について、6mm以下、8mm以下、10mm以下の3段階にランク付けをしていますが、住宅金融公庫融資住宅・木造住宅工事共通仕様書（以下「公庫仕様書」といいます）をはじめとしたいくつかの共通仕様書などには規定がありません。

　日本建築学会の過去の『木構造設計規準』（現在は『木質構造計算規準』となっています）には、スギに関して規定がありましたが、規定の年輪間隔を超えた材でも「実験の結果、材料強度を満足しているという結果が得られた」として、比重の規定を残して現在では削除されています。そうした指標をここで取りあげるということは、JASを認めて学会の規準を認めないということではなく、評価のしやすさという点で年輪間隔という指標が有効である、と筆者が考えているからです。

　具体的には、梁に限らず構造材として使用する材は平均年輪間隔が6mm以下とすることをお勧めしたいと考えています。これはJASの最上級である1級に相当します。一見高いグレードのように感じると思いますが、実際はそうではないことが右の記載を読んでいただければわかると思います。

　なお、新JAS規格の2級および3級に該当する材は、「腐朽」や「割れ」などの項目に関して、市場規格の1等材にも該当しない低いランクの材であることを付け加えておきたいと思います。

　たとえば、「腐朽」については、JASの2級および3級は、それぞれ「軽微なこと」「顕著でないこと」と規定されており、言い方を換えれば「腐朽」があってもよいことになっています。しかし、現在流通している1等材には、通常は「腐朽」などは見られず、たとえ「軽微」であっても、腐朽している材を構造材に使用することなどは考えられないと言わざるを得ません。

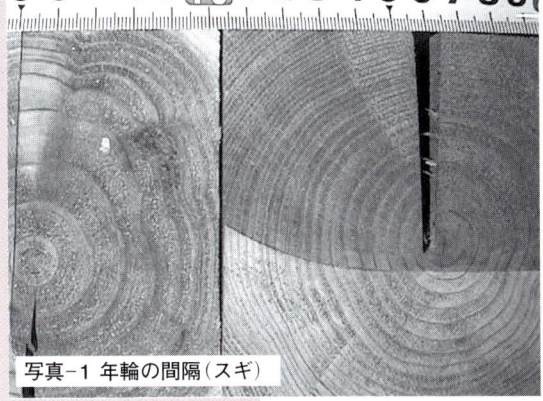

写真-1 年輪の間隔（スギ）

　写真-1は、両方とも特1等ランクのスギ材ですが、左の材の平均年輪幅は約6mmです。これだけ広い年輪の間隔でも、平均年輪間隔6mm以下という基準をクリアできることから、この数値はそれほど厳しいものではなく、8mmや10mmといった数値の平均年輪幅は大き過ぎるといっても言い過ぎではないと筆者は考えています。

　ただ、誤解のないように付け加えておきますが、ここで述べていることは、年輪間隔の広い材をすべて排除しようということではありません。その材がもつ強度を見極め、それに見合った使い方をする必要があるという、いわば当然のことを述べているつもりです。

　平均年輪間隔が6mmを超えた材であっても、大きな荷重や応力を負担しない部位には十分使用可能であると思いますし、年輪間隔はあくまでも指標の一つであり、それを絶対視しないことを読者の方々には望みます。

　なお、広葉樹は針葉樹とは逆に、狭すぎる年輪間隔は強度が弱いといわれており、『木質構造計算規準』では「ナラ」や「ケヤキ」は年輪間隔が最低でも1mm以上は必要と規定されていることを付け加えておきます。

2-2 含水率について ★★

もう一点，筆者が欠かせないと考えている指標は「含水率」です。まず，以下に含水率についての初歩的な知識を述べておきます。

木を一定の温湿度状態に長時間置くと，その温湿度と木の含水率が釣合い状態なりますが，これを平衡含水率といい，大気中に長時間放置したときの平衡含水率を気乾含水率といいますが，これは日本の気候ではほぼ15％前後といわれています。

未乾燥で納入された材は，季節や保管状態にもよりますが，カビを発生することもあり，そうした場合には素材そのものの耐久性が損なわれてしまいます。また木の強度は，図-1に示すように繊維飽和点（約30％）付近から，含水率が小さくなるに従って増大します。『木質構造計算規準』では，施工後ただちに荷重を受ける部材は含水率を20％以下と規定していますが，この表を見ていただければ，なぜこのような規定がなされているかを理解していただけると思います。

KD材（22ページ＊2）の使用は増加傾向にあるとはいうものの，前述したように新JAS規格が表示されている材の流通量は少なく，まだまだ未乾燥材の使用事例が少なくありません。特にスギの場合は，比較的含水率の低い白太（辺材）の部分でも**100％**（写真-2 ○部分）を超えている材は珍しくありません。ただ，含水率の高い赤身（心材）の部分でも**20％**（写真-3 ○部分）まで下げて出荷されている材もあり，含水率を下げた材が不可能というわけではないことも知っておいていただきたいと思います。

圧縮に関しては，含水率20％時には気乾含水率（15％時）の約80％の強度がありますが，30％時には約58％程度の強度しかありません。

また，曲げ，引張り，せん断については，5〜10％時にピークを示しますが，気乾含水率までは，ほぼ圧縮と同様の傾向を示します。

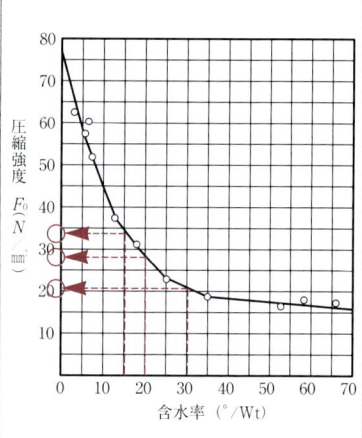

図-1 含水率と圧縮強度の関係(5)

含水率は木の寸法形状に大きな影響を与えます。

図-2に示すように，木は含水率が小さくなるに従って収縮しますが，収縮率は**半径方向**（——線）と**接線方向**（——線）とでは異なるため，カラマツなどのように繊維が樹心に対して回旋している材などでは，ねじれを生じることになります。

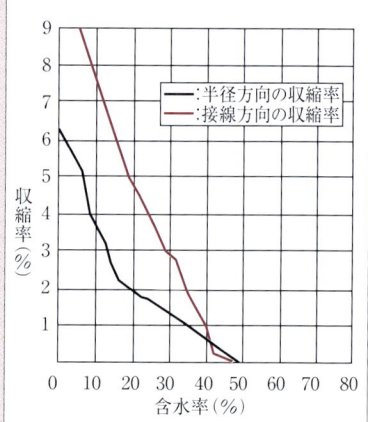

図-2 放湿に向かうブナの収縮率と含水率(6)

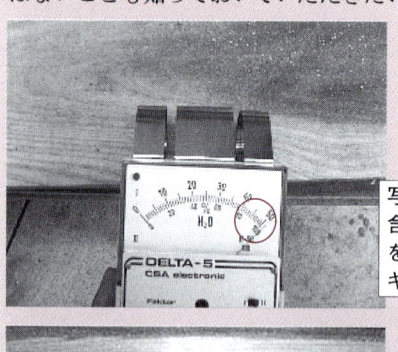

写真-2
含水率が100％を超えているスギの1等材

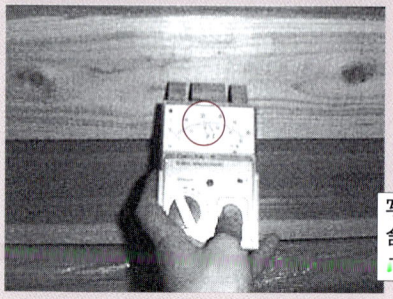

写真-3＊＊
含水率が20％のスギの1等材

輸入材は一般的にいって，含水率は**20％前後**（写真-4 ○部分）の材が多く，含水率に関しては一応合格点を与えられますが，検疫で使用される「燻蒸剤」が残留しているものがなかにはあるようですので注意が必要です。また，含水率の測定には，材を傷つけることがなく扱いが簡単なことから，高周波式の含水率測定器（写真-2〜4）が使われることが多いようですが，どのタイプを使用するにせよ，含水率を施工品質確保の原点であると認識して，人まかせにすることなく，施工管理者や工事監理者自らが測定を実行していただきたいと思います。

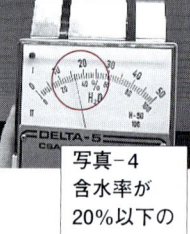

写真-4
含水率が20％以下のベイマツ

3 木の初歩知識   重要度：★★

3-1 節について ★★

「節」のある部分は強度的に弱く，その意味からすれば，「節」が多い材に低い等級付けをするということは理にかなっているように思えます。しかし，「節」は図-1のように，木の根元から上部までの間に，多かれ少なかれ必ず存在します。つまり，22ページ・写真-3のような無節材でも，削っていけば「節」が出てくる場合があります。

こうしたことから製材所では，「節」をいかに出さずに製材するかが，腕の見せ所ともいわれています。

市場規格の「節」に関し誤解を恐れずに言えば，表面的に見えている「節」がすべてではないにもかかわらず評価を下しているということであり，これでは美観上の評価と強度上の評価が区別されることなく使われているといわなくてはなりません。

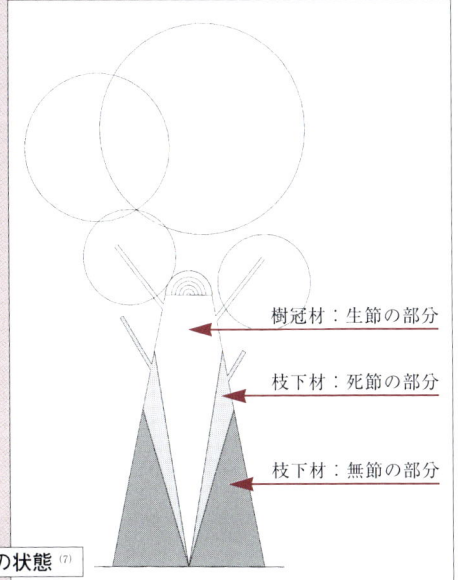

樹冠材：生節の部分
枝下材：死節の部分
枝下材：無節の部分

図-1 節の状態 (7)

3-2 等級とコストの関係について ★

表-1の近県産の単価をみると，特1等材と三面無節材との価格差は**約15.5倍**，そして同じく特1等材と一面上小節材との価格差は**約4.2倍**となっています。確かに節のない材はきれいですが，表面的な節の有無だけでこれだけの価格差が生じていることは合理的といえるでしょうか。

また，特1等材と集成材が**約2.4倍**の価格差となっている点にも着目していただきたいと思います。集成材は狂いが少ないなどの優れた点はありますし，節もありません。ただ，無垢材よりも張り物のほうの価格が高いことに，すこし釈然としないものを感じるのは筆者だけでしょうか。

なお，集成材には接着剤の問題もあり，基本的には筆者としてはお勧めできないと考えています。この問題に関しては，6章「5 本書に記載した建材と有害性情報について」を参照して下さい。

表-1 東京近郊での木材の小売価格の一例

材種・等級 (寸法：3000×120×120)	近県産 1本単価	吉野 1本単価	尾州 1本単価
ヒノキ・特1等	5,600円/本	7,780円/本	9,980円/本
同・上小節(一面)	23,410円/本	25,920円/本	28,120円/本
同・上小節(二面)	37,150円/本	40,180円/本	42,380円/本
同・上小節(三面)	54,260円/本	57,460円/本	59,660円/本
同・無節(一面)	38,280円/本	42,340円/本	53,080円/本
同・無節(二面)	69,820円/本	83,380円/本	93,110円/本
同・無節(三面)	86,660円/本	100,660円/本	111,220円/本
ヒノキ厚貼り・集成材 (寸法：3000×117×117)	13,200円/本		

写真-1は，特1等材ですが，一面は無節です。もし，この材を一面しか見えないところに使えば，特1等材の価格で無節の材が使えることになります。通常，木材はある程度の本数をまとめて仕入れますので，一等材の中に小節に近い材や一面無節の材などが含まれている場合が少なくありません。むやみに高い材ばかり求めないという姿勢も必要なことではないでしょうか。

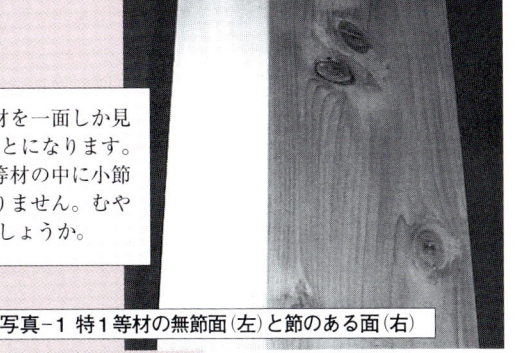

写真-1 特1等材の無節面(左)と節のある面(右)

3-3 断面寸法について ★★

欠陥住宅などの報道の影響を受けてのことでしょうか，巻尺持参で建物の寸法を測る建築主の方がいらっしゃいます。これは決して悪いことではありませんが，なかには「設計図で3.5寸角（105mm角）の柱を指定しているにもかかわらず，100mm角しかない。これは公庫仕様違反である」といった指摘をされる方がおられますが，この指摘は正しくない可能性があります。

公庫仕様書の「4.2.1指定寸法」の項には，「木材の断面を表示する指定寸法は，挽立て寸法とする。ただし，造作材の場合で寸法線が記入されているものは仕上り寸法とする」となっています。ここでいう挽立て寸法とは，下小屋（木を必要な寸法形状に刻むための大工さんの作業場のことです）に搬入された時点の，大工さんが鉋仕上げをかける前の寸法をいいます。

つまりこの規定に従えば，特記仕様書で仕上り寸法を指定した場合などを除き，施工側で仕上り寸法を決定してよいということです。木は自然材ですから乾燥時の収縮は均一でなく，材種によっても異なりますが，製材した際に105mm角であっても1〜2mmは縮む場合があり，そこからさらに鉋仕上げで小さくなりますので，100mm角まで小さくなることはまれであると思いますが，あり得ないことではありません。

ちなみに，集成材の柱の寸法は無垢材の柱が小さくなることを見越して，あらかじめ102mm角（写真-3参照）や117mm角といったような寸法になっています。

公庫仕様書のこうした規定が適切であるかどうかは別にして，挽立て寸法と仕上り寸法の違いを理解しないで指摘する方が専門家の中にもいることは論外ですが，建築主の方々がこれを勘違いすることは当然ともいえますので，施工者や設計者の方々には，建築主の方の無用な誤解を招かないためにも図面の段階で説明しておくことをお勧めします。

なお，未乾燥材として材木小売りに入荷した時点で，挽立て寸法そのものが105mm角以下の場合も少なくないようですが，これを公庫仕様の建物に使うと，厳密には仕様違反ということになります。つまり，公庫仕様違反を指摘するのであれば，この時点でやっておかなくてはならないことになりますが，前述したように乾燥収縮の程度が一定ではないことから，これをあまり厳密に適用することは現実的ではないように思われます。

さらに付け加えれば，コストの問題は別にして，たとえば写真-4のように，仕上りで4寸（120mm）を確保するために，通常より大きい寸法（ここでは125mmとなっています）で発注することができないわけではないことも知っておいて下さい。

写真-5は写真-4の仕上がった状態です。また，建築基準法施行令第43条に規定する柱の小径のチェックは，仕上り状態で102mm角の柱であるならば，その寸法で計算しなければならないことにも注意していただきたいと思います。

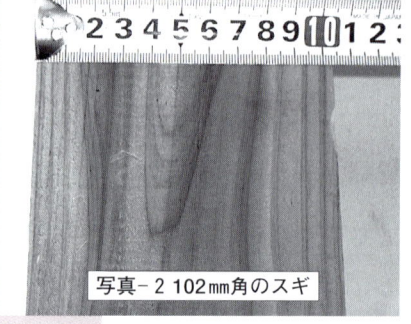
写真-2 102mm角のスギ

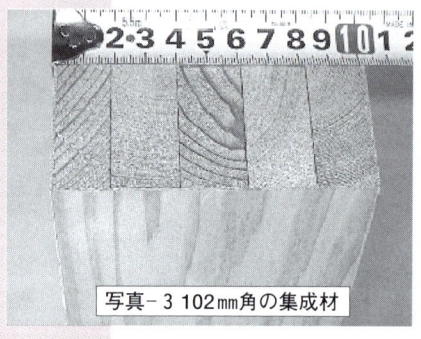
写真-3 102mm角の集成材

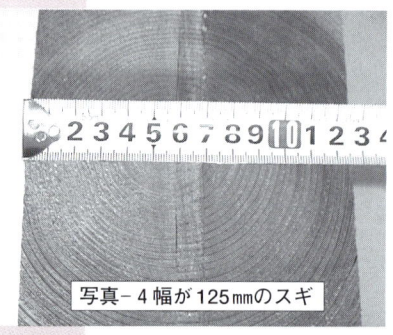
写真-4 幅が125mmのスギ

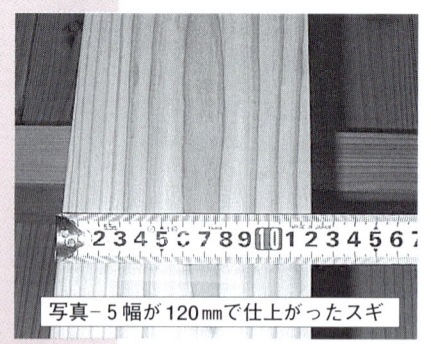
写真-5 幅が120mmで仕上がったスギ

2章

工事契約前までに確認しておきたいこと

架構の不具合をなくす
契約書類について

1 架構の不具合をなくす

　ここで述べている「架構の不具合」は，本来設計段階で解決しておかなければならない問題であり，それは本書の主題である「施工品質の確保」からはずれる問題といえます。しかしながら，架構上の問題を抱えたままの図面が大工さんに渡される事例も少なくありません。そうしたケースの中には，大工さんの段階で処置できる範囲を超えているものもあり，結果として耐震性能に疑問を感じさせる建物が生まれてしまう場合があるように思います。

　筆者はこの問題の解決なくしては，本書で述べている「施工品質の確保」を実行できたとしても，その努力が無になってしまう場合さえあり得ると考えているところから，あえてここで取り上げていることを理解していただければと思います。

■1 構造上の不具合を起こさないための架構の初歩知識　　重要度：★★★

1-1 原則として，上階の柱の下には柱を設ける ★★

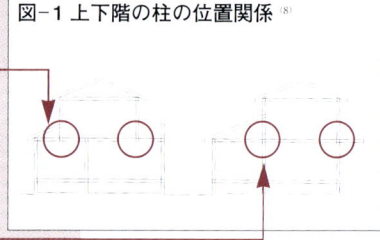

図-1 上下階の柱の位置関係 (8)

　この原則が守られていない場合が少なくありません。そうした事例の中には使い勝手などからやむを得ず図-1の左図のようになっているものもあれば，柱を上下に通すことに何の問題もないにもかかわらず，そうしていないものもあります。

　筆者としても，前者の場合で十分な梁成とするなどの必要な対応をきちんと取ったものについてまで問題であると言うつもりはありませんが，後者のような事例に関しては，問題であると言わざるを得ません。

　設計者の方々には，まず原則を守ることからプランニングを始めていただきたいと思います。

　2階の柱の真下に**1階の柱がない場合**（図-1：左）は，梁が大きな曲げモーメントを常時受けることになり，たわみが発生する場合があります。これを避けるためには，**2階の位置を変えて柱の上下位置を合わせる**（図-1：右）ことも一つの解決方法であり，設計者の方々にはこうした可能性も検討しながら計画を進めていただければと思います。

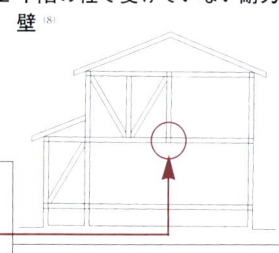

図-2 下階の柱で受けていない耐力壁 (8)

　図-2のように，1階に柱がない梁の上部に**耐力壁が乗っている場合**は，図-1の左図よりもさらに好ましくない状態といえます。こうした場合は梁成の検討はもちろんですが，筋かい位置の変更なども合わせて検討することをお勧めします。

1-2 大きなスパンの軒桁の上には小屋梁は乗せない ★

　在来工法でおもに採用されている和小屋は，下部の架構とは無関係に屋根をかけることができます。そのため，図-3（○部分）のように大きなスパンにかかる**軒桁に小屋梁を架け渡している事例**が少なくありません。軒桁の成が小さいと，小屋の荷重を受けて下がるおそれがあり，サッシの建て付けなどに不具合が発生する場合がありますので，十分な梁成を確保しなければなりません。

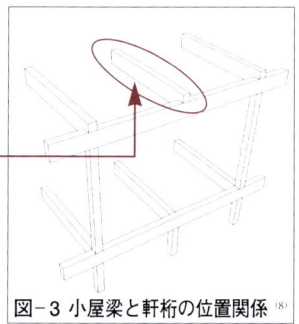

図-3 小屋梁と軒桁の位置関係 (8)

1-3 建物全体としての架構のバランスに配慮する ★★★

建築基準法の規定にもあるように，耐力壁は釣合い良く配置する必要がありますが，これが図-4のように片寄った配置になっていると，水平力を受けた時に耐力壁の少ない側の変形が大きくなり（○部分），限界を超えた時点で破壊が始まります。この耐力壁の片寄りの程度は，通常は剛心と重心のずれを計算することで求められる「偏心率」で表します。

改正建築基準法の告示では耐震壁の配置状態を確認することが規定されましたので，今までは構造計算が必要な木造3階建であっても，ほとんどの場合は，確認申請の際に行政から「偏心率」のチェックを求められなかったことを考えれば一歩前進だと思います。

ただ，この告示では「偏心率」ではなく「壁量充足率」でのチェックが規定されており，それは上階の位置関係を考慮に入れなくてよい[*1]ことなどから，大きく偏心している事例を見逃すおそれがあるように思われ，さらに言えば，「住宅の品質確保の促進等に関する法律（以下「品確法」といいます）」のグレード付けもこの告示がベースになることも考えると，正直なところ危うさを感じると言わなければなりません。この問題に関しては，法律の規定にとらわれない設計者の良心と柔軟な姿勢を求めたいと考えます。

また，図-5のような形状の建物は，2階建部と平屋部の振動特性が異なることから，○印の取合い部分に破壊が起きる可能性が高いと言えます。できればこのような形状を避けることが望ましいのですが，使い勝手などからやむを得ない場合は，仕口を十分補強するなどの配慮をしていただきたいと思います。

さらに，敷地の状況や使い勝手によっては，図-6のような平面形状となる場合がありますが，こうした形状は赤矢印方向からの風などの影響を受けやすく，○印部分での損傷が生じやすいと言えます。この部分の仕口の補強や，壁量を割り増すなどの配慮を検討することをお勧めします。

なお，建築基準法の必要壁量計算は，1/3程度の雑壁効果を見込んでいることや，片筋かいはその傾き方向にかかわらず，効果は同一と仮定していることなどを前提としていますが，この前提通りに耐震壁が効いてくれない場合もあり得ることから，できれば地震力については，建築基準法で規定している数値の1.5倍（これは日本住宅性能表示基準の「等級3」に該当します）程度の壁量を設けることをお勧めします。また，出隅部に耐震壁を設けた場合，隅柱に大きな引抜き力を働かせてしまうことがあり，こうした部分には，逆に耐震壁を設けない設計もあり得ることを指摘しておきます。

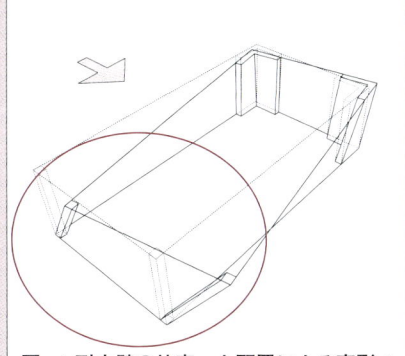

図-4 耐力壁の片寄った配置による変形[8]

[*1] ある階の，開口部が大きい部分の直上に上階が乗っており，一方，開口部が小さい部分の直上には上階がないという場合には，その階の重心と剛心の距離が大きくなることがあります。残念ながらこうしたケースを告示の規定ではチェックできません。

しかし，偏心率の計算では，重心位置を知る必要がありますから，結果として上階の位置関係も考慮して計算することになり，こうした問題を回避できます。

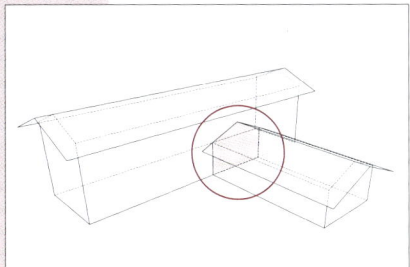

図-5 階数が異なる建物の弱点部分[9]

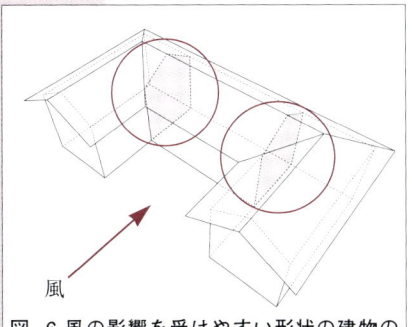

図-6 風の影響を受けやすい形状の建物の弱点部分[9]

1-4 剛床とする ★★★

床組と小屋組で重要なことはどれだけ耐力をもった水平構面をつくることができるか，という点に尽きると思います。そもそも在来工法は，この点が弱点ともいえますので，十分な配慮が欠かせません。耐力壁が有効に働くためには，水平構面の面内剛性が重要であることを理解していただきたいと思います。

以上，構造上の不具合を起こさないための架構の初歩知識について述べてきましたが，これらは，不具合として目につくことが多い，という判断からここに載せたものです。言うまでもないことですが，架構の注意点としては，これらの内容がすべてではないことに注意して下さい。

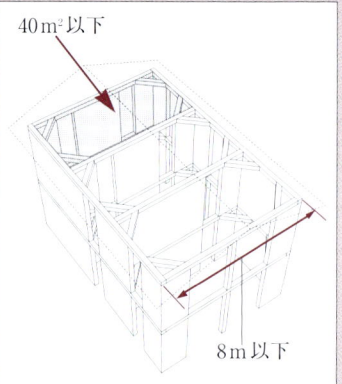

40m²以下
8m以下

図-7 耐力壁線による囲み

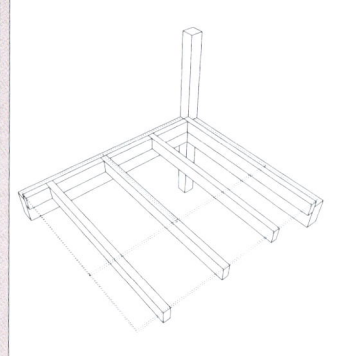

図-8 構造用合板による剛床

耐力壁線で囲まれた範囲ごとに水平構面を固めることが効果的ですが，この耐力壁で囲まれた床については，耐力壁線間の距離を8m以下，耐力壁線で囲まれる面積を40m²以下，耐力壁線の幅と長さの比を1/3以上とする，などの配慮をしていただくことが望ましいといえます（図-7）。

また，在来工法では火打ち梁を使用することが一般的ですが，図-8のように合板を用いる仕様のほうが構造的には効果が大きいといえます。ただし，合板の厚さや釘のサイズ，ピッチなどを規定通りに施工しないと，期待する耐力は得られませんので注意していただきたいと思います。

■2 設計段階で解決しておきたい架構の不具合事例　　　重要度：★★★

2-1 小屋組関連の不具合事例 ★★

ここに記載したのは，設計上の不具合を大工さんの段階ではフォローしきれなかった，といえる架構の不具合事例です。

こうした事例をここに記載したのは，問題が解決されることなく施工が進められてしまう事例が少なくない，ということを知っておいていただきたいという考えからであり，欠陥工事を告発しようという意図ではないことを念のためお断りしておきます。

28ページ・図-3と類似の事例ですが，ここでは軒桁を2段とすることで処置しています。これも解決方法の一つといえますが，**中央の梁は中止**し，点線部に梁を設けることのほうが望ましいといえます。

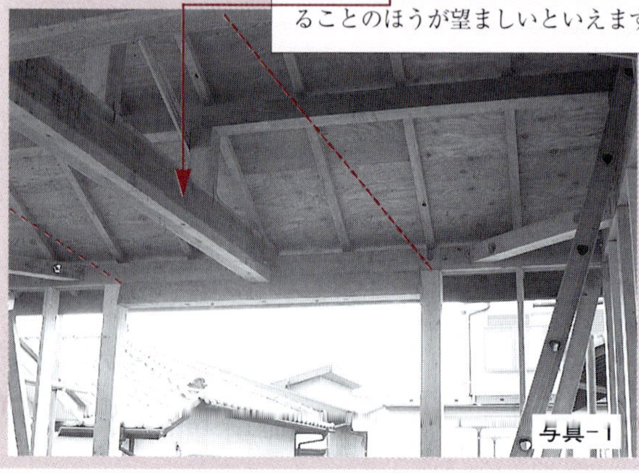

写真-1

写真-2

写真-2の事例では，小屋レベルでの水平構面がつくられていません。図-7のようにきっちりとつくることは，現実のプランニングでは難しいことだとは思いますが，水平構面確保の重要性を再確認していただき，計画段階からの配慮をお願いしたいと思います。

2-2 床組と軸組関連の不具合事例 ★★★

写真-3

写真-4

2階の柱の下に**1階の柱**（○部分）がありません。この部分は外壁であり、柱を設けても特に不都合はなかったと思われます。

写真-4と違い、この場合は屋内ですので点線部に柱を設けることができなかったと思われる事例です。大工さんは大きな梁成の材を使ってくれていますが、ここには**筋かい**（○印①）も付いており大きな応力がかかることになりますので好ましくありません。

写真-5

胴差しの○印部には、柱、筋かい、火打ち梁の3つの力が集中して加わります。スパンが短い点が救いですが、おそらく□部に開口部がくるために、点線部に柱を設けることができなかったものと思われます。
こうした場合は開口部の形状を変えるなどの工夫をし、柱を設けることを優先させていただきたいと思います。

開口部

写真-6

2階の隅柱の下が開口部となっているために、**1階に柱**（点線部）を設けることができなかったと思われる事例です。建築基準法では原則として隅柱を通し柱とするよう規定していますが、「接合部を通し柱と同等以上の耐力を有するように補強した場合においてはこの限りではない」というただし書きがあり、そこでこの事例では、大工さんは開口部の上の梁成を大きくすることで解決してくれています。
ただ、2階の架構には筋かいが見られ、大きな応力が加わる可能性もあり、不安定な架構であることが解決されたというわけではありません。大工さんはある程度までは処置をしてくれますが、すべての解決を押しつけるには限界があるということを知っておいてほしいと思います。

耐力壁線による囲みは赤点線で示した位置とするのが妥当なように思われますが、この事例の火打ち梁の位置は「耐力壁線による囲み」を意識して設けられているようには見えません。
火打ち梁の位置は板図（46ページ参照）の段階で確認できますので、その時期に大工さんと十分打合せをしておくことをお勧めします。

写真-7

2 契約書類について

　ここで述べていることは，建築主，設計者，施工者というそれぞれ立場は違うものの，建築工事に関わるすべての方々にとっての「施工品質の確保」の具体的な方向づけの前提となるものです。

　3章以降の内容を実行しようとしても，契約に添付するべきであった書類が不足していたり，不十分であった場合には，建築主や設計者の方々にとっては施工品質の確保が難しくなることがあり得ると言わなくてはなりません。また，「品確法」の施行により，施工者の方々にとっては建築主に約束する性能や品質をどれだけきちんと明示できるかが問われる時代に入ったといえます。そうした点からいえば，ここで述べている書類の重要性はますます増していくものと思われ，形式だけでない中味のある内容をもった書類を作成していただきたいと思います。

　なお，ここに記載した内容は，筆者が「施工品質を確保」すべきであると考えている3章以降に記載した項目に関連するものであり，それは必ずしも「品確法」の性能表示項目とはリンクしていないことをお断りしておきます。また，誤解を恐れずにあえて言えば，法律に規定されているから実行するということではなく，性能評価機関の検査を必要としなくても「施工品質」が確保されていることが望ましい姿である，と筆者は考えていることを付け加えておきます。

■ 1 契約に際しそろえたい書類　　　　　　重要度：★★★

1-1 仕様書について ★★★

　仕様書とは，設計図に表現しきれない内容や設計意図などを記載したもので，設計図とともに施工の基準となるものといえます。大別すると仕様書には「共通仕様書（または標準仕様書）*1)」と「特記仕様書*2)」とがあります。「共通仕様書」としては，写真-1に載せたものがよく知られていますが，このうちでは「公庫仕様書」が住宅工事では最も身近なものだと思います。

　一方，特記仕様書については，これを書いたことがない施工会社さんもあるようですが，建築主の方の要望を実現するためには欠かせない場合があります。「公庫仕様書」は，加筆して特記仕様書として使うことも意図して作られていますので，必要に応じてこれに加筆訂正し，口約束でなく文書として残すように努めていただければと思います。

　なお，公庫融資物件の契約には「公庫仕様書」は当然添付されるべきものです。しかし，筆者の知る範囲ではありますが，添付されないか，あるいは建築主への説明と提示がない場合などが少なくないようです。施工者の方々にはこうしたことがないよう強くお願いしておきます。

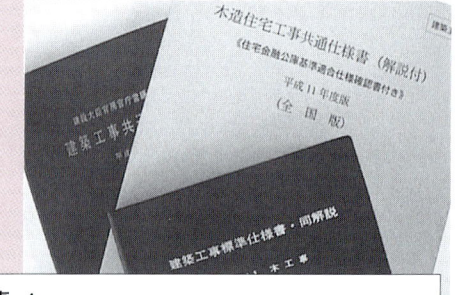

写真-1
奥：国土交通省大臣官房官庁営繕部監修　建築工事共通仕様書（以下「営繕仕様書」）
中：公庫仕様書
手前：日本建築学会標準仕様書（以下「JASS」）

＊1）材料，施工方法などに関して広い範囲で記載しているもので，通常の工事であればそのほとんどを網羅することを意図して書かれています。したがって，やむを得ないという側面もありますが，その内容に若干物足りない部分も散見されます。住宅が守るべき品質について，一つの重要な基準を示していることは間違いありませんが，設計者の方には，よく熟読した上でその適否を判断することを求めたいと思います。

＊2）当該工事における建築主の注文を実現するために必要な，共通仕様書に記載のない，その工事固有の材料や施工方法などについて記載したものです。

1-2 契約書および工事請負契約約款について ★★★

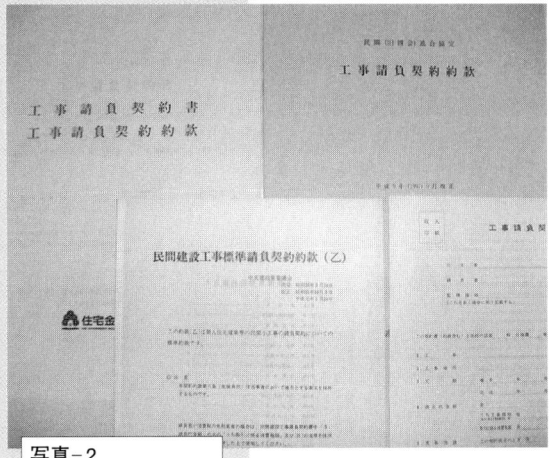

契約に使う約款としては，あらかじめ書式として整ったものを使用する場合がほとんどであると思います。写真-2はそうした書式のいくつかの事例ですがこれらの中では「民間（旧四会）連合協定」の約款が，よくできているように思います。ただ，この約款は大型工事にも使用されるものですから，履行遅滞違約金の算定方法については，通常の住宅工事の契約額からみると比率が適当でないように思われますし，瑕疵担保期間も短い（品確法で，基本構造部分に関しては10年の規定が適用されますが，それ以外の部分については適用されないことに注意して下さい）と筆者は感じています。

いずれの約款を使うにしても，設計者や施工者の方々にお願いしたいのは，建築主の方はこうした内容の知識がほとんどない場合が多いことをよく認識し，十分な時間をかけて説明し，理解を得ていただきたいということです。

一方，建築主の方々の中には，こうした問題を面倒がって任せきりにしてしまう方もいるようです。そうした方々は，トラブルを招き入れているに等しいということをあえて指摘しておきたいと思います。約款を契約当日に初めて見るというようなことのないよう事前に熟読し，不明点はあらかじめ確認しておくことをお勧めします。

約款の中には，図-1（これは契約書と約款がきちんと分かれていないタイプです）のように，重要な項目が落ちているものも少なくありません。ちなみに，ここにに記載されていないおもな内容を列記すると，以下のようになります。

1. 瑕疵担保の規定について
2. 履行遅滞違約金について
3. 仕様書不適合の改造義務について
4. 検査関係について
5. 施主側の中止権，解除権について
6. 紛争処理関係について
7. 工事監理者について

もし，これらが欠けている約款を提示された場合は，契約者相互で納得すれば加筆訂正することができますので，それぞれの実情にあった約款を作っていただきたいと思います。なお，「民間連合協定」の約款には上記の項目それぞれの内容の可否は別にして，すべて記載されています。

写真-2
左上：住宅金融公庫
右上：民間連合協定
左下：中央審議会
右下：日本法令

図-1 内容が不十分な約款の例

1-3 設計図書について ★★

「施工品質の確保」のために必要な図面は，意匠，構造，設備など多岐に渡ります。それぞれの図面の必要性を述べるには紙面が足りませんので，ここでは「安全」という視点から軸組図について述べてみたいと思います。

筆者の知る範囲では，伏図が描かれることがあっても（実はこれが描かれない場合も少なくありません），軸組図が描かれることは残念ながらほとんどないと言わなくてはなりません。しかし，軸組図を描くことは前節で述べた「架構の不具合」をなくすことに大変役立つと考えています。もちろん，経験豊富な設計者であれば，軸組や床組を頭に描きながら計画できますから，齟齬が発生することは少ないとは思います。ただ，それでも不具合部分をゼロにすることはなかなか難しいはずですし，それが経験の浅い設計者の場合にどうなるかは想像に難くありません。図-2〜4に示したように，伏図だけでは見落としがちな不具合部分も，軸組図を描くことで発見しやすくなります。

また，ここに載せた「チェック1」での処置方法を実行するということは，一部の部材の成を大きくしたり長さを変えたりするということであり，それは当然コストにはね返ります。木造では，RC造などと比べると「通り」の数がはるかに多いため，すべての軸組図を描くことは相当な手間を要します。しかし，だからといって描かずにおくと，本当に必要な部材寸法に見合った積算ができていない場合があることを理解していただき，すべての「通り」を描くことが無理ならば，せめて筋かいを設けた「通り」だけでも作図することをお勧めします。

なお，図-3の軸組図には土台の継手位置が描かれておりませんが，胴差しなどと同様に筋かいのスパンに継手がこないようにしなければなりませんので，必ず記載するようにしていただきたいと思います。

以上，軸組図の必要性について述べてみましたが，他にも必要な図面は多々あり，建築主の方の要望を実現するために必要な図面という視点で見れば，それは個々の事例ごとで異なってくるといわなければなりません。そして，作図図面が増えればそれだけ設計費用はかかりますが，「施工品質の確保」には欠かせないものがあることを建築主の方々には理解していただきたいと思いますし，設計者の方々にはそれぞれの図面の必要性を，建築主の方が納得いくまで十分説明してほしいと思います。

●チェック1
筋かいが設けられているスパンには，**継手を避ける**（図-3○部分）ことが原則ですが，軸組図を描くことでそうした問題が顕在化します。

この事例では，問題の胴差しや軒桁の長さを変えずにそのまま右にずらすことも処置方法の一つです。

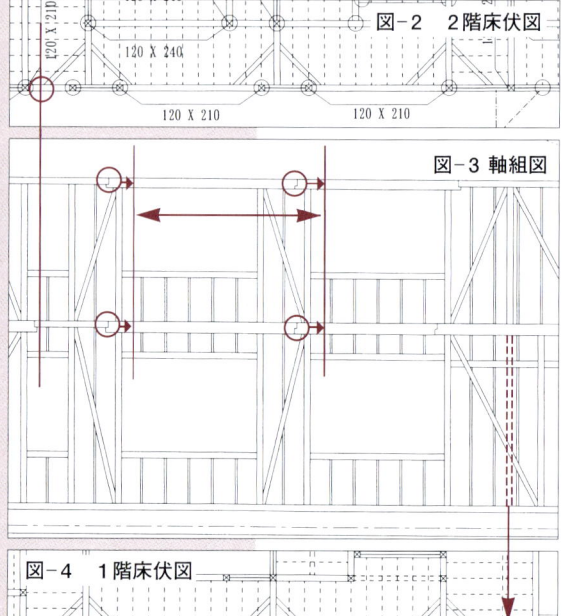

図-2　2階床伏図

図-3　軸組図

図-4　1階床伏図

●チェック2
火打ち梁の**取合い部分**に**継手**（図-2○部分）がくることは好ましくありません。伏図には継手位置が描かれない場合が多いようですが，軸組図があればこうした不具合を発見しやすくなります。

●チェック3
柱は**上下の位置を合わせる**（図-3点線部分と図-4○部分）ことが原則ですが，軸組図があればそうした問題の有無は一目瞭然です。この場合は外壁部分ですので，点線部分に柱を設けても使い勝手上の不具合はないように思われます。

表-1　木材の寸法と小売単価の一例

ベイマツ 平角・1等	寸　法	円/本	円/m³
	3000×120×210	5,440円	72,000円
	3000×120×240	6,620円	72,000円
	4000×120×210	7,260円	72,000円
	4000×120×240	8,290円	72,000円
	5000×120×210	11,000円	87,000円
	5000×120×240	12,500円	87,000円
	6000×120×240	16,200円	94,000円

材の長さが4mを超えると，立米単価が上がることがわかると思います。ローコストに押さえる必要から4m以下にこだわるあまり，架構の不具合を起こしてはなりません（40ページ，写真　6参照）。

1-4 見積書について ★★

いうまでもないことですが，仕様書や設計図で指定された内容に従い見積書は作成されます。ただ，その内訳が明記されていない見積書も少なくないようです。

表-2では，木材費の単価が床面積当たりで表記（□部分）されていますので，一応形の上では「一式」という記載とはなっていませんが，これは総額を単に床面積で割って数値を出しただけといえ，「一式」と何ら変わりはありません。木材費は工事費総額の中に占める比率が大きい項目でもありますので，施工会社の方々には表-3のように内訳を明記することを必ず実行してもらいたいと思います。

また，表-4は基礎工事の見積書ですが，コンクリートの品質が記載されていません（□部分）。住宅工事以外では，表-5（□部分）のようにコンクリートの強度やスランプ値などが見積書にも記載されている場合が多いといえ，こうしたところは住宅工事でも見習ってほしいと思います。

筆者は，同種の材料でも仕様によって価格が異なるものは，できるだけその仕様を見積書に明示すべきと考えていますが，ここで述べた木材の材種やコンクリートの仕様などは，特に木造建物の耐久性に大きく関わってくるものです。工事材料のすべてに関し，内訳を明示することは無理な要求かもしれませんが，こうした内容についてだけは省略しないでいただきたいと思います。

表-2 使用木材の内訳が明記されていない見積書

表-3 使用木材の内訳が明記されている見積書

表-4 コンクリートの品質が明記されていない見積書

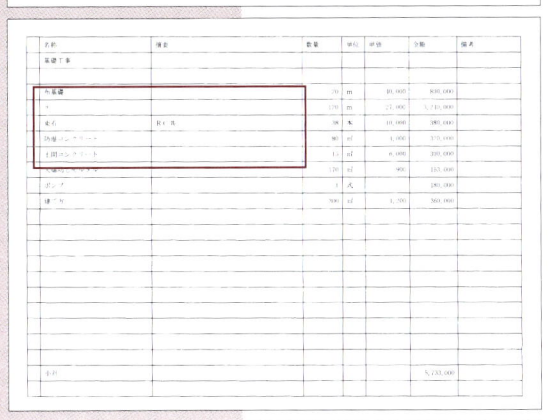

表-5 コンクリートの品質が明記されている見積書

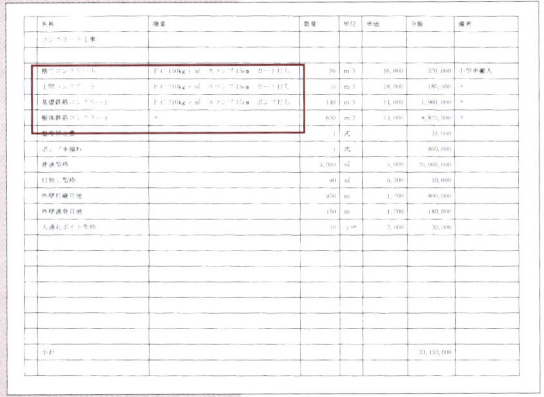

1-5 工程表について ★

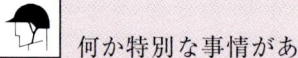

何か特別な事情があれば別ですが，普通は契約書には工期が明記されます。しかし，それが守られない場合が少なくないことも述べておかなくてはなりません。

その原因としては，工事工程表が契約時に添付されないことや，添付されていてもそれが実際の手配に裏打ちされたものでない場合が多いのではないかと筆者は感じています。ただ，だからといってすべての職種についての手配をしなければ工程表を作ってはいけないというつもりはありません。手配がまったくされていない工程表は百害あって一利なしですが，大工さんのスケジュールさえきちんと押さえることができれば，それほど狂いのない工程表を作成することは難しくないと思います。

施工者の方々には，工程表を契約の必要書類の一つとして形式的にそろえるということではなく，手配の実情を建築主や設計監理者に説明する道具として使っていただけないだろうかと筆者は考えています。

図-5に，5件の施工実例の工程を基礎工事の開始日（赤点線で表示しました）をそろえて整理してみました。ここでは「基礎工事」，「木工事」，「その他の工事」のそれぞれが全体工期に与える影響を簡単に述べてみたいと思います。

まず「基礎工事」ですが，5つの事例のすべてで，基礎工事が始まってから約1〜1.5カ月で木工事が始まっています。鳶さんはその作業の性質上2〜4人程度の複数で行い，機械力を利用した作業も多いため，規模や作業人数による差はあまりでていないといってよいようです。

次に「その他の工事」ですが，いずれの事例でも木工事が終わって約1〜1.5カ月で工事が終わっています。職種が多いため，手配の巧拙によってこの期間が延びてしまう場合もあるようですが，これについても規模などによる差はあまりみられないといってよいように思います。

最後に「木工事」ですが，これはかなりのばらつきがみられます。1人の大工さんで行った場合(④，⑤)と，3人で作業した場合(②，③)の工期を，規模の近い②と④，③と⑤のそれぞれで比較してみると，②，③は規模が大きいにもかかわらず人数が多いこともあって，④，⑤に比べ短い工期で済んでいることがわかります。ただし，その期間は人数が増えた分がそのまま反映されていないのは，③は⑤の1/3ではなく半分程度にしかなっていないことからもわかると思います。

以上から，規模の大小にかかわらず，「基礎工事」や「その他の工事」よりも，「木工事」が工期に大きな影響を与え，さらにそれは大工さんの人数によって左右されるということを理解していただけると思います。また「刻み」と「木工事」は大工さんが行いますが，一つの職種の職人さんが関わる期間としては他の職種に比べて最も長いこと，予定通りに「刻み」に入らなければ仮に基礎工事が予定通りに終わったとしても，それ以降の工事にずれが生じてしまうことなどからも影響の大きさを理解していただきたいと思います。

施工会社の方々には，すべての職種に関しての手配状況の説明を求めようとは思いませんが，大工さんの人数と工期の関係だけは積極的に建築主の方に説明していただきたいと思います。一方，建築主の方々も単に工期の短いことだけを評価するのではなく，品質の確保に重点をおいて，腕のよい大工さん一人でじっくりと木工事を行うこととしたために工期がかかる，というようなケースは正当に評価してあげてほしいと思います。

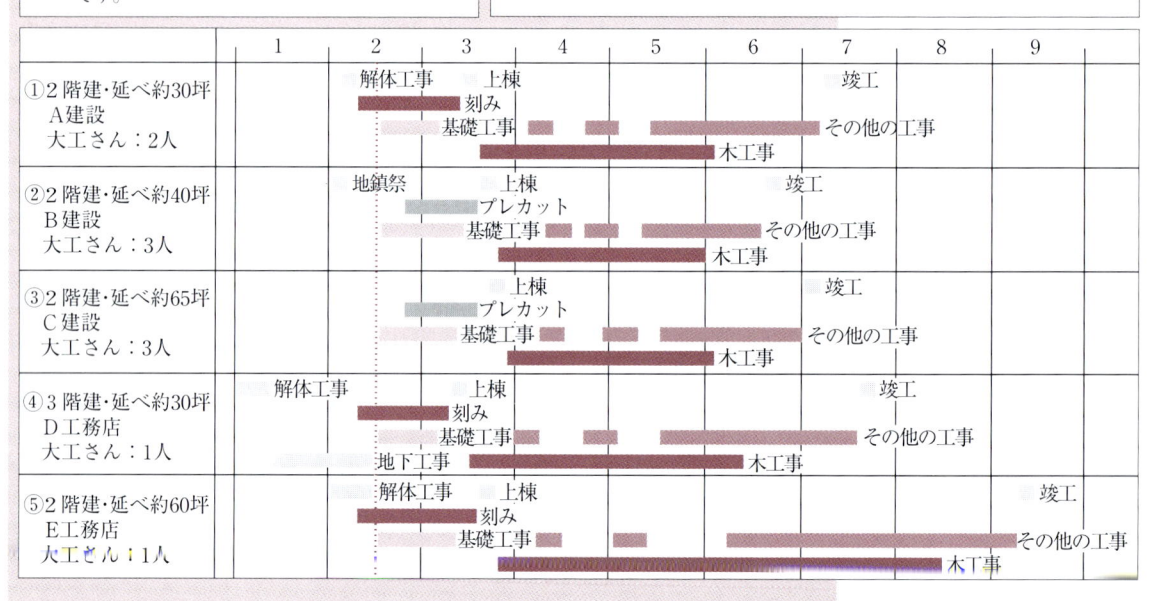

図-5 事例別の工事工程の比較

注1) その他の工事とは，屋根，内外装，塗装，建具，衛生，電気などの工事を指します。
注2) ここに掲載した工程表はすべて注文建築のものです。

コラム1　木材の乾燥について

はじめに

　木材は，いわゆる生材のままでは乾燥による収縮が激しいために建築用材としては使用できませんので，できるだけ乾燥させた材を使うことが前提です。そして，そうした材を得るための乾燥方法としては，自然乾燥法と人工乾燥法の2つに大別できますが，いずれの方法にしても市場に出回るべき材としての乾燥の程度は，いわゆる気乾含水率（日本はおおむね15％前後といわれています）近くまで落ちていることが望まれます。しかし，その達成はなかなか難しく，現状では20％前後の材であれば良い部類に入り，残念なことに，最も多い材は未乾燥材（未処理材）であるという事実を，これからお話しする内容の前提として，知っておいていただかなければなりません。

自然乾燥について

　伐採した材を鉄道や車両などのいわば機械力によって搬出できるようになる以前は，もっぱら人力に期待するしかなく「葉枯らし（38ページ・注1参照）」などによる材の軽量化と，川などを使った輸送，貯木場での集積などが行われていました。ただ，こうした時間のかかる流通経路をとらざるを得なかったことが，結果的に良好な品質の木を供給することになっていたと筆者は考えています。しかし，現在では多くの場合，こうした流通経路をとることはなく，伐採後直ちに機械力によって運び出され製材されます。そして，特に1等のようなランクの材は，十分に乾燥させるという手間もかけられることなく，木材小売業者さんに引き取られて消費される場合が大半といえます。

　昔は得られていた良好な品質の木が，現在では高い輸送能力や整備された流通システムを持ったために失われてしまうという現実に，技術の進歩の方向が少しずれてしまっているのではないか，と感じるのは筆者だけでしょうか。

　ただ，厚さ25cmの「ナラ材」を，自然乾燥によって含水率を80％から20％まで落とすのに，北海道では70日以上，徳島では20日を要したという報告[*]もあり，板材でさえこれだけの日数を要することを考えると，この時代に柱や梁材のような断面の大きい材を自然乾燥するという発想自体に無理があるということは，認めなくてはいけないと考えます。

　針葉樹材は広葉樹材に比べて乾燥は早いといわれており，特にスギは四国や九州などの暖かい地方で育った材は乾燥が早いといわれていますが，含水率が100％を超える材が珍しくなく，少しでも早く市場に出したいという林業者の事情を考えれば，自然乾燥は無節材のように手間をかけた分のコストを乗せることができる特殊な材に限られた方法と，いわなくてはならないのが現状と思われます。

人工乾燥について

　時間のかかる自然乾燥の期間を短縮する方法として用いられているのが，熱気，燻煙，真空，乾燥剤，蝋，高周波などを利用した人工乾燥法ですが，これらのうち現在では，熱気乾燥法が最も普及していると思われます。産地，樹種，含水率などによってその程度は異なりますが，いずれの人工乾燥法にしても自然乾燥と比べればはるかに時間の短縮になります。ただそれでも，たとえば，熱気乾燥法では100％を超える含水率のスギを20％以下にまで落とすには，1～3週間程度の日数を要します。また，同時処理できる量が限られ，さらに操作に熟練を要するなど，人手がかかりすぎるという問題もあります。

　人工乾燥材が増えてきてはいるものの，こうしたことも未乾燥材が未だに流通している現状をつくっている要因になっているのではないかと考えています。自然乾燥の場合と同様に，無節材などのように高価格で取引きされる材には，かけた手間の分を上乗せできますが，特1等のような輸入材とコストで競うことになるランクの材に，乾燥処理を施していては，太刀打ちできないのが現状といえるように思われます。

輸入材の含水率は低いが，健康面の問題を否定できない

　このように，国産材では適切な含水率の材が得られないのであれば，輸入材は含水率が20％前後である場合が多いということから，国産材にこだわらずに輸入材を使用していくということも選択肢の一つであると思います。ただ，輸入材には燻蒸処理剤（臭化メチルやリン化アルミニウムなどが使われているようです）の残留による人体への影響を指摘する声もあります。

　現在のところではこうした情報が少なく，デー

タ不足といわなくてはなりませんが，燻蒸処理を受けた材とそうでない材とは，木材小売業者さんに入荷した段階では判別できないということや，虫の駆除剤が人体にまったく影響がないとは考えにくいことなどから，できれば使用を避けていただきたいと思います。

大幅なコストアップなしに，国産材で15％以下の含水率を得ることは可能か？

こうした現状は，国産材や輸入材に限らず安心して使うことのできる材がないという，袋小路に入ってしまったような状況であると感じています。ただ，ごく近い将来にローコストで性能の良い乾燥機が実用化されるという情報があり，筆者としてはそれに大きな期待をかけています。

その乾燥機は，年輪の目の詰まったいわゆる西川杉の，100％を超える含水率の心材部の45mm角材を全乾に近い状態とするのに10時間程度，105mm角のスギの心持ち材でも2日程度しか要しないことが確かめられており，また，イニシャルとランニングのコストに関しては，ともに熱気乾燥装置の1/2程度であると聞いています。

この装置を使うことによって，平衡含水率にまできちんと乾燥され，価格もそれほど高くない材が安定的に供給されるようになれば，それは設計者や施工者だけでなく，なによりも建築主の方々にとって好ましいことであろうと思っています。

新しい乾燥機の今後への期待と課題

この乾燥機はアメリカの特許を取得済のようですが，材質の変化やそれにともなう強度の検証などにいくつかの残された課題があるようです。ただ，この乾燥機の能力からすれば，15％前後の値を達成することは容易なことであり，ここに今までの乾燥機にはない特性が秘められていると考えています。また，含水率を全乾に近い状態まで落とすことで，塗料などが深部にまで浸潤することも確かめられており，行政もこうした方面での埼玉県産材の活用を目指して，この乾燥機を備えた施設を飯能市に建設中であり，今後この乾燥機を中心にしたさまざまな動きがますます加速していくことも予想されます。

筆者はこの乾燥機が日本の住宅の品質を大きく向上させる可能性を秘めていると考えているところから，早期の実用化を期待している一人です。

注1）伐採後に枝葉のついたまま，小木であれば約1カ月，大木であれば約3カ月程度を経た後に丸太にすることを「葉枯らし」といい，最近では特にスギに関して，こうした処理をするところが増えつつあるようです。なお，「KD材（22ページ※2）」を「葉枯らし」を施した材と誤解している方や誤解を与えている方がごく一部にいるようですが，誤りですので注意していただきたいと思います。
2）＊の記載事項は，浅野猪久夫・杉山英男・大熊幹章・岡野健著『木材と住宅』（学芸出版センター）を参考にさせていただきました。
3）このコラムの記載は，守谷和夫氏とマルイ木材の小椋義也氏からの情報提供とご指導をいただきました。

3章

大工さんの仕事に関し契約後から上棟までの間に確認しておきたいこと

刻み段階での不具合をなくす
アンカーボルトと土台の照合
プレカットの施工品質を考える

1 刻み段階での不具合をなくす

　2章「1架構の不具合をなくす」で，大工さんの段階ではフォローすることが難しい設計段階での不具合部分について述べましたが，ここでは「手刻み(てきざ)」による加工の段階で，ある程度対応が可能な内容について述べてみたいと思います。

　しかし，この作業は大工さんの専売特許の分野であり，特に，経験の浅い施工管理者や工事監理者が口をはさむことは難しいといわざるを得ません。そこで，ここではまず初歩知識を再確認し，さらに不具合事例を知っていただくことで，改善の必要性があることを理解してもらいたいと考えています。そして，これらをベースに大工さんとのコミュニケーションをはかっていただければと思います。

　なお，ここで不具合な施工事例を載せているのは以上の理由によるものであり，欠陥工事を告発するという意図はないことを付け加えておきます。

■ 1 木の性質に関する初歩知識　　　　　　重要度：★★

　いわゆる「木のくせ」を見極めて適材適所に使い回すことに関しては，前述したように大工さんの独壇場であり，この点に関しては施工管理者や工事監理者が口をはさむ余地は，通常はほとんどないといってよいと思います。ただ，だからといってすべておまかせという姿勢は感心しません。大工さんとの適切な関係を保つためにも，木に関する知識は欠かせません。

　そうした意味から，ここに初歩の初歩といえる内容ではありますが，その一部を記載しておきましたので，改めておさらいをしていただければと思います。そして，こうした知識だけでは十分ではないこともよく認識した上で，現場の生の知識を大工さんから吸収するという姿勢を持ち続けていただければと思います。

1-1 背と腹，木表と木裏について ★★

　程度の差はありますが，日照や地形の傾斜などの影響を受けて，図-1のように樹心は片寄って成長します。心持ち材は「背」の側に反る傾向がありますので，通常，柱などは開口部側に腹がくる（写真-1）ように使います。

図-1 製材された木の性質[20]

鴨居・敷居の木取り

写真-1

　木表側は表面がきれいに仕上がることから，内法材(うちのりざい)（鴨居，敷居など）などは，**木表を室内側**（図-1）に向けます。ただし，一般的にいって樹心に近いほうが耐腐朽性が高いことから，外壁下見板張り，濡れ縁などのように，木裏を表面側に使う個所もあります。

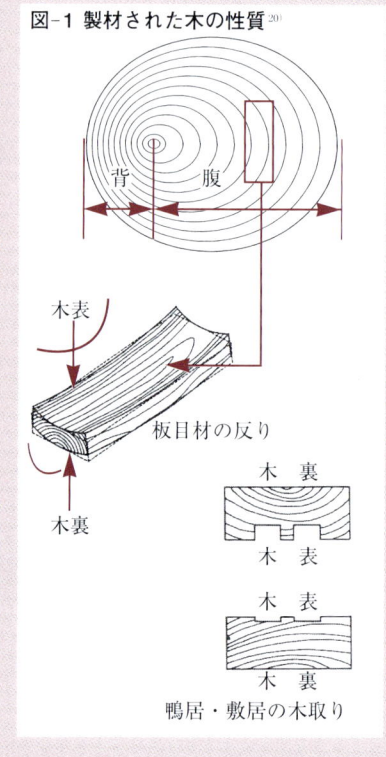

1-2 元と末について ★★

根元側は「元」，先端側は「末」と呼ばれ，柱や束などで「元」を上にして使うことは「逆木」と呼ばれ嫌われており，立ち木と同じ状態にして使用することが原則とされています。

図-2 元口と末口の使い方[21,22]

丸太材では「元」と「末」を継ぐ「送り継ぎ」（図-2○部分）とすることが原則とされ，「元」と「元」を継ぐことは不吉とされています。そうしたことから，製材した材であってもこの原則を守ることを求めている施工の教科書があるようですが，樹心から10～30年程度の年輪は，いわゆる未成熟材と呼ばれる強度のあまり大きくない部分であり，これが「元」から「末」まで必ず存在するといわれています。このことから，継手部の男木や女木が「元」か「末」かで架構全体としての強度に差がでるとはいえないようにも思われ，筆者は含水率や年輪幅などに気を遣っていただくほうが効果的と考えています。

なお，ある欠陥住宅告発本で，木材の等級表示の文字が逆さまになっていたことが，逆木と指摘されていましたがこれは誤りです。材木屋さんでは乾燥を考慮して逆木の状態で保管し，等級表示もその状態で読みやすい向きに記載しますから，現場では文字が逆さになっているほうが正しい使い方ということになります。

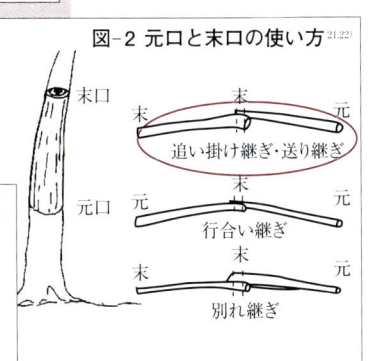

■2 継手に関する初歩知識 重要度：★★★

2-1 継手は曲げモーメントの小さい位置に設ける ★★

継手の強度に関する実験はさまざまな機関で数多く行われているようですが，それらによれば，最も強い継手は，図-1の金輪継ぎといわれています。しかし材種によって異なりますが，この継手でさえも曲げ耐力は一本物の20～30％程度しかないという結果をみても，継手部は弱点であるといってよいと思います。

図-1 金輪継ぎ

そうした観点から，図-2のA点のように，曲げ応力の小さい位置で継ぐことが合理的であり，大きな応力が発生するB点に継手を設けることは避けなければならないことを理解していただけると思います。

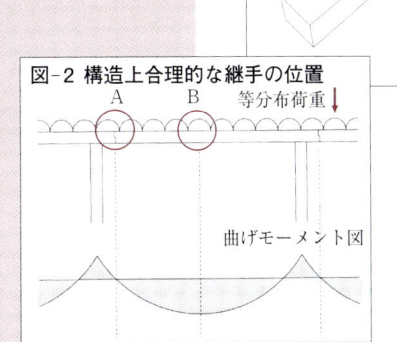

図-2 構造上合理的な継手の位置

2-2 継手位置をそろえない ★★

継手位置は，写真-1のように弱点を分散させるために千鳥に配置する必要があります。しかし，現実には部材の長さの関係から，写真-2のように継手位置がそろってしまいがちになりますので，注意が必要です。

なお，ここには母屋の事例を載せましたが，垂木や根太などでも継手位置をそろえないようにする配慮が必要です。

41

2-3 原則として，筋かい付きのスパンには継手を設けない ★★★

言うまでもなく，筋かいは地震力などの外力に抵抗するものですので，筋かいの付いているスパンの桁や梁には大きな力が加わることになります。写真-3では筋かいのあるAのスパンに**継手**（○部分）を設けていますが，こうしたことは原則として避けなければなりません。この場合は，Bのスパンに継手を設けるべきですが，ここに大きな荷重がかかるような架構となっている場合は単純にはいきません。架構を変更することも含めて検討していただく必要があります。

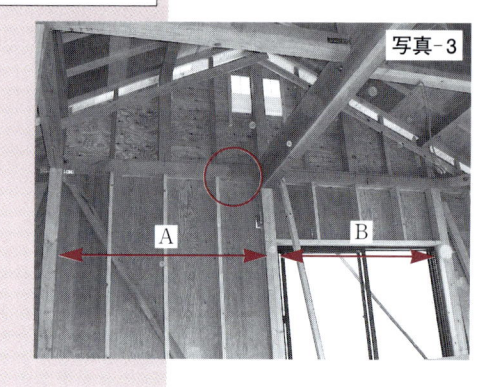

写真-3

2-4 継手位置に火打ち梁を設けない ★★★

火打ち梁は，水平剛性を期待している部材ですが，写真-4のように胴差しの**継手の近く**に設けてしまっては，ここから破壊する危険性が生じます。火打ち梁と継手の位置がぶつからないように注意が必要です。

写真-4

2-5 節のある部分は継手にしない ★★

写真-5の腰掛け鎌継ぎの鎌部分には，**大きな節**が見えます。継手は前述したように，強度上の弱点となっている部分ですから，そこにさらに強度的に劣る節部分がくることは好ましくありません。継手部の節は避けて刻むよう，事前に大工さんと確認しておくことをお勧めします。

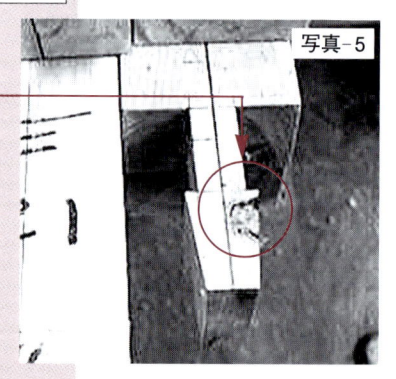

写真-5

2-6 部材の長さについて ★★

写真-6の胴差しの長さは，**約300mm程度**しかありません。公庫仕様書では短材の使用を禁止しており，その長さとして土台では1m，その他については2m内外と規定しています。これは継手部が強度的な弱点であることを考えれば当然のことといえ，こうした問題が起きないように配慮をお願いしたいと思います。

なお，こうした問題は，最長でも4mものの材までしか使わない時に，外壁の一辺の長さが4.5間の場合に起きがちですので注意して下さい。

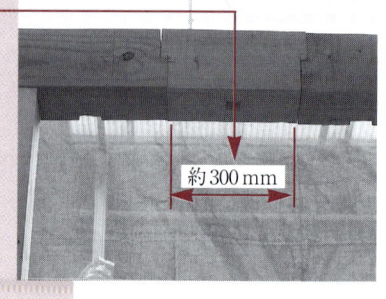

写真-6

約300mm

■3 仕口に関する初歩知識 − 過大な断面欠損となる仕口を避ける　　重要度：★★★

写真-1

通し柱には，2階の梁や胴差しなどとの仕口が刻まれることになりますが，写真-1や写真-2のような大きな**断面欠損**（○部分）は好ましくありません。柱の断面寸法を大きなものとするか，梁のレベルを変えるなどの工夫をお願いしたいと思います。

こうした大きな断面欠損は，柱だけでなく梁についても考慮していただかなくてはなりませんが，これらの問題は，刻みの段階での処置の範囲を超えしまう場合がありますので，設計者の方々にはこうした点にも配慮した計画をお願いしたいと思います。

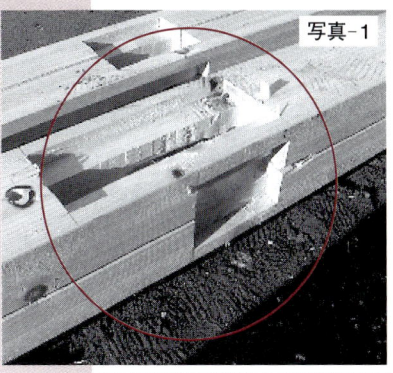

写真-3

写真-2

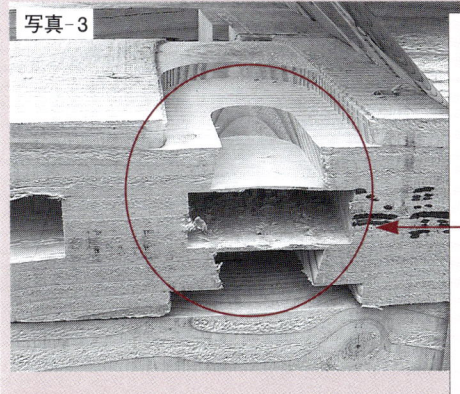

31ページ・写真-3の②部分の梁は梁成も大きく，一見問題ないように見えます。しかし，仕口は左の写真-3のように刻まれているはずであり，このように**断面欠損**した梁を下から何も支えていないということを理解していただければ，31ページ・写真-4の事例を筆者が不具合と指摘している理由の一端がおわかりいただけると思います。

■4 「刻み」に関して建築主も参加することのお勧め　　重要度：★

前述してきたような内容については，専門家にまかせるべき範疇といえますが，「刻み」に関して建築主がまったく関与できないというわけではありません。すべてを集成材か無節材を使用すれば，柱の節に関して特に注意を払う必要はなくなりますが，前者は健康の点で好ましいとはいえず，後者は費用の点から現実的な選択とはいえません。

普通の予算の範囲内であれば，柱の多くは特1等ランクの材を使用することになる場合が多いのではないかと思います。このランクの材は，そもそも節が多い材といえますが，納品された材のなかには節が少ないものも含まれていることは前述したとおりです。大壁にして柱を隠してしまう場合には，節が多い材をどの部分に使うかということは問題にはなりませんが，真壁造りの場合で，少しでも節の少ない材を使いたいと考えている部屋があれば，そうした希望を実現するには，この刻みの時期に大工さんに配慮をお願いするしかありません。このような希望は，あらかじめ施工管理者に伝えておけばよいはずですが，節の状態に関する判断は人によって異なります。

建物が建ち上がった時に，こんなはずではなかったということにならないために，そして何よりも家づくりに積極的に関わってもらいたいという筆者の思いから，この問題に関しては建築主が自ら確認し，大工さんと直接話すことをお勧めします。

施工者の方々もこうした要望を聞くことは，手間のかかることだとは思いますが，建築主の方にこのような形で家づくりに関わってもらえることは，住まいに対する満足度を高めることにもつながると考えて，ぜひ前向きに取り組んでもらいたいと思います。

2 アンカーボルトと土台の照合

「アンカーボルトの取付け」と「土台の刻み」という作業は，前者は鳶さんが，後者は大工さんが行いますが，お互いの作業についての調整が不十分な場合に，ここに載せたような不具合が発生するといえます。前節で述べた内容のように，大工さんだけの作業で解決できる問題ではないことから，本書では分けて記載することとしました。

どのような不具合も手直しは難しいといえますが，この問題は特に難しく，そのためにそのまま放置されてしまう事例も少なくないのは残念なことです。そうしたことからも，絶対に起こしてはならない問題といえますが，設計者や施工者，あえて言えば，建築主も含めた方々の注意や配慮がほんの少しあれば防げる問題でもあると筆者は考えています。

なお，ここで不具合事例を載せている理由は，改善の必要性がある施工事例が少なくない，という現実を理解していただきたいということからであり，欠陥工事を告発するという意図ではないことを付け加えておきます。

■ 1 チェックが不十分なために発生してしまった不具合事例　　重要度：★★★

1-1 土台の継手とアンカーボルトとの位置関係の不具合事例(1) ★★

写真-1では，土台の継手部分（○部分）にアンカーボルトがきています。前述したように，継手部分は強度上の弱点ですので，基礎から土台へ，そしてその逆へと繰り返し力が流れるなかで，この部分が壊れてしまうおそれがあります。

写真-2は，継手位置（○部分）とアンカーボルトの距離が，写真-1とは逆に離れ過ぎています。公庫仕様書では継手からの距離について特に規定していませんが，20cm以内を目安に設けてほしいと思います。

また，アンカーボルトは男木（上木側）に設けて，女木側の土台を押さえ付けるようにしなければなりませんが，写真-3では女木にアンカーボルトが取り付けられています。

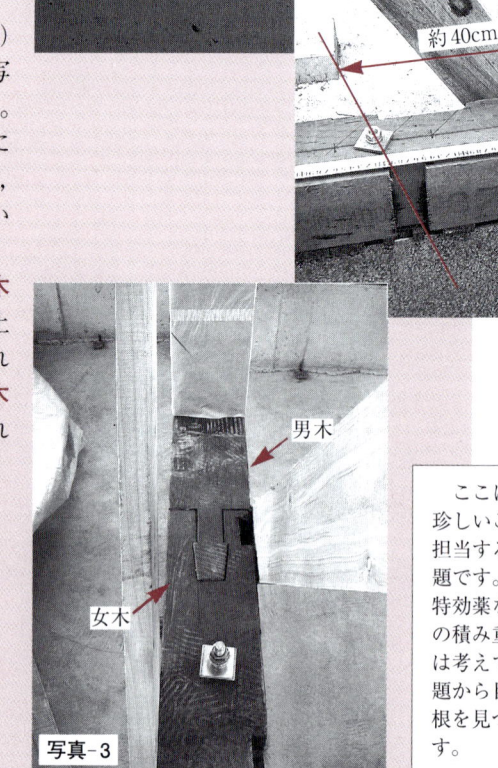

写真-1

写真-2　約40cm

写真-3　男木　女木

> ここに載せた事例は，残念ですが珍しいことではなく，読者の方々が担当する現場でも十分起こりうる問題です。こうした問題の発生を防ぐ特効薬などはなく，地道な改善努力の積み重ねによるほかはないと筆者は考えています。是非，こうした問題から目をそらすことなく，問題の根を見つけていただければと思います。

1-2 土台の継手とアンカーボルトとの位置関係の不具合事例(2) ★★★

前述の事例はアンカーボルトが設けられているものの、その位置が不適切であった事例ですが、アンカーボルトそのものがまったく設けられていない事例も少なくありません。ここに載せたのはそうした事例のいくつかですが、基本を忘れたこれらの事例は、構造的に大変危険なものであることを改めて認識していただきたいと思います。

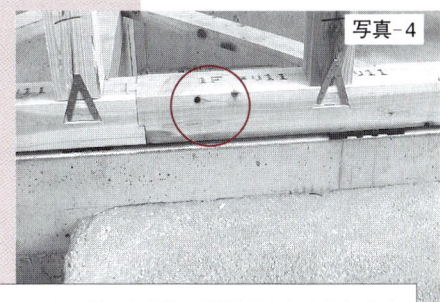

写真-4

継手付近にアンカーボルトがない事例が少なくありません。前述したように、継手の**上木側**（○部分）に設けることが基本です。

写真-5

継手上木部（写真-5：①）にアンカーボルトが設けられていませんので、写真-4と同様の問題があるといえますが、この継手が**筋かい**（写真-5：②）の付いているスパンに設けられているという点で、さらに問題が大きいといわなくてはなりません。

土台継手部（○部分）の下に基礎がなく、アンカーボルトも当然ありません。基礎伏図に誤りがあったのか、刻みの間違いであったのかはわかりませんが、いずれにしても施工管理者の方が大工さんと鳶さんとの間でよく打合せを行っておけば防げた問題だと思います。

写真-6

1-3 土台回りの不具合事例 ★★★

ここに載せた事例は、アンカーボルトに関連する問題ではありませんが、この段階でのチェックで防いでもらいたいと考えているところからここに記載しました。

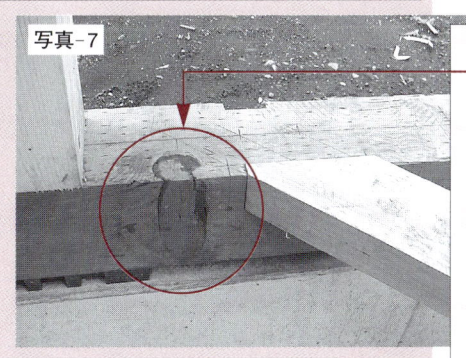

写真-7

火打ち土台が**土台の節**の近くに設けられています。3章「1 刻み段階での不具合をなくす」で述べたように、節のある部分は強度的に劣っていますので、その近くに大きな力が加わることは好ましくありません。事前に大工さんとこのような使い方を避けるように話しておくだけで、かなり防げると思います。

柱の直下に**通気口**を設けてしまった事例ですが、残念ながらこのような事例は少なくありません。ただし、こうした状況であっても理屈を言えば、加わる力に対し土台がもてばよいわけですから、そうした説明で済ましてしまう施工会社さんもあるかも知れません。しかし、計算上は成り立ったとしても、大半の建築主の方はそれで納得するとは思えません。そのような説明ではかえって不信感を増幅させるだけのように筆者には思われます。それは、通気口を設ける位置は、柱の直下以外の場所にもいくらでもあることは、素人でもわかることだからです。

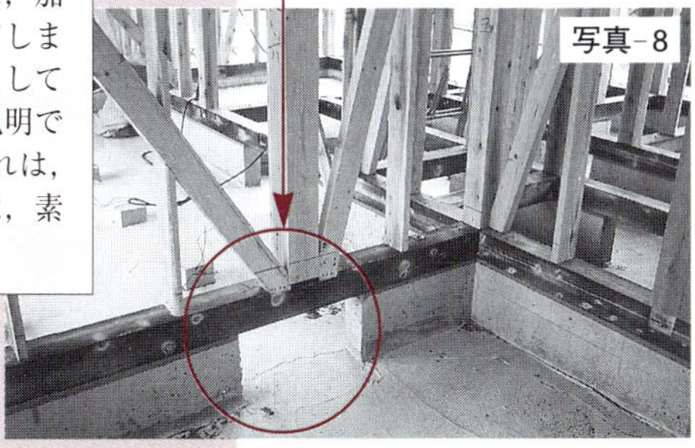

写真-8

■2 不具合をなくすために　　　　　　　　　　　　　　　　　　重要度：★★★

2-1 施工者の方々にお願いしたいこと ★★★

　写真-1は「手板図(ていたず)」(あるいは板図(いたず)といいます)の一例ですが,描き方は大工さんによってさまざまであり,継手位置も描かれる場合と描かれない場合とがあります。また,大工さんは木の状態を見て当初考えていた継手位置を変更することもありますが,そうした情報は板図に記入されないこともあります。つまり,手板図を見ただけではアンカーボルトと土台の照合ができたとはいえないことに注意して下さい。

写真-1
手板図の一例

　特に,設計図として「基礎伏図」や「土台伏図」がない場合には,軸組を確認しながら,大工さんと継手の位置について直接確認して,「アンカーボルト位置施工図」(図-1)を作成することを実行していただきたいと思います。なお,基礎回りに関わるプラン変更があった場合は,大工さんへの連絡とともに,鳶さんにも最新の施工図を渡すことを忘れてはなりません。

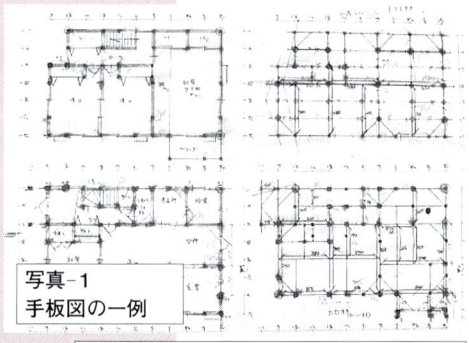

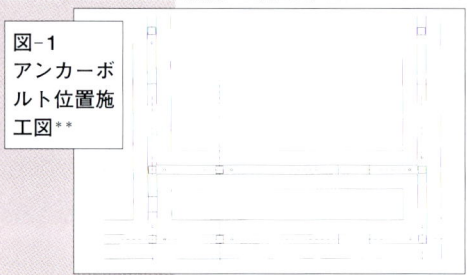

図-1
アンカーボルト位置施工図**

2-2 設計者の方々にお願いしたいこと ★★

　設計図として,「基礎伏図」や「土台伏図」(図-2)を描かない場合が少なくないようですし,「軸組図」が描かれることは残念ながらほとんどないといわなければなりません。

　そして,こうした図面が描かれない事例の多くで,筋かいと継手の位置関係などへの配慮がないまま施工が行われ,結果として不具合が発生しているように,筆者には感じられます。

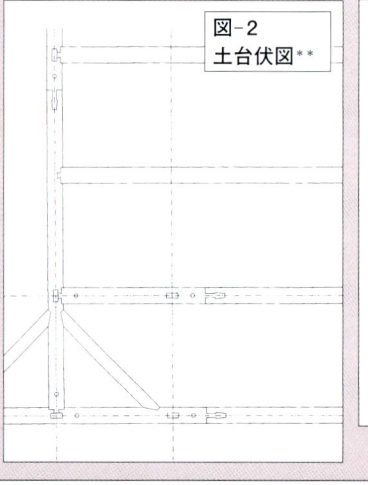

図-2
土台伏図**

　施工管理者が「アンカーボルト位置施工図」を描き,大工さんは「板図」を描いてくれますので,「土台伏図」などは必要ないという考えをもっている設計者の方がおられたら,そうした考えは改めていただき,軸組の状態を把握して,適切な継手やアンカーボルトの位置を指定できる適任者は設計者であることを再認識していただきたいと思います。図面枚数が増えれば,設計料にはね返らざるを得ないと思いますが,建築主の方に必要性をきちんと説明し,理解を得る努力を設計者の方々には求めたい思います。

2-3 建築主の方々にお願いしたいこと ★★

　この問題に関し,建築主の方々に何か役割を負っていただくということではありません。建築主の方の,工事の段取りを意識しない言動が,品質に悪い影響を及ぼす場合があり得るということを知っておいていただきたいという意図で書いています。

　建築主の方からすれば,たいしたことではないと思えるプラン変更でも,すでに刻みがある程度まで進んでいた場合に,フォローしきれに不具合が発生してしまうことがあります。契約後の変更は,建物の品質に大きく影響する場合があることを理解していただき,極論ですが,建築主自らがその変更内容を確認するという気構えをもてないのであれば,変更は思い止まっていただきたいとさえ思います。特に,土台回りは大工さんだけでなく,鳶さんも関わってくる工事ですので,それだけ調整が難しいことを理解しておいて下さい。

　なお,念のため付け加えますが,ここで言いたかったことは,契約後の変更は一切してはならないということではありません。十分な注意が必要であるということを理解していただきたいということです。

■3 アンカーボルトについて　　　重要度：★★★

3-1 通常使われているアンカーボルトについて ★★

金物メーカー各社がさまざまな製品を造っていますが、施工現場ではいわゆるZマーク金物または同等認定品がおもに使われています。3階建やホールダウン金物取付け部などの大きな応力の加わる部位には、「アンカーボルトA60（図-1：③，以下「A60」といいます）」や「A70」（いずれもφ16mm）が、その他の一般的な部位には「アンカーボルトA（図-1：①，以下「A」といいます）」が使われる場合が多く、φ12mmのいわゆる「軸太」や、「笠型」（図-1：②，φ10.65mm）なども使われているようです。

なお、「A」のナットはM12を使用しますので、ボルトの径が12mmあると誤解している方もいるようですが、径は10.65mmです。

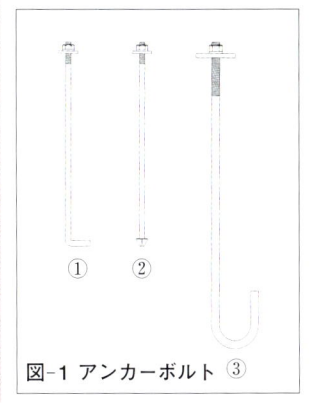

図-1 アンカーボルト

3-2 公庫仕様書とJASSの埋込み長さに関する規定について ★★

ここでは、アンカーボルトに関する筆者の考えを述べてみました。読者の選択の際に参考としていただければと思います。

公庫仕様書では、埋込み長さを250mm以上とするように規定していますが、JASS 11では太筋かい付き部は400mm以上、細筋かい付き部または筋かいなし部は200mm以上、というように条件を分けて規定（ただしφ13mmが指定されています）しています。

ここで仕様書の優劣を比較するつもりはありませんが、筋かいによって引抜き力には差がでますので、そうした意味からいえばJASSの規定のほうが合理的といってよいように思えます。ただ、アンカーボルトの種類を筋かいの状態によって変えることは作業を煩雑にすることになり、かえって施工品質の低下を招くおそれもあります。

そうしたことから、オーバースペックとなる場合があることを承知の上で言えば、すべてのアンカーボルトを「A60」とすることが望ましいと考えています。ただし、その場合は、土台が105mm角ではボルト穴による欠損が大きいので、120mm角とすることもあわせてお勧めします。

なお、公庫の規定を満足していればそれでよいではないか、という考えもあると思いますし、筆者もそれを否定はしません。ただ、その場合は部分的に大きな引抜き力が働かないように、耐震壁を分散するなどの構造的な配慮を前提としていただきたいと思います。そして、85ページ・写真-4のような問題を避けるために、どちらかといえばボルトの頭が余分に出るような高さにセット（右記囲み記事参照）してもらえれば、250mmの埋込み深さを確保しつつ、座掘りも避けることができると思います。

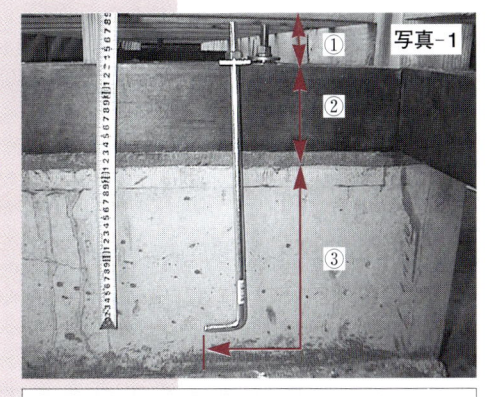

写真-1

アンカーボルトの埋込み長さについて

写真-1・①の寸法は、座金の厚さ4.5mm、ワッシャー3mm、ナット10mm、ナットから出るボルトの頭部分を2山程度として、約3.5mmとすれば合計で21mmとなります。

②の寸法は、土台の寸法105mm、モルタル塗り厚さを20mmとすれば、合計で125mmとなります。

「A」の全長は、曲がり部分を入れると約450mmですから、450 − (21 + 125) = 304mmとなり、これが③の埋込み長さとなります。

以上から、「A」は公庫の規定は満足しますが、JASS11の太筋かい部の規定には、太さだけでなく長さも100mm近く不足することがわかります。

なお、笠型は先端の形状から引抜き力の割り増しが見込めるとは思いますが、施工誤差を考えてできるだけ長い製品を使用していただきたいと思います。また、「A」と「A60」の価格差は、定価ベースで約500円です。100本使ったとしても5万円で安心が買えるともいえますので、単純にオーバースペックとは言い切れないと筆者は考えています。

3 プレカットの施工品質を考える

　筆者は，木造住宅は木のくせを読み取り，その上で適所に使い回しをしてつくり上げてもらいたいと考えています。そして，一部の例外はあるようですが，「プレカット」にそれを要求するのはやや無理があるように考えているところから，本書では「手刻み」による加工を前提に記載をしています。

　しかし，筆者のそうしたスタンスにもかかわらず，ここで「プレカット」を取りあげているのは，筆者が「手刻み」よりも「プレカット」のほうが施工品質が優れていると感じているいくつかの点があるからです。

　一般的にいって，「プレカット」にはコストの魅力があるために採用されることが多いのではないかと思われます。しかし，「手刻み」に見られる40ページ「1 刻み段階での不具合をなくす」や44ページ「2 アンカーボルトと土台の照合」などで述べたような不具合は，きちんと管理された「プレカット」には比較的少ない傾向があるように思われます。コストだけではない，そうした「プレカット」の優れた点を評価することで，読者の方々に「手刻み」の改善点が見えてくるようになることを期待して，この節を記載していることを理解していただければと思います。

　なお，「プレカット」はそれぞれの経営母体によって多少異なった運営をしており，ここで取りあげたものはその一部に過ぎないことをお断りしておきます。

■ 1 プレカットに使用されている部材の品質について　　重要度：★★

　木の品質についての取組みは，現状ではまだプレカット工場によってばらつきが大きいといわなくてはならないようです。ただ差別化の必要性から，23〜24ページ「2 木の品質を評価するために必要な指標」で取りあげた「年輪」や「含水率」を前面に出しているところもあり，次第にそうした品質の差による淘汰がなされていく傾向にあるようにも思われます。

　写真-1，2，はそうしたプレカット工場の事例です。材質はヒノキですが，含水率は20％，年輪幅も目が詰まった優れた材であると評価できます。

　「手刻み」による加工を主体としている施工会社が，こうした品質に目を向けないままでいると，「プレカット」に遅れをとることになりかねないと感じます。

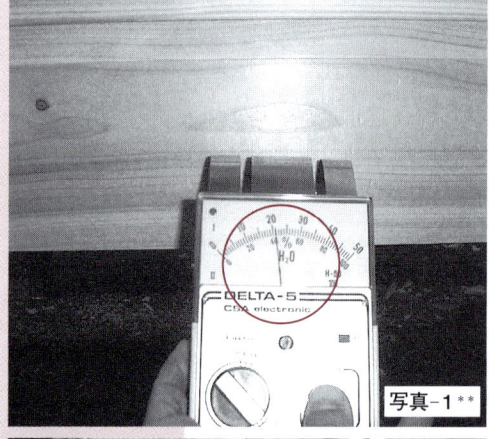

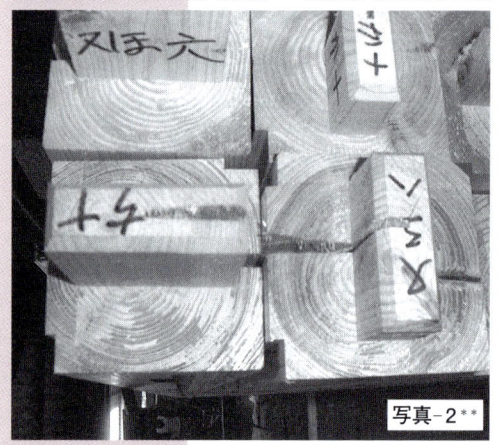

写真-1**

写真-2**

■2 プレカット施工図について

重要度：★★

プレカット施工図のチェックの一例を図-1〜4に示しました。この事例のように，プレカット施工図は，何度かのチェックを経たのちに最終図面が決定されます。そして，その際のチェック体制は施工会社によって異なるようですが，この作業の重要性をよく認識しているところでは，複数の人間によりチェックを行うことでミスを減らす工夫をしたり，プレカット工場の施工図作成担当者が，直接施工会社の工事管理者と打ち合わせるようにしているところもあるようです。

一方，「手刻み」の場合の施工図といえる「手板図」（46ページ参照）は，通常は大工さん一人によって作図されます。施工図に関わる人数が少ないことで，「手刻み」が「プレカット」より劣っていると言うつもりはありません。それは，経験の少ない者が多数集まって作図やチェックをしたとしても，経験豊富な大工さん一人に及ばないことも当然あると思うからです。また，せっかくのプレカット施工図を「一応チェックしています」などと，何のための施工図か認識していないようなこと（施工図は一応チェックするものではありません。必ず，かつきちんとチェックするものです）を平気で言う施工会社もあり，そうしたところに比べれば「手刻み」のほうが，はるかに優れた架構が得られることはいうまでもありません。

ただ，右記の事例のように，「プレカット」は継手とアンカーボルト位置施工図との照合が行われる場合が多く，「手刻み」の場合にそうしたチェックが行われることは，筆者の知る限り少数であるといえ，その点は「プレカット」のチェック体制を見習ってほしいと思っています。

● 施工図チェックの一例

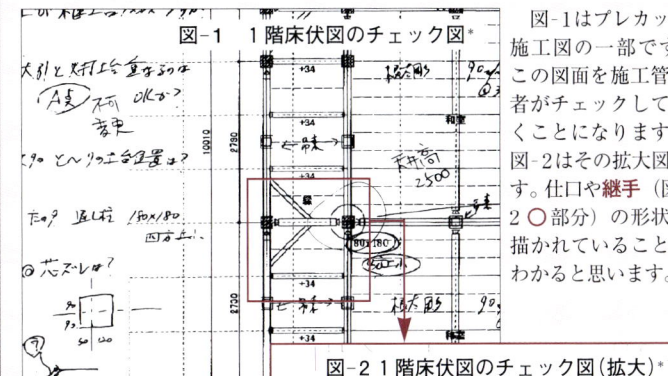

図-1 1階床伏図のチェック図*

図-1はプレカット施工図の一部です。この図面を施工管理者がチェックしていくことになりますが図-2はその拡大図です。仕口や**継手**（図-2 ○部分）の形状が描かれていることがわかると思います。

図-2 1階床伏図のチェック図（拡大）*

図-3，はアンカーボルト位置施工図ですが，図-2の○部分の継手位置と図-3の**アンカーボルト**（○部分）の位置がぶつかり，さらにボルトが女木側にあることがわかると思います。

図-3 図-2部分のアンカーボルト位置施工図*

図-2と図-3をチェックすることで明らかになった問題を，この事例ではアンカーボルトの位置をそのままにして，**継手の位置と向きを変更**（図-4 ○部分）することで処置しています。

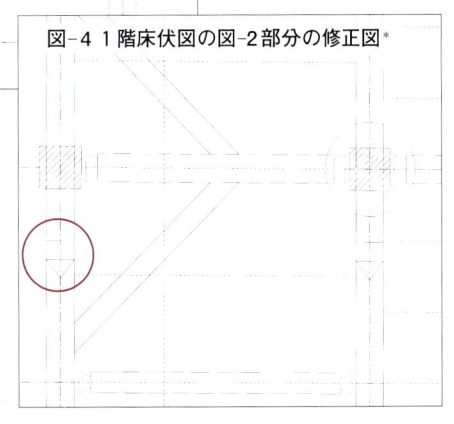

図-4 1階床伏図の図-2部分の修正図*

注）冒頭にも述べたように，プレカット工場によってその運用には違いがありさらに施工会社の対応もさまざまといえます。ここにあげた事例はあくでも一例に過ぎないことをお断りしておきます。

■3 架構の不具合をなくすために　　　　　　　　　　　　　重要度：★

28ページ「1 架構の不具合をなくす」や40ページ「1 刻み段階での不具合をなくす」で紹介した不具合は、「手刻み」だけでなく「プレカット」でも発生しています。

「手刻み」では、施工図として「板図」だけが描かれている場合がほとんどであることは再三述べてきましたが、この板図は一種の「伏図」といえるものです。

一方、「プレカット」で描かれる施工図も、前ページのような「伏図」だけの場合がほとんどのようです。つまり、「手刻み」にしろ「プレカット」にしろ、加工に必要な情報としては「伏図」があれば十分ということなのでしょう。しかし、それにもかかわらず不具合が散見されるという事実をみると、施工品質の確保という観点からは、「伏図」だけでは十分でない面もあると言わねばなりません。

34ページ「1-3 設計図書について」をお読みになった方々は、軸組図の効果をすでに理解いただいていると思いますが、筆者はこの図面があればチェックミスは大幅に減ると確信しています。

全自動加工機を使用しているプレカット工場にとっては、現行のCADソフトに軸組図（図-1）を描く機能を追加することはそれほど難しいことではないように思われ、これが作図されるようになれば、プレカット材を使用した建物の品質は飛躍的に向上すると予想しています。

今後プレカット工場に対して差別化の流れが強まれば、軸組図を作図してくれるところが多くなるのではないかと期待していますが、もしそうした流れになった場合、「手刻み」が「手板図」だけに固執していると、架構の品質という点で「プレカット」とは大きな差がついてしまうのを感じます。

ただ、プレカットにも問題がないわけではありません。プレカット部材の導入率は、年間受注件数の多い大手ハウスメーカーほど大きくなる傾向にあるようですが、これを、熟練大工の確保が難しくなったためとする分析もあるようです。

もしそうだとすると、見方を変えれば未熟な大工さんが施工にあたることで、大量の受注件数をこなしているということもいえ、この判断が当たっているとすると、あまり好ましいことではないと感じます。「プレカット」にしろ「手刻み」にしろ、大工さんの資質がまず第一番に重要である点に変わりはないということを、再確認していただければと思います。

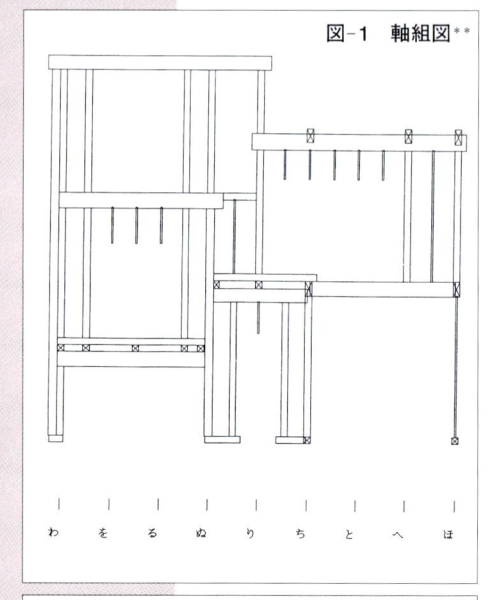

図-1　軸組図**

図-1はスキップフロアであったことから、床伏図だけでは架構状態がつかみきれなかったために、プレカット工場の判断で軸組図を作成した事例です。

このプレカット工場では、このために特別なソフトを導入したわけではなく、現在使用しているソフトで作図しています。筋かいは、プレカット部材としては範疇外のために記載されていませんが、ここまで作図されていれば架構の不具合のチェックに非常に有効であり、これを日常的に作図してもらえるようになることを、筆者としては希望しています。

4章

鳶さんの仕事に関し
契約後から上棟までの間に
確認しておきたいこと

地縄・水盛り遣方
根切り・地業
基礎工事—配筋と型枠
基礎工事—コンクリート打ち
基礎工事—養生
基礎工事—基礎コンクリート打設後の工事
基礎工事—コンクリートと基礎の形

1 地縄・水盛り遣方

　地縄や遣方は，工事の初期段階でなくなってしまうものですが，ここで決められた「位置」や「高さ」に従って工事が進むことになるという点に着目していただければ，その重要性を理解してもらえるのではないかと思います。工事がある程度まで進行した段階で，建物の位置に対する不満がでてくるような事態は，建築主と施工者の双方にとっての不幸であり，決して起こしてはならないことです。

　こうした事態を招かないために，施工者の方々には「位置」や「高さ」の決定の際に，建築主の立会いを求めることはもちろんですが，その際の的確な説明が何よりも重要です。一方，建築主の方々には専門家に任せしてしまえばよいという姿勢を改め，不明点は納得するまで確認し，自分の目で見て適否を判断していただきたいと思います。

■1 地縄について　　　　　　　　　　　　　重要度：★★

1-1 地縄張りについて ★★

　設計図面は建築主の了解を得ているわけですし，図面どおりに施工を進めるべきという考えに立てば，斜線制限などの法規制がぎりぎりといったような特殊な条件の場合などを除き，「遣方」があれば「地縄」の必要はない，ということもいえるとは思います。

　しかし，建築主の多くは設計図を見ることが初めてである場合が多く，理解が十分ではないと考えておいたほうがよいことから，建築主に確認してもらうための「地縄」は欠かせないと考えています。

　確かにその目的のためだけに「地縄」を張るということは，余計な手間と感じられるかも知れませんが，基礎工事に取り掛かってからの修正は手戻りが大きくなり，そうした意味からも「地縄」は省略しないことをお勧めします。

写真-1*

　あまり正確とはいえない地縄が張られる場合もあるようですが，不正確な地縄は百害あって一利なしです。写真-1のように，トランシットなどの測量機器を使用して正確に張ることをお勧めします。また，ある程度の誤差やミスは避けられないと考え，対角線のチェック（54ページ・写真-7参照）などを必ず実行していただきたいと思います。

写真-2*

写真-3**

　写真-3のように，大矩を使用して地縄を張る場合も多いようです。大矩を正確につくりりさえすれば問題となるほどの誤差は発生しないようですので，測量機器を使わない方法ではありますが，筆者としてはこの方法を否定する考えはありません。ただし，いうまでもありませんが，上記と同様に対角線のチェックは必ず実行していただきたいと思います。

1-2 地鎮祭の際に確認していただきたいこと ★★

最近では,注文建築であっても地鎮祭を行わない場合があるようですが,それは建築主の方の意向で決められることであり,その可否についてここで言及するつもりはありません。ただ,もし地鎮祭を行うのであれば,建築主,工事監理者(設計者),施工管理者などがせっかく一同に会するわけですから,単なるセレモニーで終わらせてしまうことなく,この機会を積極的に活用してもらいたいと思います。

地鎮祭で確認しておきたい内容としては,
①決定BMと設計図との相違が,各部の高さ関係に問題を発生させていないか?
②道路や北側斜線などの法規制上支障はないか?
③設備配管ルートに支障はないか?
などがあげられますが,ここでは以下の2点を付け加えておきたいと思います。
④隣接建物との窓や屋外機器等の位置関係に支障はないか?
⑤軒先,バルコニー,庇,出入口などと,境界線との関係に支障はないか?

④については,設計段階で確認済みであるべき内容ですが,このような視点が欠けていると思える事例が少なくないことから,あえてここに記載しました。特に,写真-4のような狭隘な敷地では,地縄を張ることで問題点がよく見えるようになります。また⑤については,特に敷地が変形している場合に,軒先などの先端が境界線にかかってしまう場合がありますので,注意して確認していただきたいと思います。

[BM] ベンチマークの略称で,施工の際の高さの基準となる点をいいます。

敷地いっぱいに建築することを計画している場合は,特に注意が必要です。たとえば,隣地の**既存建物のエアコン**の正面に新築建物の窓があるような場合には,夏には騒音の影響だけでなく,窓が開けられない状況もあり得ますし,その逆に新築建物の屋外機器の位置によっては騒音を既存建物に与えてしまう場合もあります。また,新築建物の窓と既存建物の窓が向かい合うような位置関係となっている場合は,お互いにプライバシー上の問題を与え合うことになってしまいます。型ガラスとすることで解決できる場合もありますが,どうしても窓を開けたい部屋の場合には,その位置を変更しなければなりません。これらは設計段階で確認すべきことですが,見落としは避けられないと考えてチェックを実行することをお勧めします。

写真-4

■2 水盛り遣方について　　　　　　　　重要度:★★

2-1 水盛りについて ★★

現在では測量機器を使用してレベルを出す場合が大半であり,水盛り缶(152ページ写真-2)を使用することはほとんどないことから,この作業に「水盛り」という言葉をあてるのは,あまり適当ではなくなっているといえるかも知れません。

また,どのような測量機器を使用するにせよ誤差は避けられませんが,だからといって定期的な検査をしていない機器を使用するなどということは避けなければなりません。

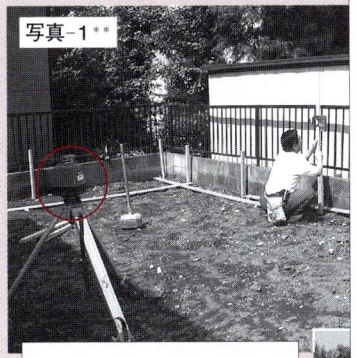

写真-1**

レーザーレベル(写真-1○部分)には精度を切り替える機能が付いているものもあるようです。誤差を少しでも小さくするために精度を上げて使用することをお勧めします。

いわゆる**オートレベル**(写真-2○部分)での測量は2人一組で行う必要があるため,1人でも可能なレーザーレベルと比べて手間がかかりますが,精度はこちらのほうが多少よいようです。ただ,未調整の機器を使用したり作業ミスがあれば,信頼できる結果が得られないのはレーザーレベルと同様です。

いずれの機器を使用するにしても,基礎天端レベルや土台敷きなどの工事の節目での確認を欠いてしまっては,建物の精度が確保できないことはいうまでもありません。

写真-2**

2-2 遣方について (1) ★★

「遣方」(写真-3) は，基礎工事段階での建物の位置と高さを確認する唯一の基準ですので，作業車両をぶつけたりして動かしてしまうことなどのないよう，十分注意しなければなりません。また，遣方の各部材の断面寸法や長さが不十分ですと，わずかな衝撃でもぐらついてしまう場合があり，十分なサイズの材を使用することお勧めします。

写真-3*

- 水貫
- 水杭
- 筋かい貫
- 水糸

写真-4*

一度完成した「遣方」から「水貫」などを外したりすると狂いが発生しますので，原則としてやってはなりません。ただ，重機などの出入りのためには外さざるを得ない場合がありますので，写真-4のようにあらかじめ，重機の出入口の左右に**筋かい貫で補強**したつくりとしておくなどの工夫をすることをお勧めします。

なお，「遣方」は雨に濡れることも当然あるわけですが，だからといって，未乾燥材を使用すると誤差が大きくなる原因ともなりますので，きちんと乾燥させた材を使用することをお勧めします。

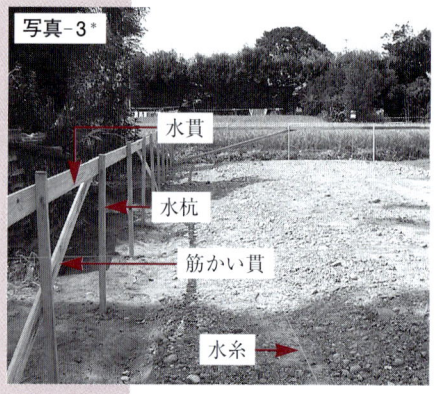

写真-5**

過去には水杭の頭を「**いすか**」に刻むことが行われていましたが，現在では仕様書や施工の教科書の中だけのものになってしまい，ほとんど見ることがなくなってしまいました。

写真-5は重機や作業員の出入口となっている部分の水杭を「いすか」に刻んだ事例ですが，作業員に意識をもたせる工夫の一つとして評価したいと思います。

2-3 遣方について (2) ★★

水貫に印される基準墨は「**大矩巻尺**」(写真-6) によって出される場合が多いようです。この巻尺には，ある程度の精度は期待できるようですが，スチールテープ部分が折れ曲がったりしたものなどを使用すれば，当然精度が落ちてしまいます。そうしたものは使わないような注意が必要ですが，他の測量と同様に，機器には誤差がつきものであると考えておかなくてはなりません。

写真-6

写真-7

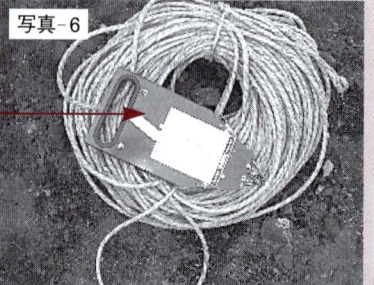

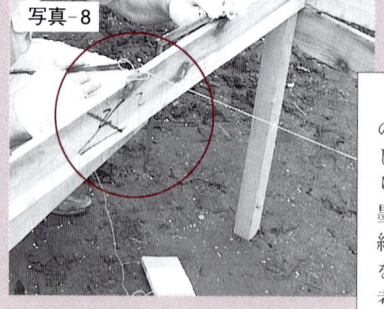

写真-8

写真-7のように墨出し後に水糸を張り，交点の対角線を測って矩の確認をすることをお勧めします。写真-8は対角線のチェックで寸法を測り，間違い (左側が誤りであり，右側が正しい墨でした) を修正した事例です。この場合は単純な寸法の取り間違いが原因でしたが，間違いを防ぐのはこうした地道な作業以外にはないと考えています。間違いを責めるのではなく，誰に言われるでもなくチェックを行うことで間違いを防いだ職人さんを評価してあげてほしいと思います。

2 根切り・地業

「根切り」とは，地業工事と基礎工事を行うために，必要な深さと幅に地盤を掘削する作業です。また，「地業」とは，建築物を支えるに十分な耐力をもつ地盤とするために行われる作業です。

これらの作業の良否は，次工程の品質に大きく影響しますが，決して良好とはいえない工事環境の中で行われるために，時として不十分な施工が見られます。関係者の方々にはこの工事の重要性をよく認識していただき，適切な対応をお願いしたいと思います。

なお，本書は住宅の基礎として最も多く採用されているといってよい「布基礎」を中心に説明していることをお断りしておきます。

■ 1 根切りについて　　　　　　　　　　　　　　　重要度：★★★

1-1 根切りの水平方向の精度について ★

この作業にmm単位の精度を求めても無理がありますが，58ページの写真-8,9のように，根切り位置がずれたためにかぶり厚さなどに不具合を発生させるようなことがあってはなりません。

多くの場合，写真-1のように**石灰で引いたライン**（○部分）や水糸を目印に，ユンボなどでまず根切りを行い，その後，写真-2のように手掘りで位置を調整します。これらの写真から，この作業は誤差の大きな作業であることを理解していただき，状況に応じてある程度幅広に掘削するなどの配慮をしていただきたいと思います。

1-2 根切りの残土について ★

布基礎の場合は，掘削土量が少ないことや工事費用をおさえる意味もあって，掘削した土を場外処分とせずに**地山部分に盛り上げる**（写真-3 ○部分）事例が多いようです。しかし，盛られた土がこぼれて61ページの写真-8,9のような問題が発生する場合が少なくありませんので注意が必要です。

掘削土を場外搬出とすることで，**地山部分の上**（写真-4 ○部分）をきれいな状態とすることができます。写真-3と比べると，以降の作業の容易さには大きな差があるといわなくてはなりません。これらの写真から，掘削土の処置方法が基礎工事の品質に大きな影響を与えることを理解していただければと思います。

1-3 根切り深さの精度について ★★★

この作業の品質を確保するために，仕様書に埋戻しの禁止などを明記しておくことも必要ですが，100％完璧な根切りを求めることは現実的でないという点も理解しておく必要があります。

公庫仕様書では，地盤が特に良好な場合は地業を省略できることになっていますが，だからといって単純に地業を省略することなく，根切り作業が不十分となることが予想される場合は，地業の仕様でカバーすることも検討してほしいと思います。

なお，敷地の一部に室（むろ）（植物の保存のために地下に掘った穴）などがあっても，そのことが事前の調査でわからない場合もあり，そうした問題の有無をこの段階で確認することも重要です。

写真-5

ほとんどの鳶さんは何も言わなくても，床付け面を荒らさないために，機械による掘削は浅いレベルまでとし，それ以降は，写真-5のように水糸を張って，レベルを確認しながら手掘りで掘削してくれます。ただ，深く掘ってしまった部分を埋め戻すことで，根切り底レベルを合わせてしまう場合があり，これは好ましくありませんので注意が必要です。

床付け面とは，割栗石が敷き並べられる根切り底のことをいいます。地盤調査がなされていたとしても，すべての床付け面レベルの状態がわかっているわけではありませんから，実際はどのような状態であるのかを工事監理者の方にも確認していただきたいと思います。

写真-6

1-4 基礎の形式と土質との関連について ★★

基礎形式の決定に際し，地耐力を考慮することはもちろんですが，それだけでなく基礎工事の施工品質が確保できる土質かどうかという点も考慮していただきたいと思います。

写真-7

写真-7のように，掘っただけで周辺の土がこぼれてきてしまうような崩れやすい地盤では，いくら職人さんが注意して作業しても限界があることを理解しておかなくてはなりません。

写真-8

写真-8,10,のように，地業工事の際に土がこぼれ落ちてしまうような土質の場合には，べた基礎などの形式を採用することも含めて検討していただければと思います。

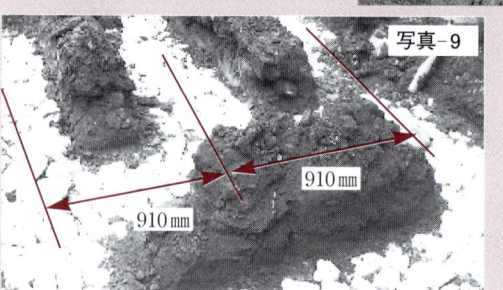

写真-9 910mm 910mm

写真-10

写真-9のように布基礎の間隔が狭い場合，根切りの手間もかかりますし，土もこぼれやすくなります。布基礎の間隔を広げることが根切り工事を容易にし，その結果施工品質の確保につながることにもなります。個々の状況によっては，間隔を広げることが難しい場合もありますが，設計者の方々にはこうした点について一度は検討していただければと思います。

1-5 床付け面の地耐力について ★

敷地に勾配がある場合などで、ほとんど地表面が床付け面となってしまっている事例があります。こうした部分の地耐力は、どんな場合でも期待できないというわけではありませんが、十分に締め固められていないことを考慮すれば、一般的にはあまり期待できないと考えておかなくてはなりません。根切りが完了すると、すぐに地業工事にかかることになりますので、床付け面の状態を確認できる時間は限られています。時期を失することのないようにしていただきたいと思います。

写真-11の事例では、敷地に勾配があるためにA点の根切り深さは十分といえますが、B点では底盤の下端部分が地表面とほぼ一致（写真-12○部分）しており、割栗の厚さだけしか根切られていないことがわかります。こうしたレベル関係の場合は、必ずB点の床付け面の地盤が必要な地耐力をもっているか確認することをお勧めします。

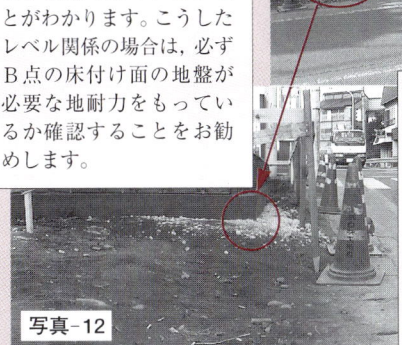

写真-11

写真-12

公庫仕様書に載っている参考図の根切り深さを一例としてあげれば、「布基礎」では39cmとなっています。浅い部分でこの数値を超え、かつ凍結深度（地盤の凍結が停止する深度をいい、寒冷地では数値を条例で定めているところもあります）以上の根切り深さとすることをお勧めします。

■2 地業について　　重要度：★★★

2-1 割栗石について ★★★

公庫仕様書では、割栗地業は地盤を荒らすことがあるので、良好な地盤ではかえって耐力を損なう場合があることを指摘しています。ただ、現実の根切り状況を見ると、床付け面をまったく荒らさずに施工することは難しく、さらに一度荒らした地盤には元の耐力が期待できないことなどから、本書ではある程度良好な地盤であっても、割栗地業を原則とすることをお勧めします。

しかし、この作業を誠実にやろうとすると相当な重労働になるといえ、それが理由かも知れませんが、56ページの写真-8,10のような、ただ投げ込んだだけとしか見えない、不十分な地業を見ることがあります。施工管理者の方々には、この作業の大変さと重要性の両方をよく理解していただき、単に解説図どおりの小端立て（図-1参照）にすることのみにこだわらず、割栗石が組み合ってしっかりした盤をつくることを目指していただきたいと思います。

割栗石は、施工の解説書などでは図-1のように描かれ、「隙間がないように小端立てに敷き並べることが必要」とされていますが、この図のようにきれいに並べることは現実には難しいといえます。ただ、何も言わなくても写真-1のように黙々と敷き並べてくれる職人さんもいることを付け加えておかなければなりません。

図-1

写真-1*

写真-2

写真-3*

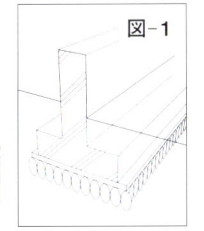

写真-2,3を見ていただければおわかりのように、割栗石は寸法が同じものがそろっているわけではありません。こうしたことから図-1のように施工するのは理想ですが、なかなか難しいことを理解していただけると思います。ただ、だからといって不十分な施工が許されるわけではありません。写真-3は、写真-1の鳶さんが敷き並べてくれた事例ですが、写真-2と比べるとその差は明らかです。

2-2 目潰し砂利について ★★

「目潰し砂利」は，割栗石の隙間を埋め，荷重をきちんと受け止めてくれる強固な盤をつくるために欠かせないものです。これを省略する事例（写真-6の事例では捨てコンも省略されています）が少なくありませんが，「目潰し砂利」は必ず実施することをお勧めします。

写真-4*

写真-5*

写真-4,5は「**目潰し砂利**」を敷き込んだ上で転圧を行なっているところですが，転圧には**ランマー**やプレートと呼ばれる機器を使用する場合が多いようです。締固め能力はランマーのほうが優れているといえますが，いずれにしても「割栗」と「目潰し砂利」のそれぞれの段階で十分転圧することが重要です。

2-3 捨てコンについて ★★

公庫仕様書の参考図には捨てコンが描かれていますが，本文には打設の必要性が明文化されていません。このことが捨てコンを省略してしまう工事を許しているのではないかと筆者は考えていますが，捨てコンがない場合は墨出しができませんし，鉄筋のかぶりが確保できない（60ページ・写真-4），といった問題が生じる可能性が高いことを理解していただきたいと思います。

写真-6

写真-6はべた基礎の底盤を打設しているところですが，配筋の下に割栗が見えます。捨てコンだけでなく，目潰し砂利も施工していないことがわかりますが，こうした施工は避けていただかねばなりません。

2-4 墨出しについて ★★

べた基礎では，写真-7のようにほとんどの事例で**墨出し**が行われていますが，布基礎の場合は行われないことが少なくありません。墨出しを行わない場合は，水糸で確認しながら配筋の位置を決めていくことになりますので，写真-8のような状態になるまで不具合に気づかないということがあり得ます。そして，この時点で気づいても手戻りが大きいことから，そのまま工事を続行してしまう場合もあるようです。

このような仕事をなくすためには，墨出しを実行することに尽きると筆者は考えており，この段階での一つの手間が，施工品質の向上に効果的であることを施工管理者の方々には理解してもらいたいと思います。

なお，「墨出し」に際しては，「遣方」で行った対角線のチェックによる矩の確認も必ず実行してもらいたいと思います。

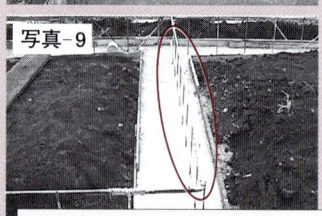

写真-7

写真-8

写真-9

立上り配筋の位置がずれたまま，手直しをされることなく底盤部分を打設してしまう事例も少なくありません。このような偏心は「ねじれモーメント」を発生させますので，応力の状態によっては配筋量が不足する場合もあり，かぶり厚さが確保されていたとしても好ましいことではありません。

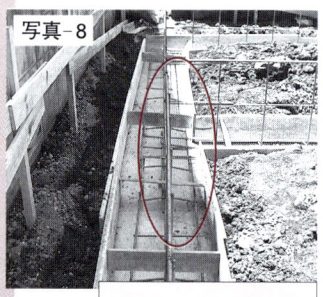

かぶり厚さ（○部分）は，公庫仕様書には規定がありません。それが原因ではないと思いますが，この事例のように配慮を欠いている施工が少なくありません。

かぶり厚さは，建築基準法に明記されている重要な規定であることを再認識していただきたいと思います。

3 基礎工事 ― 配筋と型枠

　基礎は，上部構造物の自重や積載荷重などの鉛直力に対してだけでなく，地震や風などの水平力に対しても安全な構造体とする必要があることはいうまでもありません。しかし，良好とは言いがたい工事環境が影響しているのでしょうか，残念なことに不十分な施工が散見されるのは，前節の地業工事と同様であると言わなくてはなりません。是非，この工事の重要性を認識して，適切な工事をしていただきたいと思います。

　なお，ここでは前節と同様に「布基礎」を中心に記載していることをお断りしておきます。

■ 1 底盤の配筋と型枠について　　　　　　重要度：★★★

1-1 鉄筋ユニットの配筋の重ね継手長さについて ★★★

　べた基礎の配筋については，鳶さんが鉄筋を加工して組み立てることになりますが，布基礎に関しては，現在では**鉄筋ユニット**を使用する事例がほとんどといえます。この鉄筋ユニットの普及で，鳶さんの仕事はずいぶん楽になったと思いますが，その便利さに頼り切りになり，手間を惜しんでいるかのように見える仕事も散見され，その一つとして「重ね継手長さ」の問題を指摘しておかなくてはなりません。

　「重ね継手」に関しては，公庫仕様書に解説図が載せられていますが，本文の規定としては明文化されていません。このことが「重ね継手」に配慮していない施工を生んでいる原因の一つではないかと筆者は考えています。この規定を遵守することは，コンクリート構造物をつくる者の当然の姿勢であることを再認識していただきたいと思います。

　なお，写真-1の事例は捨てコンが打たれておらず，こうした施工が好ましくないことは58ページでも述べたとおりです。

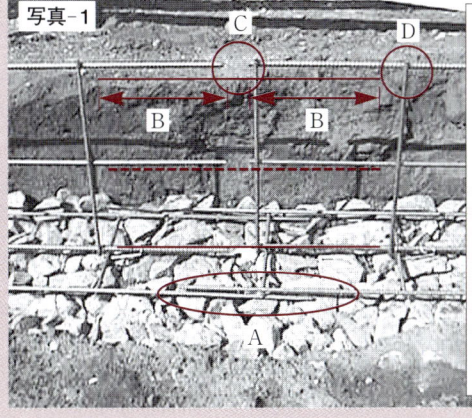

写真-1

[鉄筋ユニット]鉄筋の交点部分（写真-1：D）があらかじめ溶接され，底盤配筋と立上り配筋が一体となって組み上げられているものです。工場製品ですので，寸法精度に関しては現場施工よりはるかに期待できるといえますが，なかには鉄筋の品質が不明な製品もあるようです。そうした製品は，必要に応じて引張り試験などを実施して強度を確認することをお勧めします。

　写真-1・C部では，鉄筋が突き付けになっているだけで「重ね継手長さ」がまったく取れていませんので，力が伝わらない状態と言わなくてはなりません。鉄筋ユニットは，製品によって端部の形状が多少異なりますので一概には言えませんが，このような状態になりがちな製品が多いようですので注意が必要です。

　なお，鉄筋が突き付けとなっている部分では，重ね継手用の鉄筋を別途に用意し，B部の範囲で必要な「重ね継手長さ」を確保しなくてはなりません。また，赤点線で表記した部分は腹筋であり，A部分の配力筋とともに「重ね継手長さ」は不要という判断を否定はしませんが，できれば確保しておくことをお勧めします。

　入隅部の配力筋に関しては，上記と同様に，補強筋（点線部）は不要という考えを，一概に否定はできませんが，出隅部には配力筋であっても力の流れに期待したい部位ですので，重ね継手長さを確保していただきたいと思います。

　なお，写真-2の事例では○部で配筋が止まっていますので，Aの範囲が有効な重ね継手長さとなります。

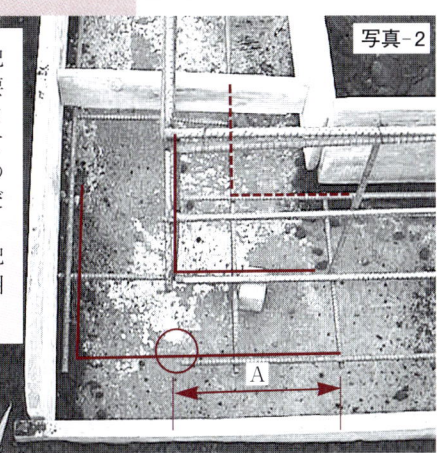

写真-2

1-2 底盤配筋の下端のかぶり厚さについて ★★★

底盤の鉄筋と捨てコンの間に「**スペーサー**」を挟むことで「かぶり厚さ」を確保しますが、このスペーサーには寸法の小さいものが使われている場合がありますので注意が必要です。必ず建築基準法で規定された寸法（6cm）以上のものを使用させて下さい（「かぶり厚さ」については61ページ「1-5 底盤部の配筋のかぶり厚さについて」を参照）。

写真-3

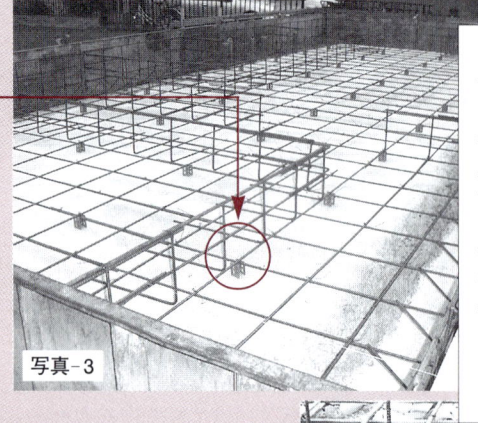

写真-3はべた基礎の事例ですが、スペーサーが整然と並んでおり、鳶さんの仕事に対する誠実な姿勢がうかがえます。一方、写真-5も同じくべた基礎の事例です。ここでは**樹脂製のスペーサー**を使用していますが、その多くが倒れています。どのようなスペーサーを使用してもよいのですが、捨てコンを打設しさえすればこうした状態にはならないことを、この写真から理解していただきたいと思います。

写真-4

写真-5

写真-6*

写真-4、6の事例はモルタル製のスペーサーを使用していますが、写真-4では**4cm角**を使用しているために、かぶり厚さが不足しています。建築基準法に規定されているように、捨てコンはかぶり厚さにカウントされませんので、写真-6のように**6cm角**のスペーサーを使用しなくてはなりません。

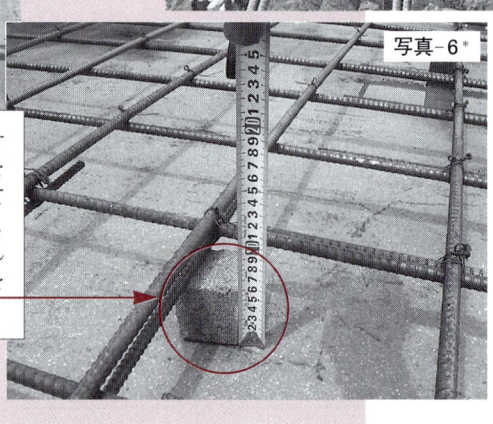

1-3 建物内の通気口部分の配筋について ★★★

写真-7

写真-7の建物内の**通気口部分**（〇部分）は、立上りだけでなく底盤部の配筋も含め完全になくなっています。これではせっかく入れた鉄筋がまったく役に立っていないに等しい、と言わなくてはなりません。

公庫仕様書には、布基礎を連続させることの重要性が記載されていますが、配筋の連続性まではうたっていないためにこうした施工が行われているのだとしたら残念なことです。そもそも布基礎の鉄筋は、連続していることで耐力を発揮する、ということを再認識していただきたいと思います。

なお、布基礎に加わる応力が小さい場合には、底盤部分の配筋が連続しているだけでも計算上は問題ない場合もあり得ます。ただ、そうした場合でも余力をもたせるという意味から、できるだけ立上り部分の配筋も連続させることをお勧めします。

1-4 底盤の型枠の高さと土のこぼれについて ★

型枠の高さが低いこと，ネコ車による打設であったこと，掘削土を積み上げていたことなどが重なった結果と言わざるを得ないと思いますが，写真-8,9の○印を付けた個所に土がこぼれています。55ページ「1-2 根切りの残土について」で述べたように，掘削土の場外処分が望まれますが，それができない場合は，型枠を高くするなどの工夫をしていただきたいと思います。

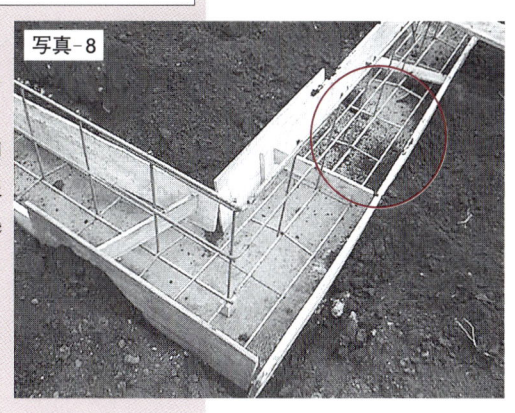

写真-8

写真-9

1-5 底盤部の配筋のかぶり厚さについて ★

写真-10は鉄筋が片寄ってしまい，「かぶり厚さ」が確保できていないままで，コンクリートが打設されている事例です。水糸(写真-10矢印)を張って立上り配筋の位置を合わせていますが，この段階で捨てコンの位置がずれていることがわかっても，ここで修正することは大きな手戻りとなるので，この事例のようにそのまま工事を続行してしまう場合が少なくないようです。こうした事例から，58ページ「2-4 墨出しについて」で述べたことの重要性を理解していただければと思います。

建築基準法には「かぶり厚さ」が規定されているのですが，公庫仕様書にはそうした規定がないためでしょうか，こうした事例は少なくありません。設計者の方々には，特記仕様書などで「かぶり厚さ」を規定しておくこと，施工管理者の方々には建築基準法には「かぶり厚さ」の規定があることを鳶さんに念押ししておくことなどを，それぞれの立場でぜひ実行してもらいたいと思います。

なお，写真-11は型枠を設けずに施工している事例ですが，根切り位置の施工精度を考えていただければ，施工品質にはまったく期待できないことがおわかりだと思います。こうした施工をさせてはなりません。

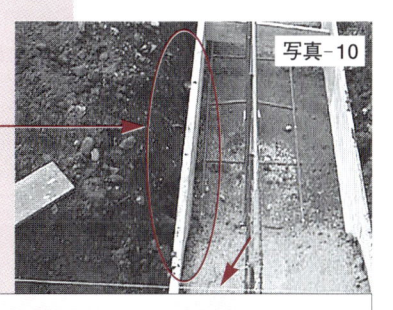

写真-10

基礎底盤部の「かぶり厚さ」は建築基準法(施行令第79条)や営繕仕様書，JASS5などで，前二者については6cm以上，JASS5では7cmと規定されています。ただ，建築基準法では「木造」の条文の中(施行令第40条～同第49条まで)では規定しておらず，「鉄筋コンクリート造」の条文の中で規定していることから，第79条は木造住宅には関係しない条文と誤認している方々もいるようです。基礎が鉄筋コンクリート造であれば，施行令第79条の規定の対象に当然なります。

なお，JASS5では，最小かぶり厚さを規定値より－10mmまでとしています。

写真-11

1-6 べた基礎の底盤部の型枠について ★

べた基礎の底盤部の型枠には**外周部の立上り型枠を使用する**（写真-12）場合と，立上り部とは別に**底盤部のためだけの型枠**（写真-14）を設ける場合があります。

写真-12

写真-13

写真-14

写真-15

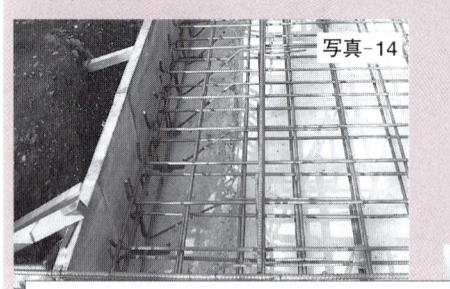

写真-14のような場合は，立上りの型枠の**固定金具が必要**になり，結果としてこの金具が残ることになります。この処置が不十分な場合は，ここから錆が進行し，躯体を損傷させる場合がありますので注意が必要です（処置方法については72ページの写真-3参照）。

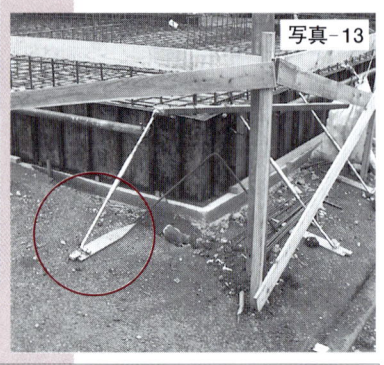

写真-14のように，立上り高さが低い場合でもしっかりとした支えを設ける必要がありますが，特に写真-12や13のように，外周部の立上り型枠を使用する場合は，十分な控えをとることが重要です。また，周辺地盤の状況に合わせて**金属製の控え**（写真-3 ○部分）を用いるなど，適切な方法を採用してもらいたいと思います。

■2 立上り部の配筋と型枠について　　重要度：★★★

2-1 立上り部の配筋の台直しについて ★★★

立上り部の配筋が片寄ってしまうと，かぶり厚さが不足してしまう場合があります。そうした場合には，配筋位置の修正を行う必要がありますが，これを「台直し」と言います。こうした修正をせずにそのまま工事を続行してしまうことも問題ですが，配筋を無理に曲げて修正することも問題です。

ただ，底盤打設前に配筋位置を確認しておけば，「台直し」の必要はなくなりますので，本来は「台直し」の必要のない工事を心掛けなければいけないことを忘れないでいただきたいと思います。

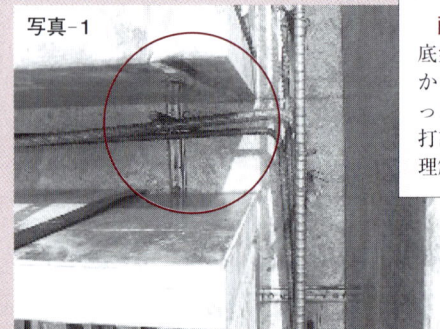

写真-1

配筋が片寄って（○部分）いますが，底盤の立上り位置からずれていることから，底盤打設時の確認が十分でなかったことがわかります。底盤打設前と打設中の確認の重要性をこの写真から理解していただければと思います。

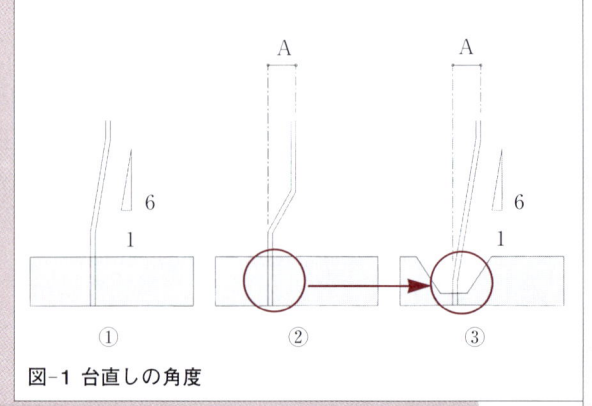

図-1 台直しの角度

台直しが必要な鉄筋は，**1/6以下**（①）の範囲内の角度となるように，緩やかに曲げていただきたいと思います。配筋の都合で**1/6よりもきつい角度**（②）で曲げざるを得ないような場合は，**必要に応じて躯体を斫る**（③）などの処置をして，1/6を守っていただきたいと思います。

2-2 立上り配筋のかぶり厚さについて ★★

布基礎の立上り部のかぶり厚さに関しては，建築基準法では4cm以上，JASS5では5cmと規定されています。しかし，公庫仕様書で標準とされている基礎幅120mmの場合には，建築基準法のかぶり厚さを確保するために許される施工誤差が，鉄筋の太さ（10.65mm＋13mm）を差し引くと，左右でそれぞれ約8mmということになり，これはかなり精度の高い施工を実行しなければ難しいということを理解しておいていただきたいと思います。

写真-2

写真-3*

立上り配筋は，正確な位置に設けられていたとしても，コンクリート打設時に片寄ってしまう場合があります。写真-3に使われている**スペーサー**を設けることは，かぶり厚さ確保の具体策の一つとしてお勧めできると思います。また，打設前からすでに**配筋が片寄っている**場合もあり，こうした部分は必ずかぶり厚さを確保の上，打設していただきたいと思います。なお，筆者としては施工誤差を考慮して，基礎幅を150mm以上とすることをお勧めします。

2-3 設備スリーブの間隔と補強筋について ★★

設備スリーブは，補強筋の施工も含め，通常は設備屋さんの仕事ですが，所定の間隔が守られていなかったり，補強筋そのものが施工されていない場合がありますので，彼らに対しても目配りが必要です。

補強筋には**既成品**（写真-4）もあり，鋼製型枠は簡単に取り外しができますので，打設直前であっても直ちに指示すれば，工程に影響を与えずに済む可能性が高いといえますので，見過ごさないように注意して下さい。

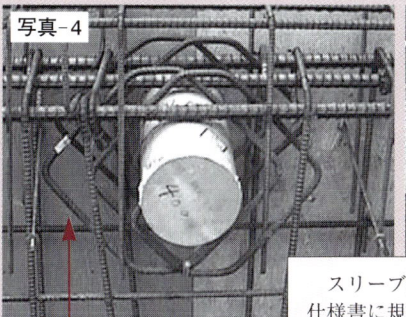

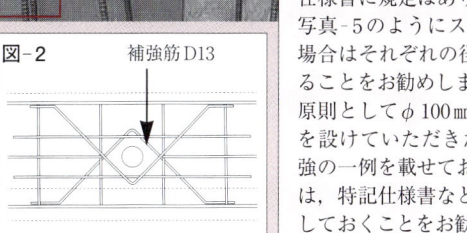

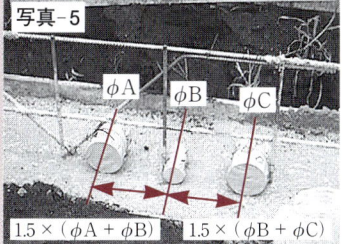

写真-4

写真-5

$1.5 \times (\phi A + \phi B)$　$1.5 \times (\phi B + \phi C)$

図-2　補強筋D13

スリーブの間隔や補強方法に関しては，公庫仕様書に規定はありませんが，前者に関しては写真-5のようにスリーブ径（サイズが異なる場合はそれぞれの径の平均値）の3倍以上とすることをお勧めします。また，後者に関しては，原則としてϕ100mm以上のスリーブには補強筋を設けていただきたいと思います。図-2に補強の一例を載せておきましたが，設計者の方には，特記仕様書などで補強方法を具体的に規定しておくことをお勧めします。

2-4 鋼製型枠の剥離材について ★★

最近では，鋼製型枠を使用する事例がほとんどとなっているようです。このこと自体には何の問題もありませんが，型枠にコンクリートが付着することを防ぐために塗られる剥離剤が，型枠を組んだ後に塗布される場合があるようです。この場合は当然，鉄筋にも付着してしまいますが，それは大きな問題であるということを認識していただきたいと思います。

写真-6

鉄筋に付着したモルタルの色が変わっている部分があり，さらに鉄筋も光って見えます（〇部分）が，型枠が組まれた直後に剥離剤がスプレーされた事例です。RC構造物は，コンクリートと鉄筋の付着力が大変重要ですが，これが阻害されるということは，構造体としての性能の低下を意味しますので，絶対に避けねばなりません。

■3 アンカーボルトの取付け方法について　　　重要度：★★★

3-1 「田植え式」のアンカーボルトについて ★★★

アンカーボルトの取付けは、「田植え式」を採用しているところが大多数のようです。実に丁寧に「田植え」をしてくれる鳶さんもなかにはいらっしゃいますが、差し込む際に内部の鉄筋に当たってしまい、位置がずれたり傾いてしまうなどの事例が散見されます。

本書では、コンクリート打設後にアンカーボルトを取り付けることを「田植え式」と呼んでいますが、一般的な呼称というわけではないことをお断りしておきます。なお、この事例のように、固定金具を用いずに土で型枠を固定することは、精度の点からお勧めできません。

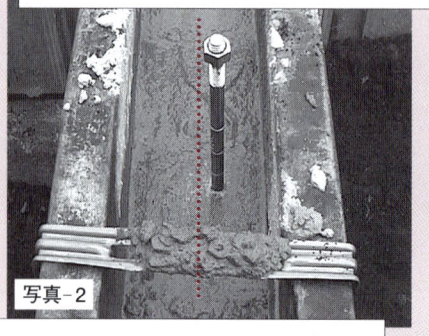

写真-1

写真-2

写真-3

アンカーボルトは、土台芯に設ける必要があります。基礎と土台の幅が同一寸法の場合は、それぞれの芯は一致しますから、基礎の芯からアンカーボルトが外れている場合は、正しい位置に設けられていないということになります。ただし、たとえば基礎幅が150㎜、土台幅が120㎜のような場合で、写真-2のような状態となっていても、土台芯に合っていれば間違いではないことに注意して下さい。

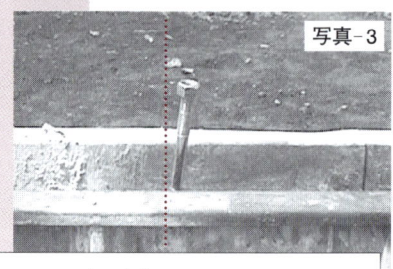

スランプの大きいコンクリートでは、取付け時には垂直であっても、アンカーボルトの重さで写真-3のように傾いてしまう場合もありますので注意が必要です。

3-2 「先付け」のアンカーボルトについて ★★★

公庫仕様書には、本文の規定ではなく解説図としてではありますが、「先付け工法」が紹介されるようになりました。これ自体は、筆者としては好ましいことだと思っていますが、載せられているのは合板型枠の事例です。鋼製型枠の場合にそうした方法をとるためには、天端に桟木を取り付けるなどの工夫が必要ですが、それぞれの現場の実情に合わせて、少しでも精度の良い施工方法を工夫していただきたいと思います。

型枠固定金具と番線でアンカーボルトを先付けしている事例です。筆者の知る範囲では、先付け用金具には良いものがなく、またこの工法に慣れていない鳶さんが多いといえます。事前によく打合せをしておくことをお勧めします。

写真-4

写真-5

A60を使用すると、その先端部が底盤に達してしまう場合があり、先付けとせざるを得ないことがあります。
写真-5はそうした事例の一つですが、立上り配筋は不安定であり、ここに固定するだけでは精度の確保は難しいと言わざるを得ません。

4 基礎工事 — コンクリート打ち

ここでは「コンクリート打ち」という言葉を使いましたが，スランプの大きなコンクリートばかりを扱っていると，「流す」という感覚になってしまうのでしょうか，職人さんたちだけでなく設計者や施工管理者の方々のなかにも，「コンクリートを流す」と表現する方々が多いように感じます。品質の良いコンクリートを実現する第一歩として，「コンクリートは打つものである」という意識をもっていただければと思います。また，現在では生コンの使用が主流となっていますので，ここではそれを前提に記載していることをお断りしておきます。

なお，言うまでもないことですが，雨天時の打設はコンクリートの品質の低下を招きますので，けっしてやってはなりません。打設予定日の気象情報の入手に努め，たとえ小雨の予報であったとしても，一時的に激しく降る場合もあり得ると考えて，日延べすることをお勧めします。

■ 1 打設前に確認しておきたいこと　　　重要度：★★

1-1 コンクリートの打設方法の検討 ★

現在採用されているコンクリートの打設方法には，それぞれに長所と短所があり，現場状況に適した方法を採用して欲しいと思います。

写真-1*

写真-3

写真-4*

写真-2**

写真-5

① ポンプ車による打設（写真-1, 2）
輸送管やホース（写真-1 矢印）の移動の際に，型枠や配筋を動かしたりすることのないように注意が必要ですが，地下部分やべた基礎の底盤部分，あるいは生コン車が寄り付ける場所と打設場所との高低差が大きい場合などには，この方法は有効といえます。ただ，布基礎やべた基礎の立上り部分などは打設量が少ないので，ホースの口を的確に移動させなければなりませんが，言葉で言うほど簡単ではなく，あまりお勧めできません。

なお，輸送管に生コンを通す前に先行モルタルを送りますが，これには強度を期待できませんので，必ず廃棄（写真-2○印）した上で打設を開始するようにして下さい。

② ネコ車による打設（写真-3）
搬送の際に型枠を狂わせたり，土をこぼしたりしがちです。また，ネコ車（○部分）の移動を優先して建物内部の立上り配筋をなくしてしまう場合などもあり，こうしたことのないよう注意が必要です。

③ シュートによる打設（写真-5）
生コン車から開放型シュート（矢印）で受けて打設する方法は，シュートの傾斜が緩い場合はコンクリートが分離しやすいことから，JASS 5の解説では傾斜角度を30度以上とするように規定しており，この事例のように緩い勾配は好ましくありません。
打設位置が道路よりも低い場合などには有効ですが，この規定を守ると，かなり小さな範囲の打設しかできない場合が多いことを念頭においていただきたいと思います。

④ バケットによる打設（写真-4）
クレーンを使ってバケット（○部分）を打設個所まで移動しますので，型枠に負担をかけない施工方法といえます。また，ポンプ車による打設に比べて量の調節がしやすいといえますがクレーン車の設置スペースや電線などの障害の有無といった現場状況の事前の確認が欠かせません。

1-2 納入書の確認 ★★

筆者は，コンクリートの打設に先立ち「受入れ検査」（78ページ「1-4 受入れ検査について」を参照）を実施していただきたいと考えていますが，住宅工事の現場ではほとんど見ることはなく，なかなか実現は難しいと言わざるを得ません。そうした現実を踏まえ，納入の際にチェックしていただきたい最低限の事項をここに記載しました。

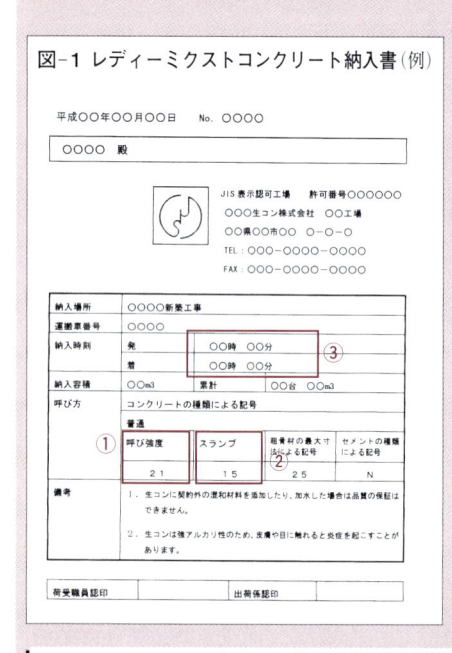

図-1 レディーミクストコンクリート納入書(例)

生コン車の到着直後に，運転手さんが持ってくる「納入書」（図-1）で，まず①**の強度**，②**のスランプ値**が指定どおりであるかを確認して下さい。特に，通常使用している製品とは異なる数値が特記仕様書などで指定されている場合は必ず確認しておかなければなりません。また，発注強度は気温によって変える必要がありますのでこの点にも注意して下さい。

次に，一定の時間を経過してしまった生コンには，所定の強度は期待できなくなりますので，③**の納入時間**を確認して下さい。時間の制限があるという点は大変重要な指標なのですが，住宅工事ではあまり重要視していない場合が多いように思われます。公庫仕様書に時間に関する規定がないことも原因となっているのかもしれませんが，設計者の方々には特記仕様書などで規定しておくことをお勧めします。ちなみに，JASS 5では練り混ぜから打込み終了までの時間の限度を，外気温25℃未満では120分，同25℃以上では90分と定めていますが，できればそれぞれ90分以内，60分以内とすることをお勧めします。

なお，スランプの小さいコンクリートを使用してポンプによる打設を行う場合は，ポンプ屋さんが輸送管の閉塞を嫌うために水を加えてしまうことがあります。しかし，これは生コンの配合が変わってしまい所定の強度を得られない場合がありますので，決してやってはいけないということを強調しておきます。

■2 コンクリートの品質を確保するために　　　重要度：★★★

2-1 立上り配筋に付着したセメントペーストを除去する ★★★

底盤打設時には，立上り配筋に**セメントペースト**（写真-1）が付着することが避けられないといってよいと思います。写真-1のような状態のままで，立上り部のコンクリートを打設してしまうと，この部分の鉄筋とコンクリートとの付着力が低下してしまいます。必ず除去していただきたいと思います。

なお，底盤部分と立上り部分を同時打ちとする工法もあるようです。コンクリートが確実に打設されることやかぶり厚さの確保などに注意が必要ですが，基礎の一体化という点だけでなく，61ページの写真-8，9のような土のこぼれによる問題も回避できるなど，基礎の品質向上には有効だと思います。

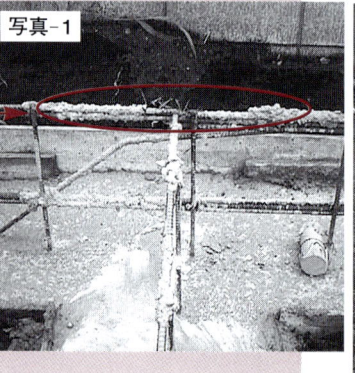

写真-1　写真-2

除去作業は，できれば容易なうちに行うことをお勧めしますが，完全に固化してからの除去作業となった場合には，底盤のコンクリートに衝撃を与えないように注意していただきたいと思います。また，写真-2のように型枠が組まれてしまった段階で発見した場合に，除去作業のために打設日が遅れることになるとしても，必ず除去してから打設することをお勧めします。

2-2 「沈みひび割れ」の処置を実行する ★★★

布基礎の立上り部分やべた基礎には，「沈みひび割れ」という現象が発生する場合があります。スランプの小さなコンクリートを使用し，十分な締固めを行うことが防止策となりますが，それを実行すれば必ず発生を防げるというわけではありません。

「沈みひび割れ」は，打設後30分〜2時間程度の間に発生するようですので，打設を完了しても引き上げずに現場に残り，発生した個所にはタンピング（角材などでコンクリート表面を叩くことをいいます）を行って下さい。タンピングを実施すると，コンクリートと鉄筋の付着性も向上しますので，ぜひ実行してもらいたいと思います。

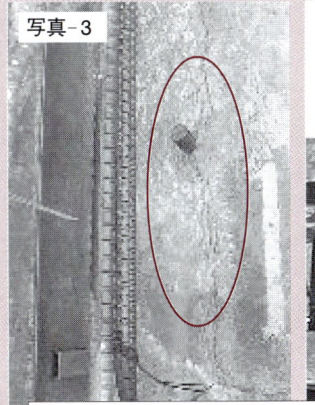

写真-3
写真-4

コンクリート打設後にはまず水が上昇してきますが，それにともない他の成分は沈下することになります。
コンクリートの厚さに差のあるべた基礎の**外周部分**（写真-3 ○部分）や布基礎の立上り部分のように，**ある程度の深さがある部分**（写真-4 ○部分）ほど沈下量は大きくなりますので，鉄筋がその沈下を妨げた場合や型枠のはらみなどを原因として「沈みひび割れ」が発生します。

2-3 ジャンカを発生させない ★★★

ジャンカは豆板ともいいますが，コンクリート構造物に発生させてはならない欠陥の一つです。見た目にもよくないのでモルタルを塗って表面的な補修で済ましてしまう場合もあるようですが，この部分は躯体の断面が欠損していると考えなければなりません。ジャンカの状態によってはその部分を斫り，エポキシモルタルを充てんするなどの処置が必要な場合がありますので，必ず構造の知識のある専門家と相談して処置方法を決定していただきたいと思います。

ジャンカ（写真-5 ○部分）は骨材にセメントペーストがいき渡らなかった状態といえます。防止策としては**バイブレーター**（写真-7 ○部分）が有効ですが，一個所に長時間かけ過ぎることは避けなければなりません。

写真-5
写真-6

型枠の隙間部分から**セメントペースト**（写真-5 矢印）が失われることもジャンカが発生する原因の一つといえます。底盤部と型枠との隙間が大きい場合は，**桟木**（写真-9 矢印）でふさぐなどの処置をしていただきたいと思います。

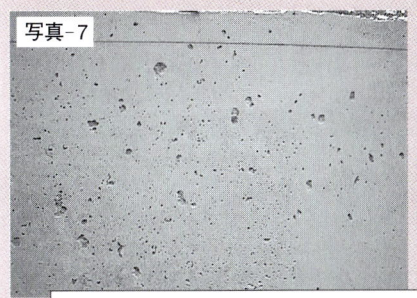

写真-7
写真-8
写真-9

表面の**気泡**（写真-7：あばたなどともいいます）に対しては，突き棒を使用することが有効です。ただ，手近な桟木などを使う事例が少なくありませんが，**専用の突き棒**（写真-8 ○部分）を用いるなどの配慮がほしいと思います。

目立たないことではありますが，こうした取組み姿勢から品質の良いコンクリートが得られることを理解していただければと思います。

2-4 打ち継ぎ時間を守る ★★★

コールドジョイントが発生した部分は，コンクリート相互の付着力が低下しており，強度的な欠陥というだけでなく，水密性も期待できません。公庫仕様書には打ち継ぎ時間の限度に関する規定がありませんが，規定の有無にかかわらず，こうした問題の発生を防ぐために時間をあけずに打設することを心がけて欲しいと思います。

なお，JASS 5の解説では，外気温25℃未満では150分，25℃以上では120分を目安とすると記載されています。

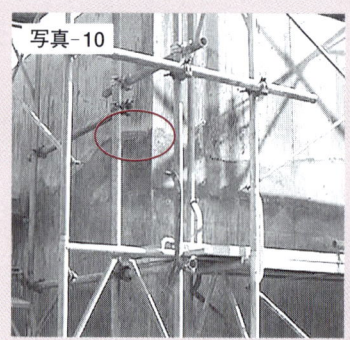

写真-10の○で囲った部分が「コールドジョイント」と呼ばれているものです。コンクリートの打ち継ぎに際して，一定以上の時間があいてしまった場合などに発生します。

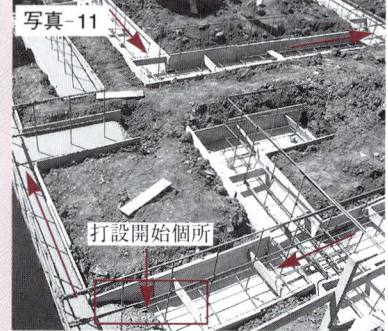

写真-11に示したように，布基礎は一筆書きのように打設していくことが多いようですが，そうした場合，打設開始個所が最後の打設個所との打ち継ぎ部になってしまい，打ち継ぎ時間の制限を超えてしまうことがあります。

写真-12の○部分は，写真-11の事例の打設開始部分ですが，コンクリートがかなり硬化していることがわかると思います。布基礎の両端部を交互に打ち足していくなどの配慮をして，JASS 5の制限時間を超えないように努めていただき，コールドジョイントの発生を防いでもらいたいと思います。

2-5 打ち継ぎ部分の処置を実行する ★★

コンクリートの硬化にともない，セメントや骨材中の微粒子が表面に浮かび上がってきます。これを「レイタンス」と呼びます。この部分は強度が低いので，この面にコンクリートを打ち足す際には除去する必要があります。しかし，住宅工事に限らずこれを実行している事例はあまり多くないようです。

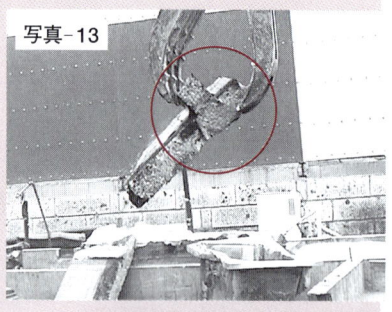

底盤打設終了後の水が引いた時点で，木ごてでレイタンスを削り取り，さらに打設の翌日に，写真-14のように**ワイヤーブラシ**で骨材の表面が露出する程度に削るなどの処置をお勧めします。

写真-13は解体作業を撮影したものですが，底盤部分と立上り部分が○印部を残して打ち継ぎ部で分離しています。また，写真-15の事例でも**立上り部分と底盤部分とが分離**（○部分）しています。これらが無筋であったこともこのように簡単に分離してしまう原因の一つですが，そもそも布基礎は立上り部と底盤部とのコンクリートが一体となることを前提としていますので，鉄筋の有無は別の問題といえます。レイタンスの処置が不十分であった場合は，こうした可能性があることを理解していただきたいと思います。

5 基礎工事 — 養生

住宅工事に限りませんが，養生が不十分な事例が少なくない，と言わなくてはならないのは残念なことです。必要な養生を実行しない場合は，せっかく良質なコンクリートをきちんと打設できたとしても，所定の品質を保てない場合があります。この作業の重要性をよく認識していただき，適切な養生を実行してもらいたいと思います。

なお，一般的に養生といえば，シートなどを掛けて日射や風雨などを避けることを指しますが，ここではそれだけでなく，コンクリートに発生する不具合の防止策も含んでいることを付け加えておきます。

■1 コンクリート打設直後に必要な処置　　重要度：★★

1-1 打設直後に発生しやすい不具合 ★

コンクリートが硬化する前に強い日射を受けると，水分の蒸発が著しい場合には「**プラスチックひび割れ**（写真-1，2○部分）」と呼ばれるひび割れが発生します。このひび割れは表面だけで深部に達するものではないといわれていますが，好ましいものではないことに変わりはありません。

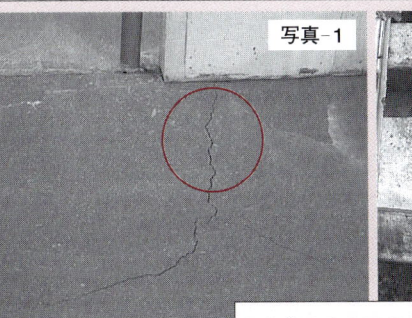

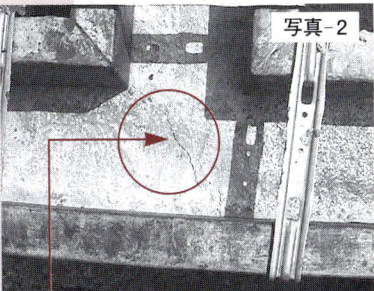

写真-1　写真-2

プラスチックひび割れは，①気温や湿度が高いとき，②コンクリートの温度が高いとき，③コンクリートのスランプが大きいとき，④コンクリート面の風速が速いとき，などに発生するといわれています。

1-2 「プラスチックひび割れ」の対策について ★★

防止策と発生後の処置方法について，右に整理してみました。このうち①のスランプ値に関しては，住宅工事では特記仕様書で指定していない場合がほとんどといえるようです。公庫仕様書では，指定がない場合は18cmとすることになっていますが，21cmを使用している事例も多いように思われます。極力小さなスランプのコンクリートを使っていただきたいと思います。

また，②〜⑤についても実行されていない事例がほとんどといわなければなりませんが，これらは良質なコンクリートを得るためには必要なことであると，ぜひ理解していただきたいと思います。

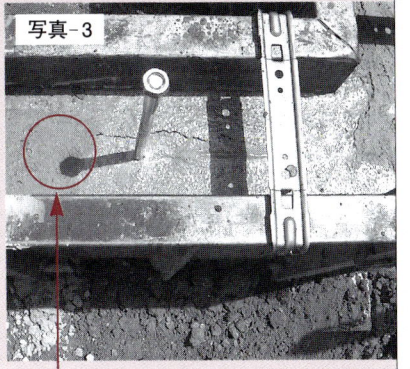

写真-3

「プラスチックひび割れ」の防止策と処置
①打設に支障ない範囲で，極力スランプの小さな（できれば15cm）コンクリートを使用する。
②コンクリートの温度上昇を防ぐため，運搬時間が短くてすむ生コン工場を選定し，待機する必要がある場合は，できるだけその時間を短くするような管理を行う。
③気温が高い季節には，直射日光や風の影響を避けるため，シートを掛ける。
④コンクリート面に散水を行う。
⑤ひび割れが発生した場合は，適宜タンピングによる処置を行う。

セルフレベリングモルタル（以下「レベラー」といいます）で天端を均す場合は，クラックや型枠との隙間部分などからモルタルが流れ出てしまうことを防ぐために，コンクリートの水が引いた時点で処置を行いますが，この事例のようにかなり硬化してからでは構造体としてのクラック処置という意味では遅すぎるといわなくてはなりません。クラックは適切なタイミングでの処置をお願いしたいと思います。

■2 コンクリート打設後の一定期間必要な処置　　重要度：★★★

2-1 打設後はどのような点に注意しなければいけないか ★★

コンクリートに所定の強度を持たせるためには適切な温度と湿度の維持が必要です。JASS 5では、コンクリート打設後5日間は散水その他で湿潤を保ち、コンクリートの温度を2℃以上に保つことが規定されています。しかし、公庫仕様書には具体的な規定がないことが原因しているのか、こうした点への気配りがなされていない事例が少なくありません。品質の良いコンクリート構造物を得るためには、特記仕様書などで具体的な養生方法を規定しておく必要があることを、設計者の方々には理解していただきたいと思います。

写真-1

打設後は、コンクリートに振動や衝撃を与えないようにすることも養生の一つといえます。アンカーボルトの傾きを**ハンマーで叩いて直す**（○部分）ことが日常的に行われているようですが、決してやってはなりません。

2-2 型枠の存置期間について ★★

型枠を一定期間残すことも養生の一つといえます。コンクリートは1日たてば人が載ることができる程度の強度もでてきます。しかし、建築物としての十分な強度が出ているわけではないことを理解しておいて下さい。

JASS 5や営繕仕様書では型枠の存置期間について、材令と圧縮強度（表-1 □部分）のどちらかを選択できるようになっています。ここで規定されている圧縮強度5N/mm^2は、呼び強度21のコンクリートであれば、温度21℃の状態では2日（48時間）でクリアしてしまう数値といえ、これが打設後中1日でばらしている状況をつくっているのではないかと考えています。

この規定を否定するつもりはありませんが、住宅工事は呼び強度18のコンクリートが使われることが少なくないこと、テストピースによる試験の実施はほとんど期待できないこと、養生が十分に行われない場合が多いことから気温が低い場合には強度の不足が予測されること、などから住宅工事は圧縮強度で決定する環境には現在のところない、と考えています。

図-1　21℃で養生した材令28日の圧縮強度を100とした場合の割合[11]

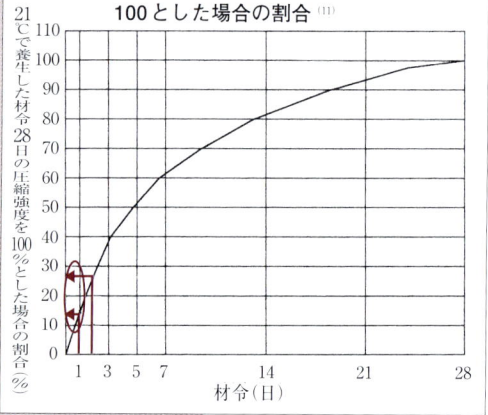

図-1は材令による強度の変化を整理したものです。これによれば、21℃の温度条件では打設の1日後（24時間後）では、まだ28日強度の15％程度、材令2日（48時間後）では25％程度の強度に過ぎません。また、温度が低いと強度が低下するなどの傾向を示すコンクリートの性質から、気温によって型枠をある一定期間残すことが規定されており、これを型枠の存置期間といいます。この存置期間は最低限の規定であると考え、工期の許せる範囲で1日でも長く残すことをお勧めします。

なお、存置期間は日数で規定されていますので、存置期間3日の場合は、打設当日を1日目にカウントすると、翌々日は3日目ということから、存置期間3日を経過したと考えて型枠をばらしてしまう場合があるようですが、これは誤りです。上記の場合で、打設完了と型枠ばらしが同一時刻として日数を時間に読み替えれば、この場合の3日目は72時間は経過しておらず、48時間しか経過していないということに気づいていただきたいと思います。

表-1 せき板の最小存置期間[2]

施工箇所 存置 期間中 の平均気温	セメント の種類	基礎、はり側、柱、壁		
		早強ポルトランドセメント	普通ポルトランドセメント、混合セメントA種	6.10による高炉セメントB種
コンクリートの材令 による場合（日）	15℃以上	2	3	5
	5℃以上	3	5	7
	0℃以上	5	8	10
コンクリートの圧縮 強度による場合		圧縮強度が5N/mm^2（50kg/cm²以上）となるまで。		

注）公庫仕様書とは内容が若干異なります。

6 基礎工事 — 基礎コンクリート打設後の工事

　ここでは，基礎コンクリート打設後に行われる基礎天端均しや，防湿コンクリートの工事などについて記載しています。基礎天端の施工精度は上部構造物に大きな影響を与えるものですし，防湿コンクリートの地業が不十分な場合は1階の床に影響を与えるなど，基礎本体工事と同様に重要な作業があります。

　これらの作業の重要性を理解していただき，適切な施工をお願いしたいと思います。

■1 基礎天端の均しについて　　　　　　　　　　　　　　　　　　重要度：★★

1-1 レベラーによる天端均し ★★

　レベラーの施工にあたっては，以下の点に注意する必要があります。
①レイタンスを必ず除去する。
②気温が5℃以下の時は施工しない。
③塗り厚さはメーカーの指定値を守る（5mm以上となっている場合が多いようです）。
④施工後，シートで養生する。

　なお，レベラーの中には，人体に有害な影響を与える物質を含む製品もあるようですので，職人さんたちには防塵眼鏡やマスク，手袋などを必ず着用させることをお勧めします。

写真-1

　写真-1は，天端のモルタルがはがれてしまった事例です。レイタンスの除去や塗り厚さなどに問題があったのではないかと思われます。左記の注意点の重要性を再確認していただきたいと思います。

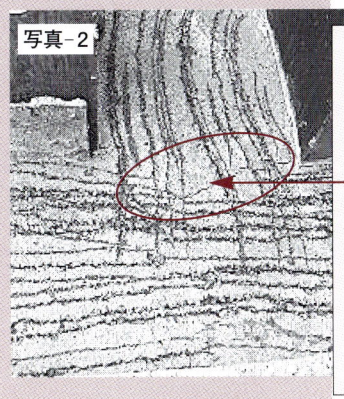

写真-2

　写真-2コンクリートの天端に櫛目を付けていますが，付着力を増すための工夫として評価したいと思います。ただ，この事例には**クラック**が見えますのでその点の処置が不十分といわなくてはなりません。レイタンスの処置とともに，タンピングでクラックを潰しておくことを必ず実行していただきたいと思います。

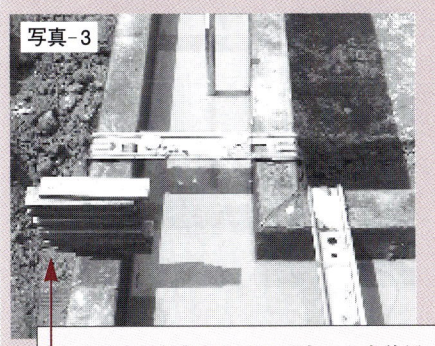

写真-3

　レベルの目印としてマグネットを使用する場合が多いようです。ただ，写真-3の事例のように**流し込みの直後にマグネットを外してしまう**と，躯体と型枠との隙間や，クラックなどに流れ込んでレベルが変わってしまう場合があります。所定の時間の経過後に，レベルが下がっていないことを確認した上で取り外すことをお勧めします。

写真-4**

　**釘をレベルの目印に使う場合もあるようです。施工精度の確保という視点でみれば，写真-3のように硬化する前にマグネットを外してしまうよりは，はるかに良い方法であると思います。ただし，この場合は釘の頭が表面に出ることになりますので，ステンレスなどの防食性の高い素材を使用することをお勧めします。

1-2 モルタル塗りによる天端均し ★★

接着性の向上やクラック防止を目的として，通常はセメントには混和材を調合して使います。この混和材には接着剤が配合されていますが，多くの場合，成分は明示されていません。また，混和材の一種である合成樹脂エマルジョン系混和材には，塩化ビニルが配合されている製品もあるようですので，レベラーと同様に化学物質に関する問題があるといえます。しかし，接着力が落ちたりクラックが発生してもよいから，混和材を使用しないというわけにはいきません。

放散量などのデータが不明であり，疑わしきは排除したいところですが，筆者としては直接屋内に面する部位ではないことから使用はやむを得ないと考えています。ただ，特に健康住宅をうたっているような場合には，成分を明らかにしている製品を使用するように努めることをお願いしたいと思います。

写真-5

墨に合わせて**定規を取り付けていきます**（写真-5）。レベル測量さえきちんと行えば，精度に関してはレベラーによる施工と大差はないようです。ただ，こちらのほうが手間がかかるためか，施工事例が少なくなってきているようです。

写真-6

ネコ土台としては樹脂製を使用する事例が多いようです。ただ，自然石や**モルタルでネコ土台**をつくることもできますので，こうした方法も検討に加えてみることをお勧めします。

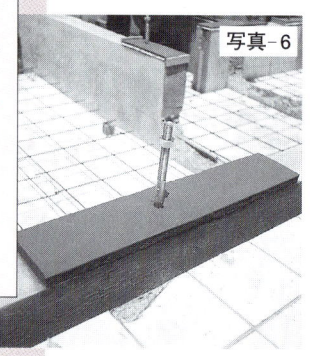

■2 テラスや防湿コンクリートなどの工事について　　重要度：★★

2-1 防湿コンクリートの打設の前にやってもらいたいこと ★★

鋼製型枠に使われる固定金具を残したまま埋め戻してしまうことが少なくありませんが，そうした場合には，金具の錆が基礎を傷つけることになり好ましくありません。

写真-1

写真-2

写真-3**

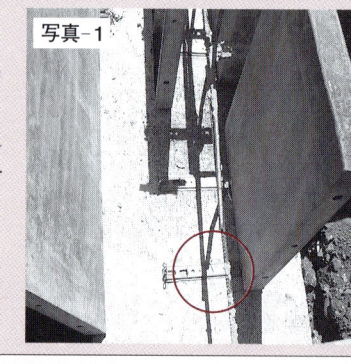

写真-4

鋼製型枠の上下には**固定金具**（写真-1 〇部分）が使用されます。当然ながら下端の金具は，写真-2のように**コンクリートに打ち込まれる**（〇部分）ことになりますが，これが放置されるとこの部分から発生した錆が軀体を傷めることがあります。なかには写真-4のように金具の**露出部分を切り取っている**（〇部分）事例もありますが，錆の問題に関しては解決になっていません。

写真-3はべた基礎の事例ですが，**モルタルで固定金具部分を塗り込めています**（〇部分）。基礎の全周にわたって，こうした処置を施すことは手間のかかることではありますが，基礎の品質を守るためには，大変重要であることを理解していただきたいと思います。

2-2 地業工事について ★★

テラスや防湿コンクリートの地業は、構造的に重要な部分ではないという考えがあるのでしょうか、**転圧の不十分な地業**（写真-5）が時として見受けられるのは残念なことです。

写真-5

写真-6

束石は、防湿コンクリートの上に乗ることになりますので、この部分の地業が不十分であると、1階床に影響を与えることになります。特に束石の乗るエリアは十分に転圧していただきたいと思いますが、布基礎の底盤部分にあまり振動を与えるのは好ましくありません。軀体の状況によっては、底盤の上部だけは簡単な転圧にとどめるなどの判断をしていただきたいと思います。また、設備配管が埋設されている部分についても慎重な転圧をお願いします。

2-3 防湿シートについて ★★

防湿シートの施工状態は、ばらつきが多い工事項目の一つです。

誤解を恐れずに言えば、べた基礎の場合には、コンクリートの品質を保つことに力を注いだほうが効果的であると思います。ただ、見方を変えると、この作業をきちんとやっているかどうかで、鳶さんの仕事に対する取組み姿勢をはかることもできるといえます。

写真-8のような事例は、コンクリートが打設されてしまえばわからなくなってしまうという意識で仕事をしていると言わざるを得ませんが、写真-10のような仕事を当り前にやっている鳶さんがいることも知っておいていただきたいと思います。

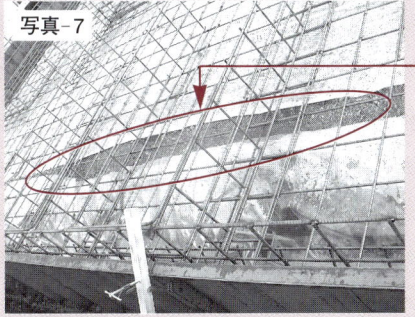

写真-7

写真-8

写真-10*

べた基礎の場合には、**シートの重ね合せ部**に、布基礎の場合はさらに**立上り部周辺**（写真-9 ○部分）にも隙間ができがちであり、こうした部分をきちんと処置することはなかなか難しいといわなければなりません。不十分な仕事を許す必要はありませんが、このような場合もあり得ると想定して、床下の十分な通風を確保しておくことをお勧めします。

なお、写真-7は捨てコンを省略してべた基礎を打設しようとしていますが、好ましくないのは58ページ「2-3 捨てコンについて」で述べたとおりです。

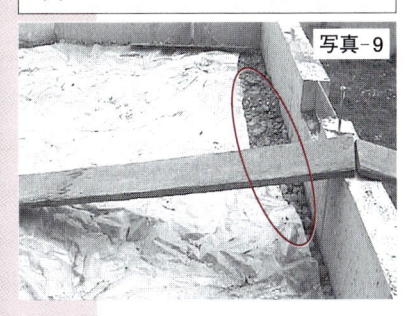

写真-9

2-4 束石について ★★

束石を用いる場合は，防湿コンクリート打設時に所定の位置に置かれることになりますが，設置位置の精度が欠けている場合が少なくありませんので注意して下さい。

写真-11

写真-12

設置位置の誤差や荷重の分散を考慮すると，束石は**サイコロ型**（写真-11 〇部分）のものより，**平板型**（写真-12 〇部分）のものがお勧めできます。

2-5 防湿コンクリート打ちについて ★

残念ながら防湿コンクリートに**ひび割れ**（写真-15〇部分）が発生している事例は少なくありません。この部位には21cm前後の大きなスランプのコンクリートを使用する場合が多いことも原因の一つではないかと筆者は考えています。

できれば18cm以下のスランプのコンクリートを使用していただきたいと思います。

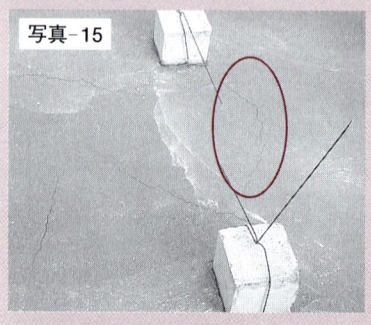

写真-13

写真-15

写真-14

ひび割れの防止には，ワイヤーメッシュを設けることが有効ですが，**設けていない事例**（写真-13）も少なくありません。また，せっかく設けていても，**スペーサーのない事例**（写真-16）も見受けられます。ワイヤーメッシュにひび割れ防止の効果を期待するのであれば，**スペーサーを設ける**（写真-14〇部分）ことが必要であることを知っておいてほしいと思います。

なお，この写真-14の事例ではシュートの勾配が緩すぎます。65ページでも述べたように，分離が発生するおそれがありますので，この点は好ましくないことを付け加えておきます。

写真-16

2-6 外部回りの衛生配管工事について ★★

写真-17

写真-18

　外部回りの衛生配管は，**足場が組まれる前のこの時期**（写真-17は配管工事中，写真-18は同じ現場の完了後の写真です）か，外壁回りの工事が完了し**足場が撤去された後**（写真-20）の時点のどちらかに施工されることになります。

　しかし，竣工間際の工事は工程がきつくなっている場合が多いことや，外壁を汚したりしがちであり，できればこの時期に施工を済ませておくことをお勧めします。

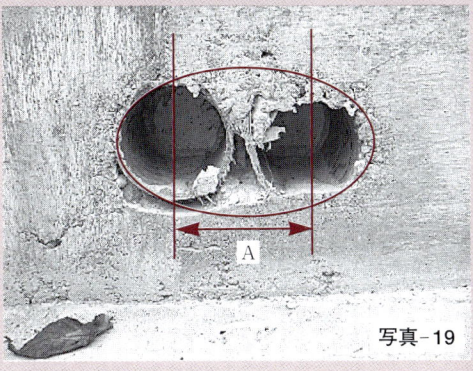

写真-19

写真-20

　スリーブ間隔が極端に狭い場合（写真-19）は，コンクリートが十分に回らないことがあります。衛生配管の施工時に，こうした部分は必要な補修をきちんと済ませておかなくてはなりませんし，紙製のボイド管はシロアリの食材になる可能性もありますので，取り除くことをお勧めします。

　なお63ページで述べたように，A寸法はスリーブ径の3倍以上とすることをお勧めしますが，このように接近して設けてしまった場合は，◯印で示したような楕円形の開口が開いていると考えて補強筋を設ける必要があることを付け加えておきます。

7 基礎工事 — コンクリートと基礎の形

　ここでは、建物の寿命と基礎の品質に大きな影響を与える「コンクリート」と「基礎の形」に関する初歩知識について述べています。これらの内容には、現場の作業とは直接的には関係しないものが含まれていますが、建築工事に関わる方々には知っておいていただきたいと考えていることから、ここに記載しました。ただ、建築主の方々にとっては多少難しい内容となっていると思いますので、理解できる範囲内を拾い読みしていただくだけでも現場を見る目が変わってくると思います。

　なお、紙面の都合上、記載内容は限られたものとならざるを得ません。筆者の独断で内容を絞り込んでいますので、詳しく知りたい方は建築材料に関する専門書で補っていただければと思います。

■1 コンクリートに関する初歩知識　　　　重要度：★★

1-1 水セメント比について ★★

　コンクリート成分中の水とセメントの重量比を水セメント比（以下W/Cと記します）といい、〔％〕で表記します。W/Cが大き過ぎるコンクリートは、耐久性に悪影響があることから、営繕仕様書やJASS 5では、普通コンクリートのW/Cを65％以下と指定しています。

　なお、W/Cを小さくすると、耐久性だけでなく、コンクリートの強度が増大し、骨材も分離しにくくなります。

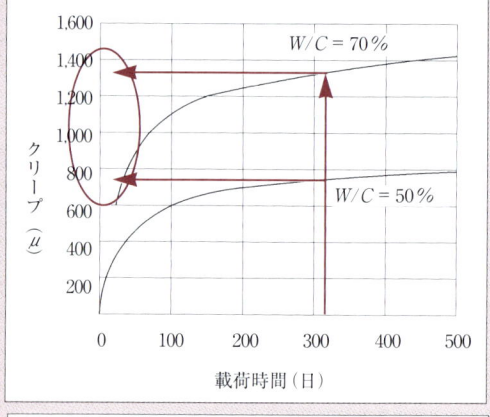

図-1 水セメント比とクリープの関係[12]

　コンクリートは、一定以上の応力を与え続けると、その応力に変化がない場合でもひずみが増加する性質を示しますが、これをクリープ現象と呼びます。図-1は、W/Cとクリープ値との関係を表したものです。W/Cが50％から70％に増えると、300日間連続で載荷した場合のクリープ値は約1.8倍になるという点に注目していただきたいと思います。

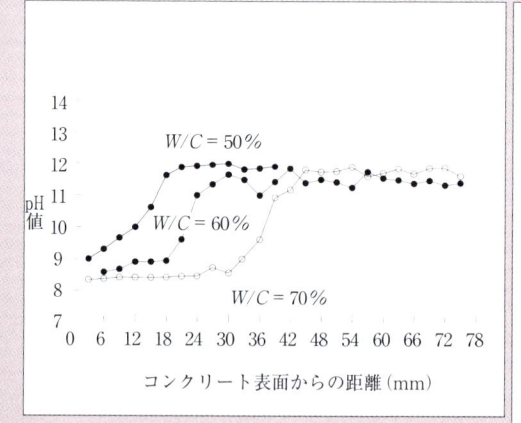

図-2 中性化促進（$CO_2$10％、30℃）4カ月後のコンクリートの水セメント比別のpH勾配[24]

　図-2は、W/Cと中性化の進度の関係を表したものです。打設直後のコンクリートは、pHが13～12前後の高いアルカリ性を示しますが、時間の経過にともない大気中の炭酸ガスや雨などと反応してアルカリ性が失われていき、それが次第にコンクリートの表面から内部に向かって進行していきます。このような現象を中性化と呼び、鉄筋まで中性化が進んだ時点が、鉄筋コンクリート建造物の寿命の目安となっています。

　W/Cの大きいコンクリートほど中性化の進行が早く、この点からもW/Cがコンクリートの性能に与える影響の大きさを理解していただきたいと思います。

1-2 単位水量とスランプ値について ★★

コンクリートは硬化にともない収縮します。これはひび割れを発生させる要因の一つであり、コンクリートのもつ欠点の一つですが、単位水量を少なくすることで収縮を小さくすることができます。

単位水量とは、まだ固まっていないコンクリートの1m³中に含まれている水量（骨材に含まれた水量は含みません）をいいますが、スランプと密接な関係があり、一般的には「スランプ値」を小さくすれば単位水量が少なくなります。

ただ、スランプの小さなコンクリートは打設しにくく、どうしてもスランプの大きなコンクリートが選択される傾向が強いといえます。コンクリートの打設のしやすさは確かに重要な要素の一つですが、住宅の基礎は特別な場合を除き形状が単純ですし、配筋量の多いＲＣ造の建築物に比べれば、打設は比較的容易といえます。

こうしたことから筆者は、住宅の基礎は耐久性を優先させてスランプの小さなコンクリートを使用すべきだと考えており、許容誤差も含めて考えると、スランプ15cm以下、単位水量の上限値を175kg/m³と指定することをお勧めしたいと思います。

生コンは、個々の工場で調合されてつくられますので、強度やスランプが同じコンクリートでも単位水量が異なる場合があります。これは骨材によってスランプ値が影響を受けた結果ともいえると思いますが、特に関西方面は砕石の使用が多いこともあって単位水量が多い傾向があるようですので、注意が必要です。

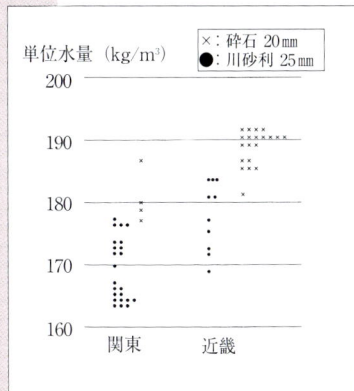

図-3 呼び強度21、スランプ18cm、AE剤入りコンクリートの単位水量比較[25]

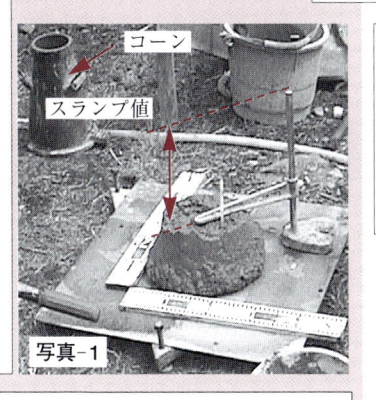

コンクリートをコーンに入れて引き抜いた後に、下がった数値をスランプ値と呼び、この数値が大きいほど軟らかいコンクリートということになります。

写真-1

1-3 アルカリ骨材反応について ★★

コンクリートにひび割れを発生させる要因の一つに、アルカリ骨材反応と呼ばれている現象があります。

アルカリ骨材反応とは、コンクリートの素材である砂利や砂に含まれる珪酸が強アルカリによって溶けだしてしまう現象といわれており、これはコンクリートが壊れるということを意味します。こうした問題を防ぐために、現在ではアルカリ量の総量規制が行われており、コンクリート中に含まれる総アルカリ量を3.0kg/m³以下と規定しています。事前に生コン工場から「アルカリ総量計算書」（図-4）を取り寄せて確認しておくことをお勧めします。なお、以上、説明してきた事項以外にも、細骨材率、空気量、単位セメント量などの指標がありますが、紙面の都合上、掲載を割愛しています。詳しくは建築材料に関する専門書で確認していただければと思います。

図-4 コンクリート中のアルカリ総量計算書

アルカリ骨材反応の原因として多くの要因があげられていますが、重要な要因の一つとして塩分の問題が指摘されています。おもに関西方面に多いといえるようですが、海砂を使うことの多い地域では特に注意が必要です。

図-5 年間10万m³以上の海砂を使っている地域[26]

▨：月間6万m³以上
▢：月間2～4万m³以上

1-4 受入れ検査について ★★

一昔前は現場で「セメント」、「砂」、「砂利」に水を加え、練り混ぜてコンクリートをつくっていましたが、現在ではいわゆる「生コン」を使用する場合がほとんどであると思います。この「生コン」は、JIS認定工場の製品を使用することをお勧めしますが、認定工場であっても品質管理の状態にはばらつきがあるようですので注意が必要です。

そうしたことも考慮すると、できれば当該工事ごとに「受入れ検査」(写真-2)を実施してもらいたいと考えていますが、前述したように住宅工事ではほとんど行われることはないようです。ただ、検査費用は工事総額から見ればわずかな額といえ、設計者の方々には受入れ検査の重要性を建築主の方に理解していただく努力をしてほしいと思いますし、建築主の方々も一度は検討していただけたらと思います。そして、自主的に「受入れ検査」を実施している施工会社があれば評価してあげてほしいと思います。

砂や砂利は自然素材ですから、品質には当然多少のばらつきがあります。コンクリートは、そうした材料を使用してつくられますので品質を一定に保つには、調合に細心の注意を必要とします。そして、こうした製品には購入者側でも品質の確認作業を行うことが不可欠であると言わなければなりません。特にJIS認定でない工場の製品を使用する場合には、受入れ検査を必ず実施してほしいと思いますし、継続的に同一工場の製品を使う場合は、数件に1件の実施であっても、「生コン」の品質確保に効果があると思います。

なお、通常の受入れ検査の内容としては、打設当日に「塩化物量」(①)「空気量」(②)「フロー値」(③)「スランプ」(④)「コンクリート温度」(⑤) などの確認が行われ、当日採取したテストピースにより「7日及び28日圧縮強度試験」が行われます。

写真-2

■2 基礎の形について考えてみる　　重要度：★★

2-1 布基礎は連続することで耐震性を発揮する ★

外周壁の通気口回りの補強措置については、公庫仕様書に明記されており、そうした部分に関してはきちんと施工されている事例でも、玄関などの出入口部や内部の通気口に関しては、何らの補強も施されていないケースが少なくありません。途中で途切れてしまった基礎に耐力は期待できないことをよく認識しておいていただきたいと思います。

外力が加わると、耐震壁が変形に対して抵抗してくれますが、基礎の立上り部分が連続していない個所(図-1 ○部分)では、図のように架構全体が変形してしまう場合があります。こうした問題には、基礎の立上り部分が有効に働くことを理解していただきたいと思います。

図-1

写真-2

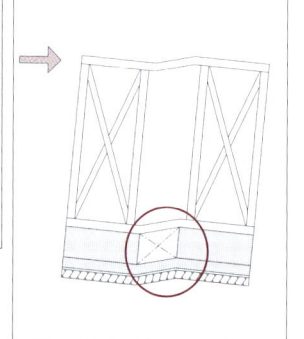

図-1 外力が加わった際の布基礎の変形 (9)

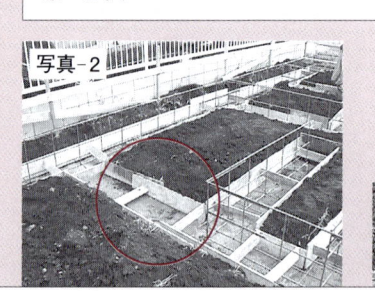

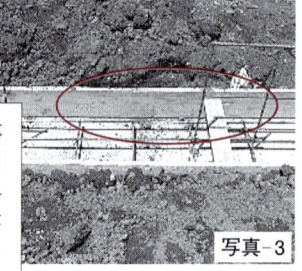

底盤部も含めて基礎の配筋がまったくなされていない事例(写真-2 ○部分)や内部の通気口に立上り部の配筋がまったくみられない事例(写真-3 ○部分)などが見受けられますが、後者については、人が通過できる寸法を確保した上で立上り部分 (写真-1 ○部分)をきちんと設けている事例もあることを知っていただきたいと思います。

写真-3

2-2 シロアリの侵入率と基礎の高さとの関係について ★★

図-2は調査数が少なく，個々の事例の建設地や基礎形式なども不明であるということを念頭においておかなくてはなりませんが，**80cmの基礎高さ**（○部分）があっても侵入を受けている事例があるという点や，公庫仕様書の参考図に描かれている標準高さ（30cm）を含む**40cm以下の基礎高さ**（矢印の範囲）では，シロアリの被害を受ける危険性がかなり大きくなる，という点には着目しておく必要があると考えます。

高さ規制や予算などの制約もありますので，むやみに基礎を高くはできないでしょうが，できれば40cm以上の基礎高さを確保することをお勧めします。

図-2 シロアリの侵入率と基礎高さ

○：試料6個以上
●：試料2個

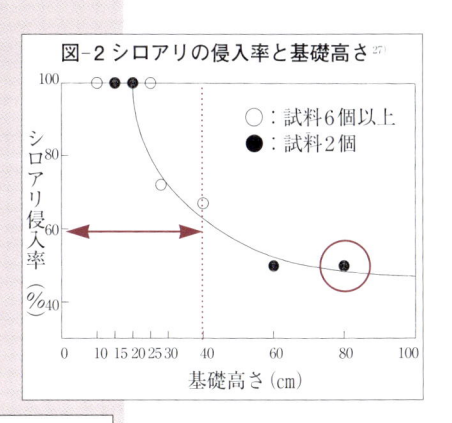

2-3 床下の湿気を滞らせない ★

木の腐朽は，①温度，②空気，③養分，④水分の4つの条件の一つでも欠ければ進行しないと言われています。しかしながら①〜③の条件を除くことはできませんので，現実に取りうる腐朽防止策としては，④の水分ということになります。

木材の含水率25%〜30%前後が木材腐朽菌の生育できる最低条件であり，20%以下では腐朽は起きないと言われていることから，20%以下の含水率の木材を使用することはもちろんですが，腐朽は主に土台回りに見られることからも，床下の湿気をすみやかに排除できるような基礎の形が望ましいといえます。

写真-4　写真-5

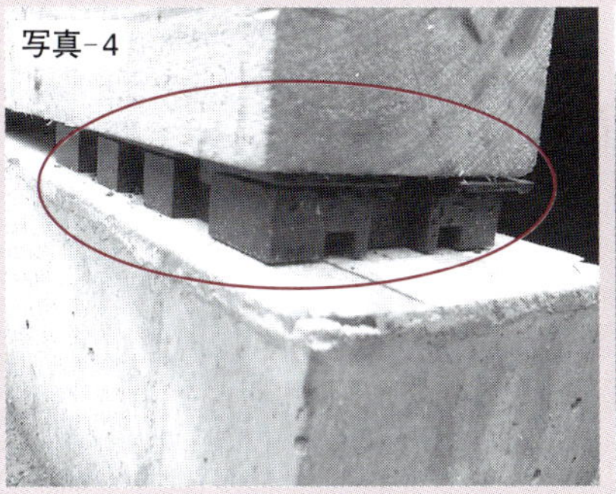

基礎パッキン（写真-4 ○部分）を使用すれば，基礎と土台との接触を避けることができますので，腐朽防止という観点からは望ましいといえます。ただし，建築基準法に規定されている床下の開口面積を，**基礎パッキンによってできた隙間だけで確保した事例**（写真-5）が増えていることに関しては，筆者は賛成できないと考えています。確かに基礎パッキンだけでも確認申請は下りますが，法規制は最低限の基準と考えて，**基礎の耐震性を確保できる範囲でできるだけ大きな通気口**（図-3 ○部分）を設けることをお勧めします。

また，通風も重要ですが，地盤からの湿気を遮断することも同様に重要です。防湿という観点からいえば，底盤部をべた基礎とすることがベストですが，いわゆる防湿コンクリートでも，74ページの写真-14のようにワイヤーメッシュを敷き込むなどの配慮をすれば，防湿としては十分ではありませんが一応の期待できるといえます。

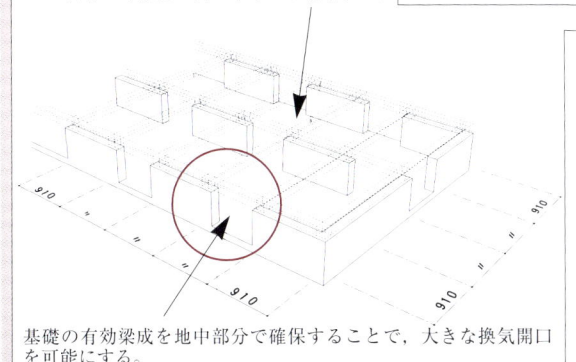

大引きを1,820×910グリッドに組み，床板厚さを30mmとすることで，根太と腐朽の可能性が高い床束とを省略する。

基礎の有効梁成を地中部分で確保することで，大きな換気開口を可能にする。

図-3 通気口を大きくとった布基礎概念図

図-3，4は腐朽の可能性が高い床束をなくし，防湿コンクリートの下で**必要な梁成を確保**（図-4 矢印の範囲）することで大きな換気開口を可能にするように考えられたものです。

読者の方々には，個々の状況に応じた最適な処置方法を採用していただきたいと思います。

図-4 通気口を大きくとった布基礎の断面図

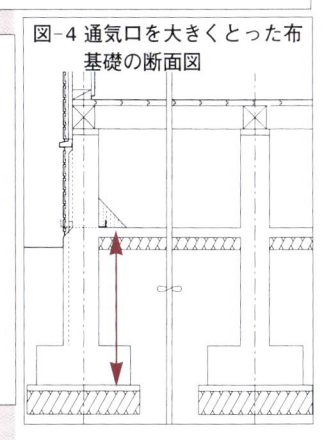

2-4 土台回りのメンテナンスについて ★

　木部と地盤との距離を十分にとり，さらに床下の通風にも配慮した基礎とすることで，木造建築物の耐久性は大いに向上するといえますが，腐朽の可能性から完全に逃れられるわけではありません。

　法隆寺が千年以上の寿命を保っているのも適切なメンテナンスがあってのことであり，その重要性は住宅においても変わりません。特に腐朽の可能性の高い土台回りに関しては，定期的なチェックが欠かせませんが，基礎高さが不十分なために床下に入って確認することが困難であったり，外部側から確認することができない事例が少なくありません。桂離宮などのように人が立てるほどの床下の高さは現代の住宅では望むべくもありませんが，はって移動ができる程度の床下の高さは確保してもらわなければなりません。

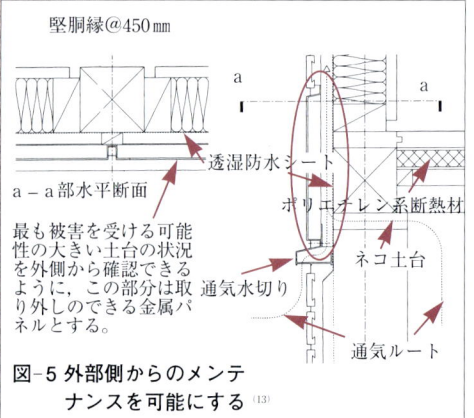

最も被害を受ける可能性の大きい土台の状況を外側から確認できるように，この部分は取り外しのできる金属パネルとする。

図-5 外部側からのメンテナンスを可能にする [13]

注）本図は股黒弘三氏（関東学院大学教授）のお考えをもとに作図したものです。

2-5 衛生配管のメンテナンスについて ★★

　衛生配管は，写真-6, 7のようにべた基礎底盤下や防湿コンクリート下に埋め込まれてしまう事例が少なくないようです。しかし，これでは水漏れなどの不具合や配管の劣化状態を確認することはできません。図-6のようなルートをとることや，写真-8のような**さや管方式**を採用することなども解決策の一つであるといえます。設計者や施工者の方々には，それぞれの現場の状況に応じて適切な工夫をされることを望みます。

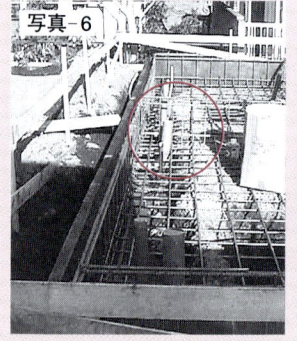

写真-6はべた基礎，写真-7は布基礎の事例ですが，いずれの事例も**排水管や給水管が埋設（○部分）**されています。配管の取り替えの必要性は個々の状況で異なりますので一概にはいえませんが，このように埋設されてしまいますと取り替えは不可能に近いといわなくてはなりません。

桝を地上に立ち上げれば，排水管を防湿コンクリートの下に埋設せずに施工できます。ただし，塩ビ製の桝を露出させると紫外線などによる材料の劣化が早まることや，破損の危険性が増すなどの問題があり，カバーを設けるかコンクリート桝とするかなどの配慮が必要です。

　なお，塩ビ桝はコンクリート桝と比較して通気上の問題が発生しやすいようです。臭いの影響がない場所であれば，必要に応じて穴開き蓋を使用することをお勧めします。

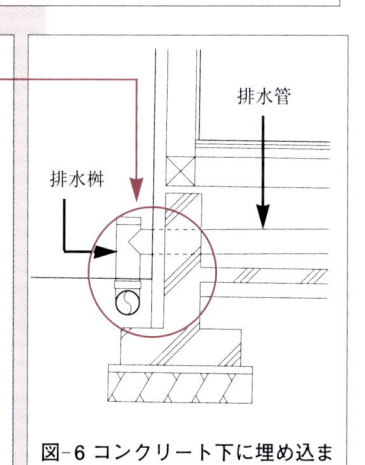

図-6 コンクリート下に埋め込まない設備配管

コラム2　品確法(1)― 性能表示と評価について

はじめに

「施工品質の確保」という問題に関して品確法をどのように活用していくかは、まさに「民」と「民」の問題であり、関係者がそれぞれの立場でこれから大いに努力していかねばならないことから、現段階で評価を下すのは早計といわなければなりません。ただ、筆者としてはこの法律の基本的な部分にいくつかの問題点を感じており、そうした点についてここで述べてみたいと思います。

品確法の3つの柱

品確法の柱としては同法第1条に明記されているように、以下の3つがあげられます。
①住宅の性能に関する表示基準と評価制度の新設
②紛争の処理機関の設置
③瑕疵担保責任の特例の定め

このうち、①の「性能表示と評価」に関しては、全98条の条文の半分以上になる第3条～第61条までを費やして、性能表示基準や評価機関の適格性などが規定されています。

条文の多さだけで判断するのは軽率のそしりを受けかねませんが、この部分がきちんと機能して問題のない建物ができるのであれば、極論ですが後の2つはなくてもよいということもいえますので、ここに力を注いだとしても当然のことであると思います。

品確法で規定してほしかったこと

しかし、施工段階での品質をどのようにして評価するか、という点については、告示などで定められることになっており、品確法の本文には明記されていません。これは法律の構成としては当然のことであるのかも知れませんが、筆者としては隔靴掻痒の感をぬぐえません。

また、法の運用に関わっている方のなかに「建築基準法は最低基準を示し品確法はより高いグレードの仕様を規定している」と説明する方もいますが、これはまさに屋上屋を重ねているということをはしなくも表したとはいえないでしょうか？

2000年6月に告示が出され、性能規定の流れを受けた改正建築基準法が本格的に動きだしましたが、現在起きている「欠陥住宅」などの問題が、書類に書かれたものだけでは解決しなかったことは旧建築基準法ですでに実証済みであり、数値を細かく規定しても「現場で何が起きているか？」を知らなければ、問題の解決にはつながらないといわなければなりません。

性能表示それ自体は大変重要なことであり、筆者もそうした規定を希望していた一人ですが、問題の根が性能表示の有無だけにあるのではなく、それ以前の問題といえる、守らねばならない施工の基本が欠けている事例が少なくないことを前提とした法律になっていないように感じています。

品確法では、告示で中間検査の実施が定められており、そうした点は表かしたいと思いますが、この法律の目的が第1条に記載されているように「住宅購入者の利益の保護」にあるのであれば、本文の条文の中に現場での確認の重要性に触れた記述がほしかったというのが筆者の正直な感想です。書類上の性能表示は建築基準法にまかせて、品確法は現場での作業状態の確認に軸足をおいたものとすれば、それぞれの法律の位置づけがより明確になり、「利益の保護」の実効もあがるのではないかと感じています。

中間検査に実効は期待できるか？

品確法に基づく告示が規定している現場検査としては、竣工検査を除くと3回の中間検査の実施ですが、その検査時点で品質の確認が困難な場合は書類によることになっています。この書類によるという点も問題ですが、工事現場を知る方であれば、わずか3回の現場立会いで施工の品質の状態が確認できるとはいえないと筆者が考えていることに、同意していただけると思います。

中小の施工会社は、品確法で淘汰されるという意見もあるようですが、筆者はそうは考えません。大手ハウスメーカーであれ、中小の施工会社であれ、品確法の規定に合わせることだけに目を向けた現場管理しか行わないところと、適切な時期に適切な管理を行うところとの品質の差は大きいものがあるといえ、本当の意味での品質をきちんと確保していく施工会社だけが生き残っていく資格があると思いますし、そうした施工会社をきちんと評価してあげることができるかどうかを、建築主の方々も試される時代になってきたと思います。

コラム3　品確法(2) ― 瑕疵担保について

品確法の成立までの経緯

　この法律は，立案の当初は「住宅版PL法」と呼ばれていましたが，最終的にはPL法としての性格は除かれたものとなっています。

　新聞報道などによれば，経営規模の小さな施工会社が多い住宅建設業界では，あまりに厳しい基準が定められると補修工事のために経営が立ちゆかなくなる場合があるということから，建設省もある程度は緩い基準とせざるを得ないとの考えがあったようです。ところが，こうした動きに対し弁護士の方々から，緩い基準はかえって「欠陥住宅」を法律が許すことになるとの指摘がなされたようです。

　報道された内容のすべてが正確であるとは思いませんし，そうした経緯の是非をここで問うつもりもありません。ただ，こうした動きのなかで品確法からPL法の性格が消え，住宅が欠陥であることの証明は，今までと同じように建築主側がしなくてはならないということになった，ということだけは言えそうです。

瑕疵担保責任は，建築主と施工者の双方にとって本当に好ましい規定か？

　誤解を恐れずに言えば，床や柱の傾きをゼロにすることは不可能に近く，通常の生活に支障がないと考えられる傾きでも，ゴルフボールを置けば転がってしまう場合もあります。

　床や柱では「紛争処理の参考となるべき技術的基準」のなかで，6/1,000以上の傾斜がレベル3として「構造耐力上主要な部分に瑕疵が存在する可能性が高い」と定められていますが，あくまで瑕疵が存在する可能性が高いということが述べられているに過ぎないともいえ，前述したように瑕疵の証明は建築主がしなければなりません。一方，施工者にとってみれば，レベル3を発生させてしまった場合には，瑕疵の存在が証明されなくても可能性が高いというだけで社会的な評価を考え，クレームには応じざるを得ない場合があることが予想されます。

　つまり，建築主にとっては瑕疵の証明が困難である一方で，施工者には瑕疵がなく補修の必要もない場合であっても補修せざるを得ないことがあるという意味で，建築主と施工者の双方が不満を抱えてしまうという不幸な状況に陥る危険性を感じています。

建築主と施工者の双方に求めたいこと

　施工者の方々には，自社の具体的な瑕疵判断の基準をわかりやすく建築主に示すことを求めたいと思いますし，建築主の方々にも自分は素人だからわからない，などとはいわずに積極的にその施工会社の瑕疵基準を問い正し，説明のない施工会社とは契約しないなどの判断を求めたいと思います。また，紛争処理に関わる弁護士の方々には，「紛争処理の参考となるべき技術基準」は表面的な現象のみの記述にとどまっており，本当の瑕疵がどこにあるかの判断が示されているわけではないことを踏まえて，そうした点を明らかにするという姿勢をもって紛争処理にあたっていただければありがたいと思っています。

　なお，平成12年4月28日に「消費者契約法」が成立しました。新聞報道では今一つの評価のようですが，原則として個人と事業者の間で結ばれる契約のすべてが対象となりますので，消費者（建築主）の対応によっては非常に大きな力を持つ法律に成りうると筆者は考えています。

　また，良心的な施工者にとっても不利益をもたらすものではなく，品質の確保に後ろ向きな施工者との違いを，建築主に対してより鮮明に打ち出すことができるといえると思います。施行は平成13年4月1日からですが，筆者はこの法律が適切に運用され，目的とする効果をあげることを期待しています。

5章

建方作業に関し
確認しておきたいこと

土台の設置
建方，養生

1 土台の設置

　土台は上部構造物と基礎をつなぐ，構造的にきわめて重要な部位であることはいうまでもありません。また，基礎工事で発生している誤差を吸収し，上部構造物を正確に建ち上げる役目も負っているといえ，そうした重要性をよく認識していただき，ぜひ適切な工事を行っていただきたいと思います。3章の「2 アンカーボルトと土台の照合」では，不具合事例とその発生を防ぐための注意点について述べましたが，その内容をきちんと実行できたとしても不具合をゼロにはできないと考えておき，この段階でも注意を怠ってはなりません。

■ 1 土台の設置について　　　重要度：★★★

1-1 アンカーボルトの水平方向のずれ ★★★

　アンカーボルトの水平方向のずれ（写真-1○部分）がこの段階で顕在化する場合が多く，そうした意味でこの作業に立ち会うことは重要といえます。基礎工事の精度を考えれば，ある程度の誤差はやむを得ないと考えておかなくてはなりませんし，多少の不具合は必ず発生するという認識をもってこの作業に立ち会っていただきたいと思います。

写真-1

　アンカーボルトの位置が水平方向にずれている場合は，そのずれの程度が大きく，かつ構造的に重要な部分であれば基礎の打ち直しが必要なケースもあります。工事管理者の独断で判断することなく，必ず構造の知識のある専門家と相談して処置方法を決定していただきたいと思います。

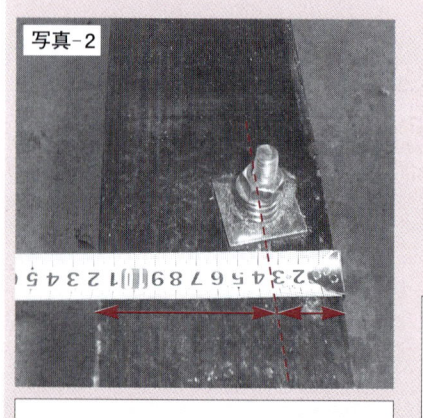

写真-2

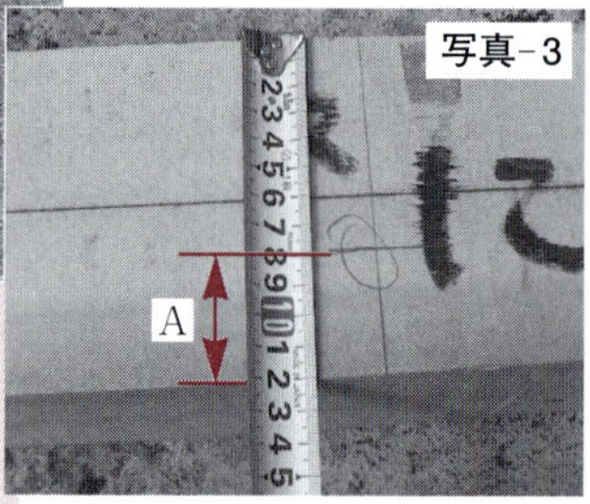

写真-3

　アンカーボルトの位置の不具合としては，44ページに載せた写真-1～3のような継手周辺部に関する不具合や，この事例（端部から33mmしか離れていません）のように，土台の端にアンカーボルトが寄ってしまうなどの不具合が代表的なものといえます。
　4章で述べた内容を実行していただければこうした不具合の多くは防げますが，それでも完全になくすことはできないと考えておいて下さい。

　アンカーボルトの「ずれ」に関する許容誤差については，公庫仕様書をはじめとしたその他の仕様書にも規定はありません。確かに土台にかかる力の大きさは個々の事例で異なりますので，一律に決めてしまうことには無理があるかもしれません。しかし，誤差がゼロという仕事は不可能であり，施工品質の確保という観点からは何らかの基準を設けておかなくてはならないといえると思います。
　そこで，2階建の木造住宅であれば，土台の端部からアンカーボルトの芯までを最低でも45mm以上確保する（写真-3のA部）ことを提案したいと思います。この45mmという数値は，土台と基礎の面がそろっている場合は，建築基準法で規定している布基礎立上り部分のかぶり厚さ40mmにぎりぎりの数値であり，また，土台寸法が120mm角の場合は，土台芯から15mmまで「ずれ」が許容され，ずいぶん緩い基準のように感じられるかも知れません。しかし，105mm角の場合は7.5mm以内の誤差に納めなければならず，これは田植え式ではなかなか確保できない高い精度といえると思います。
　筆者としては，この数値を押しつけるつもりはありません。読者それぞれのおかれた状況のなかで，最善と考える数値を事前に決めた上で職人さんの了解を得ておき，そして決定した以上はそれを厳格に適用していただきたいと思います。

1-2 アンカーボルトの垂直方向のずれ ★★★

アンカーボルトの垂直方向の「ずれ」もよく見られる不具合です。

2×4工法では座掘りを許しているので，在来工法でも**座掘り**（写真-4○部分）をしている事例を見受けますが，規定外の仕事であり，好ましくありません。

写真-4

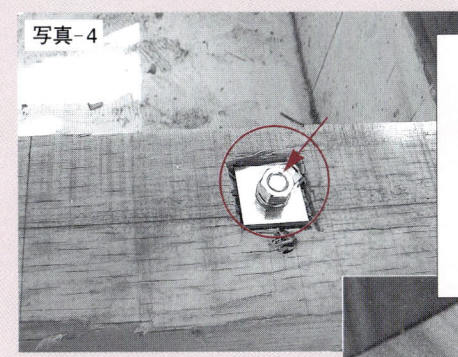

土台を座掘りしているにもかかわらず，アンカーボルトの頭が**ナットに沈んでおり**（写真-4矢印），ボルトがかなり沈んでいたことがわかります。ナットからアンカーボルトの**ネジ山を2〜3山以上**（写真-5○部分）は出すようにしていただきたいと思います。

前述した水平方向のずれと同様に，垂直方向のずれに関しても，そのずれの程度が大きく，かつその部分が構造的に重要な部分であれば，基礎の打ち直しが必要なケースもあり，逆にそれほど重要でなければ処置が必要ない場合もあります。したがって，施工管理者が独断で決めるのではなく，必ず構造の知識のある専門家と相談して処置方法を決定していただきたいと思います。

写真-5

1-3 基礎天端の墨の矩（直角）の確認 ★★

基礎天端の墨は以後の作業の基準となるものですので，その精度には十分注意しなければなりません。ここまでの工事の節目ごとに行ってきた「矩」（直角）の確認が欠かせませんが，大工さん1人での作業となる場合は対角線のチェックができませんので，**尺杖**（写真-7矢印）を使って直角を確認することになります。

ただ，施工管理者の方がいれば対角線の確認を実行でき，どちらかといえばこちらのほうが精度には期待できますので，そうした意味からもこの段階での施工管理者の立会いをお勧めします。

言うまでもないことですが，誤差がゼロはあり得ません。そして，その誤差が許容値を超えた場合は，修正するということが大前提です。しかし，公庫仕様書などでは許容誤差に関する規定はなく，施工側の判断に任されているというのが実情といえます。

大工さんは以降の工事での不具合は起こしたくないと考えていますから，何も言わなくても必要な修正は実行してくれます。ただ，許容誤差に関しては個人差があるといわなくてはなりません。これは，誤差の吸収を職人芸に期待しているともいえますが，これが行き過ぎると大工さんにすべて「おまかせ」となってしまい，誤差の大きいままで工事が進んでしまう危険性があることに注意していただきたいと思います。

写真-6の事例では約3mmの修正が行われていますが，誰に言われるでもなく，こうした作業を黙々とやってくれる職人さんを評価してあげてほしいと思います。

最初の墨
修正された墨

写真-6**

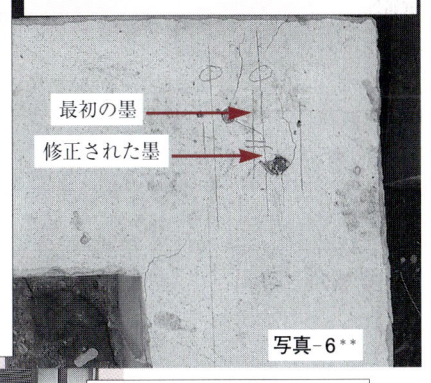

写真-7は，三角形の各辺を3：4：5とすることで矩の確認を行っているところですが，必ず複数個所を実行して，ケアレスミスを防いでいただきたいと思います。

写真-7**

1-4 ホールダウン金物の座金付きボルトについて ★★

ホールダウン金物の取付け方には，**アンカーボルトにより基礎と柱を直接緊結する方法**（図-1①）と，**座金付きボルトにより土台を介して固定する方法**（図-1②）の2つがあります。力の流れをみれば当然①が望ましいのですが，アンカーボルトの施工精度を確保することが難しく，通常は②による施工事例がほとんどといってよく，本書でも②をお勧めします。

また，**座金付きボルト**（写真-8①）の長さは筋かいとの取合いに影響を与えますので，軸組の状態を確認した上で適切な長さのものを使用する（101ページ写真-6，7参照）必要があることに注意して下さい。

なお，釘や一般的な金物は施工会社と大工さんとの取極め費用に含まれている場合が多いと思いますが，こうした金物は施工会社が支給することが多いようです。大工さん自身で金物を手配している場合には，不都合な施工が発生する可能性は少ないと思いますが，施工会社が支給する場合には，穴開け位置を大工さんが誤認しているようなことがないか，注意していただきたいと思います。

[Zマーク金物]（財）日本住宅・木材技術センターが強度実験などを踏まえて認定した木造住宅用の接合金物をいい，Zマーク金物と同等認定品とがあります。

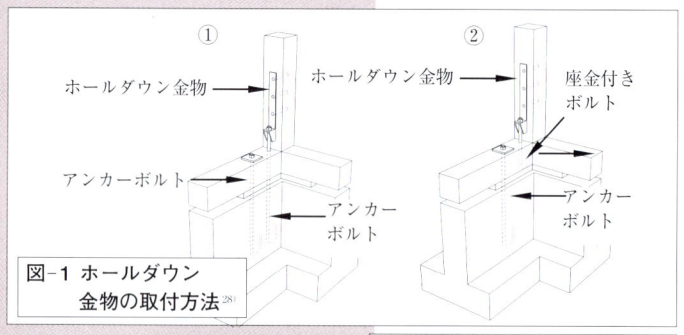

図-1 ホールダウン金物の取付方法[28]

写真-8**

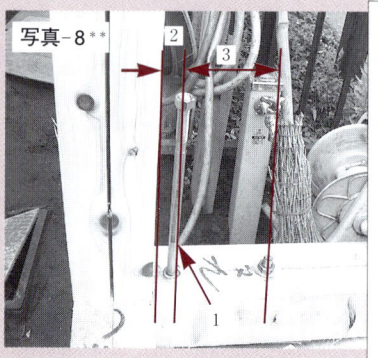

座金付きボルトを使用する場合は，土台設置と同時に取り付けることになりますが，ホールダウン金物のタイプ（図-2参照）によっては，柱からの**逃げ寸法**（写真-8②）が多少異なりますので注意が必要です。なお，アンカーボルトと座金付きボルトとの距離は，公庫仕様書で指定している**150mm**（写真-8③）を目安として下さい。

図-2 ホールダウン金物のタイプ[29]

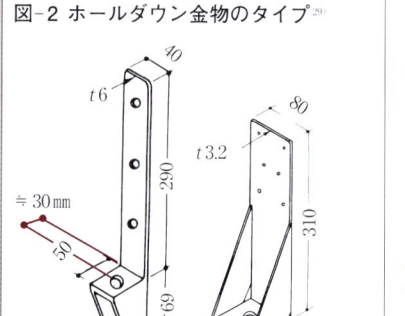

Zマークのホールダウン金物には，**S-HDタイプ**と**HDタイプ**とがありますが，柱からの逃げ寸法は図-2に記したように，それぞれの金物で若干異なりますので注意が必要です。

また，筋かいとの取合いを考えると，S-HDタイプのほうが納まりがよいようです。

筆者の周辺という限られた範囲ではありますが，5～6年前まではホールダウン金物を設けている事例を見ることはまれといってよい状況でした。それが，現在では2階建でも半数以上の事例でホールダウン金物が採用されている状況を見ると意識が変わってきたと感じますし，この点は評価したいと思っています。

しかし，構造計画を十分検討することなく安易にホールダウン金物に頼っていると感じられる事例も散見されます。はじめにホールダウン金物ありき，ではなくて応力の集中を避けた構造計画が前提にあり，その上でかど金物などの耐力では処理しきれない場合に，ホールダウン金物を設けるという姿勢をもってほしいと思います。

たとえば，建築基準法施行令第46条4項に規定されている倍率によって計算された同じ耐力壁長さをもち，平面と立面が同じ建物が2つあると仮定して，耐力の大きい壁を数少なく設けているほうを「建物A」とし，耐力の小さい壁を数多く設けているほうを「建物B」として両者を比較してみると，「建物A」はホールダウン金物が必須となる可能性が高いといえますが，「建物B」は山形プレートなどで処理しきれる範囲の応力で納まる場合もあるといえます。どちらにしろ適切な金物を使えばよいということではありますが，山形プレートなどでの処理で済ませることが可能となった建物は，個々の柱に発生する応力が小さく押さえられているということであり，ここにさらにホールダウン金物を使えば，より安全性の高い建物が実現できるということを理解していただければと思います。

1-5 土台レベル調整と座金について ★

基礎パッキンには，土台の**レベル調整用の部材**（写真-9 矢印）が用意されているものもあるようです。特にそうした既製品にこだわる必要はありませんが，レベル調整には耐久性の優れた素材を選択することをお勧めします。

また，アンカーボルトの座金に関しては，公庫仕様書には具体的な使用規定がありません。ただ，だからといってどのような座金を使用してもよいというわけではありません。必要に応じて使い分けてもらいたいと思います。

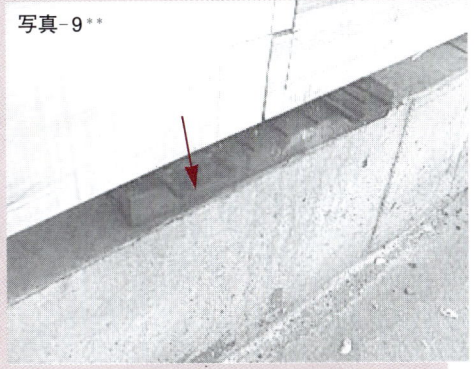

写真-9**

レベル調整材をまったく使用していない事例も見受けます。しかし，鳶さんが慎重に施工しても基礎天端のレベルが誤差なしというわけにはいきません。土台のレベルが上部の架構に与える影響の大きさを理解していただき，十分に時間をかけてレベルを調整してもらいたいと思います。

写真-10**

写真-11 アンカーボルトの座金
上段　　40×40
下段左　80×80
下段右　54×54

アンカーボルト「A」（47ページ参照）には40×40の座金が使用されますが，大きな引抜き力の働くことになる筋かい付きのアンカーボルトの座金には，できればJASS 11の規定に従い，54×54を使用することをお勧めします。また，ホールダウン金物を設けた部分のアンカーボルトには，**80×80の座金**（写真-10 ○部分）を使用していただきたいと思います。

■2 養生その他について　　　重要度：★

2-1 土台の養生と，柱との仕口について ★

土台と柱の仕口には「短ほぞ差し」が多く採用されているようですが，雨に降られると**ほぞ穴に水が溜まってしまいます**（写真1-○部分）。短ほぞ差しの仕口の土台には，養生シートをかけるか**テープでふさぐ**（写真2-○部分）などの配慮をお願いしたいと思います。

写真-1

写真-2**

「**長ほぞ差し**」（写真-3）とすれば，ほぞ穴が土台を貫通することになりますので，たとえ雨に濡れてしまっても水が溜まることがないぶん乾燥も早いといえますし，何よりも102ページ・図-2で述べているように，金物の固定に関して有効な点が評価できます。建方が終わってしまえばわからなくなってしまうことですが，できれば「長ほぞ差し」を採用することをお勧めしますし，だまっていてもそうした仕事をしてくれる大工さんを建築主の方々は評価してほしいと思います。

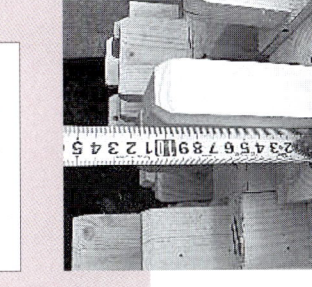

写真-3

2-2 火打ち土台について ★

作業の邪魔になるということがおもな理由だと思われますが，1階床に取りかかるまで**火打ち土台を設けない**（写真-4 点線部分）事例が少なくありません。しかし，精度の高い架構を組むためには，しっかり組まれた土台が必要なことは論を待ちません。

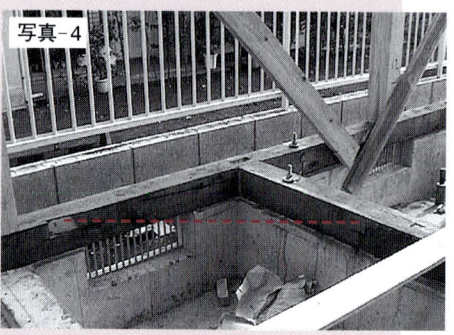

写真-4

写真-5

写真-6は，建方前に火打ち土台を取り付けている事例です。

作業の効率や安全も重要な要素ですが，それらを確保するために架構の精度に悪影響を与えるのでは本末転倒と言わなければなりません。こうした事例もあることを知っていただき，良いところは積極的に取り入れていただきたいと思います。

写真-6*

誤解を恐れずに言えば，1階の床組は土台が基礎コンクリートに緊結されていることから，火打ち土台がなくても2階の床組と比較するとかなり固まっている状態といえます。しかし，火打ち土台は建築基準法や公庫仕様書で設置が規定されていますので，構造用合板による剛床としない場合は必ず設けているといってよいと思います。その仕様の多くは，45㎜×90㎜の釘打ち仕様（写真-5 ○部分）となっていますが，こうした仕様では土台が開く方向に力を受けた場合には，ほとんど抵抗してくれないことを考えると，筆者はその必要性とともに，設けた場合の効果にも疑問をもっています。

いうまでもなく，火打ち土台は水平剛性を期待して設けるものですが，本当にそれを期待するのであれば，構造用合板を使用したほうが効果があるといえますし，火打ち材を使用するにしても，2階床の火打ち梁と同様に，90㎜角以上としてボルトで固定すれば，少なくとも写真-5の仕様よりは効果を期待できます。

いずれにしても，上部架構が固まってから取り付けている45㎜×90㎜の釘打ち仕様の火打ち土台には，仕口が緩いものが少なくないことなどからも，効果にはあまり期待できない場合が多いことを記しておきます。

2 建方，養生

過去の在来工法においては，建方は多くの職人さんが参加する一大イベントでしたが，最近では機械力を使って行う場合がほとんどであり，昔ほど多くの人手を必要としなくなりました。30坪程度の住宅で作業に加わるのは鳶さん，大工さん，そして重機のオペレーターさんの5〜6人程度で済ませてしまう場合が少なくありません。

そうしたことから，上棟式についても，これからの工事に関わる各職の職人さんたちが一同に会するものではなくなってきており，その意味も多少変質してきているといえるようです。しかし，建方が「施工品質の確保」を実現するために大変重要な作業であることに変わりはありません。この作業の重要性を理解していただき，適切な工事を行っていただきたいと思います。

■ 1 建方について　　　　　　　　　　　　　　　　　　　重要度：★★

1-1 垂直精度の確認(1)　★★

建方は鳶さんと大工さんの共同作業で行われますが，そのやり口は職人さんごとに多少ではありますが異なります。そして，その作業はそれぞれの職人さんが持っている過去の経験を踏まえて，ベストと考えている作業をしてくれるわけですから，作業手順などは職人さんに任せるほうがスムーズに運び，結果として良好な品質を得ることにつながる場合が多いといえます。

ただ，すべてを職人さん任せにしてよいというわけではありません。特に，精度確保に関しては，職人さんによるばらつきが大きいといわなくてはなりませんので，事前にこうした点について十分に打合せしておくことをお勧めします。

写真-1*

建方作業は，まず柱を建込むことから始まりますが，この段階から柱の垂直を確保しながら進める職人さん(写真-1)もいれば，特に確認することなく全体を組み上げてしまう職人さんもいます。

後者は，建方完了後には「建入れ直し」という作業が必ず行われますし，結果として精度が確保できればよいという考えであると思われます。確かにそうした考えも直ちに否定されるものではないと思いますが，建方が終った時点では，架構ががっちり固まってしまうことが多く，直しが困難な場合が少なくありません。こうしたことを避けるためには，やはり建方中の適切な時期での垂直精度の確認が欠かせないと理解していただきたいと思います。

写真-2*　写真-3

垂直度の確認にはさまざまな方法がとられます。いくつか例をあげれば，防風下げ振り(写真-2)，水準器(写真-3)，大矩(写真-4)などによる方法があります。

これらのうち，水準器は落下などによって狂いが発生している場合もあり，あまり精度には期待しないほうがよく，防風下げ振りが精度という点に関しては一番期待できるようです。ただ，3人一組で行う必要があり，手間がかかることが難点といえます。個々の現場状況を勘案し，最適な方法を選択していただければと思います。

写真-4

1-2 垂直精度の確認(2) ★★

建方作業の最初に取り付けられる筋かいは「仮筋かい」と呼ばれますが,「建入れ直し」の際に改めて取付け直されますので,**「仮の仮筋かい」**(写真-5矢印)ともいえるものです。

写真-5**

「仮の仮筋かい」には,**小さな断面寸法**(写真-5矢印)の部材が使われることがありますが,「建入れ直し」後に取り付けられる「仮筋かい」には,**大きな断面寸法**(写真-7矢印)の部材のものとすることをお勧めします。

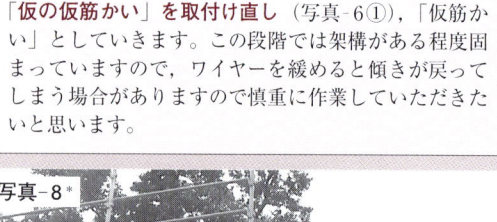

写真-6**

ワイヤーを引いて(写真-6②)傾きを調整しながら,**「仮の仮筋かい」を取付け直し**(写真-6①),「仮筋かい」としていきます。この段階では架構がある程度固まっていますので,ワイヤーを緩めると傾きが戻ってしまう場合がありますので慎重に作業していただきたいと思います。

写真-7**

写真-8*

同じ通りの柱であっても,傾きの方向が異なる場合があり,写真-8の事例では**防風下げ振りを2個所**(○部分)設けて最も適切な位置で固定できるよう配慮しています。より高い精度を確保しようとする姿勢として評価したいと思います。

「建入れ直し」を建方当日に行わない場合もあるようですが,野地板葺きまでをできるだけ短期間で乗り切るために,規模や作業条件などを考慮して,可能であれば職人さんを投入して建方当日に「建入れ直し」まで完了していただきたいと思います。

ただ,垂直精度は以降の作業の基礎となるものですから,建物の品質に大きく関わってきます。そういう意味では,十分に時間をかけて行う必要があり,単に人数が多ければよいというわけではないことを理解していただき,精度の確保に自信が持てない場合は翌日の作業としていただきたいと思います。

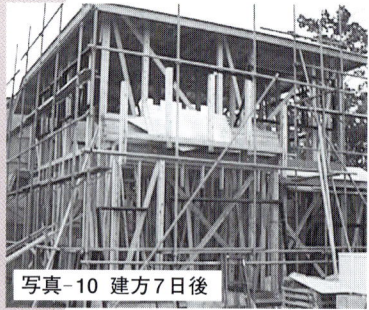

写真-9 建方4日後

写真-10 建方7日後

写真-9,10の事例では,野地板が葺かれるまで7日かかっています。つまり,それまでの間は雨が降れば濡れるままになっていたということであり,建築主の方の気持ちとしては,濡れ鼠になっている建物は見たくないはずです。こうした点も,この期間を短縮するをお勧めする理由の一つですが,92ページ・写真-3の手前の住宅のようにある程度養生ができれば,「建入れ直し」とそれ以降の野地板葺きまでの作業を無理に短縮せずに,じっくり行うという判断もあってよいと思います。

1-3 足場と施工品質との関係について ★

建方では，かなりな**危険をともなう作業**（写真-11）をしいられる場合が少なくありません。写真-13の事例は小数派ですが，このようにあらかじめ足場を組んでおく（先行足場）と作業が比較的楽になり，結果として良好な施工品質の確保につながるといえます。

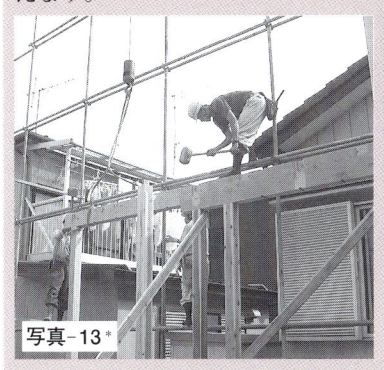

写真-11

仕口が固すぎて入らないなどで，多少の手直しが必要になることは避けられないといえますが，足場がないと写真-12のように不安定な場所での作業となる場合も少なくありません。危険であるばかりでなく，施工品質にも影響を与えるといえ，こうした点も先行足場の実施をお勧めする理由の一つです。

写真-12

写真-13*

1-4 落下防止ネットと施工品質との関係について ★

先行足場と同様に，落下防止ネットを設けている事例もあまり多くはないようです。厳しい価格競争の中では難しいことかも知れませんが，安全の確保は施工品質の確保につながると考えていただきたいと思います。

また，こうしたことを実行している施工会社を建築主の方々は評価してあげてほしいと思います。

写真-14*

ネットを設ければ落下事故を完全に防げるというわけではありませんが，足場板や仮設段階などが設けられることが少ない木造住宅の現場は，決して安全とはいえないことを理解していただき，できればネットを設けていただきたいと思います。

なお，ネットの使用期限を守ること，一度落下事故の発生したネットの再使用はしないことなどは，必ず守っていただきたいと思います。

1-5 仮筋かいの取付けについて ★

梁をあらわし材とする事例が最近は増えてきているようですが，仮筋かいの固定の際に，こうした面に釘を打ってしまうことのないように注意していただきたいと思います。

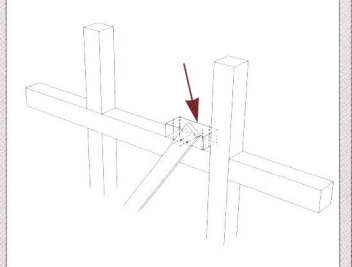

図-1(11) 仮筋かいの当て木

柱があらわしであるだけでなく，梁などの両面もあらわしとなっているような場合には，仮筋かいを取り付ける釘を打つ場所がないことになります。

図-1のような「**当て木**」（矢印）を設けるなどの工夫も，こうした場合の一つの解決方法だと思います。このような部分がある場合には，あらかじめ職人さんと具体的な処置方法について打合せを済ませておくことをお勧めします。

■2 養生について　　　　　　　　　　　　　　　　　　　　　　　　　　重要度：★★★

2-1 柱の養生について ★

　あらわし仕上げとなる柱や梁の**養生紙**（写真-1）は、ほとんどの事例で実施していると思います。これは汚れや日焼け防止の意味と、建方作業を行う職人さんたちへの「これはあらわし材ですので注意して扱って下さい」とのメッセージでもあります。ただ、この養生紙があると、逆に日焼けの境目ができたりすることもあり、特に梁をあらわしの仕上げとする場合などには、養生紙を避けたほうがよい場合もあります。

写真-1

　狭いスペースの中での作業では、特に柱のコーナーなどは傷をつけやすい部分といえます。必要に応じて**カバー**（写真-2矢印）を設けて保護するようにしていただきたいと思います。
　なお、養生紙なしで施工しても、あらかじめ職人さんたちにそうした方針であることを徹底しておくことで、特に不都合なく施工できた事例もあります。ただ、雨に濡れてしみが残ることがありますので、シートなどによる養生が不可欠であることに注意して下さい。

写真-2*

2-2 建方完了後の養生について ★★

　野地板が葺かれれば、十分ではないにしても雨の影響をかなり少なくすることができます。そうした意味からも、野地板葺きまでの作業は建方完了後の最優先に行うべき作業の一つといってもよいと思いますが、その所要日数は施工事例によって大きなばらつきがあるのが実情です。できるだけ早く屋根工事に取り掛かれるように、野地板完了までの期間だけでよいですから職人さんを増員するなどの配慮をしていただければと思います。

写真-3 右側の建物のみ**

写真-4

　写真-3の奥の住宅は、一部の野地板が施工されていない段階ですが、養生シートは掛けられていません。確かに、**屋根全体を覆うシート**（写真-3：手前）を掛けることは大変な手間ではありますが、野地板の完了までに日数がかかるのであれば、こうした配慮は欠かせません。なお、当然ですが、シートは風の影響を大きく受けます。安易にシートを掛けると周辺に被害を与える場合もありますので十分な注意が必要です。

　バルコニーの下部が居室になっている場合は、**養生が不十分**（写真-4）になりがちです。防水が完成するまでは、**きちんとした養生**（写真-5）を欠かさないよう注意が必要です。

写真-5*

6章

上棟以降に大工さんが行う仕事に関し確認しておきたいこと

小屋組，野地板
軸組
床組
金属製建具工事
本書に記載した建材と有害性情報
内部造作工事
外部造作工事
断熱工事

1 小屋組，野地板

　小屋組とは，軒桁，梁，小屋束，母屋，垂木，桁行筋かいなどで組まれた架構をいいますが，これらの部材の使われ方や金物の取付け方などに，不適切な施工が散見されます。
　この工事は，前章で述べたように，雨などの影響から早く免れるために職人さんを集中的に投入して，短期間で完了することが望ましいといえますが，そのために不十分な施工となってしまうことのないように注意していただきたいと思います。
　なお，ここで取りあげている記載内容は，ごく一般的に見られる架構を対象としていることをお断りしておきます。

■ 1 小屋組について　　重要度：★★

1-1 小屋部分の筋かいにその他ついて ★★

　在来構法の小屋組としては，いわゆる「和小屋」と呼ばれる架構が採用される場合がほとんどといえますが，「洋小屋」と比較するとあまり耐震性は高くないことに注意しなくてはなりません。
　しかし，耐震性を担保するために重要な「桁行筋かい」などの部材について，公庫仕様書の本文には釘に関する規定はあるものの，部材の断面寸法は指定されておらず，解説図に「貫(ぬき)程度とする」と書かれているだけです。もちろん，たいていの大工さんは規定がなくてもきちんとした仕事をしてくれますが，不十分な仕事を見受けることもありますので注意が必要です。

写真-1
小屋筋かい
桁行筋かい
振れ止め

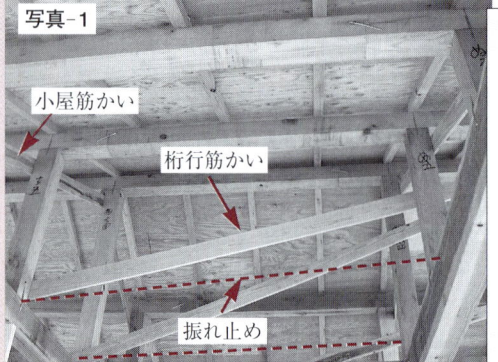

　地震などの水平力に対する配慮として，写真-1に示した「小屋筋かい」，「桁行筋かい（雲筋かい）」，「振れ止め（この事例には付けられていませんので，点線で表示しました）」などの処置が必須と考えていただきたいと思います。なお，この事例では桁行筋かいが一方向のみに設けられていますが，たすきがけに設けることを原則としていただきたいと思います。

写真-2

写真-3

　写真-3の事例の桁行筋かいには**モルタル**（矢印）が付着していますが，遣り方や基礎工事などに使われた材を使い回したのではないかと思われます。こうした施工が行われてしまうことと公庫仕様書に寸法などの規定がないこととの間に相関関係があるとは思いたくありませんが，材種や寸法は特記仕様書などで規定しておくことをお勧めします。

　写真-2の事例に使われている小屋筋かいやその他の部材は，写真-1に比べると**寸法が小さいこと**（矢印）がわかると思います。最低でも15mm×90mm，できれば30mm×90mmのサイズのものを使用し，釘も30mm×90mmの場合はN75程度は使用してほしいと思います。
　なお，この事例では桁行筋かいはたすきがけに施工されており，この点は評価できます。

1-2 垂木について ★

垂木の**継手位置がそろってしまった事例**（写真-4 ○部分）がよく見受けられます。公庫仕様書にも記載されているように継手位置は乱に配置すべきですが，現実には守られていない事例がほとんどといえそうです。

また，取付け金物としては「ひねり金物」が使われる場合が多いといえますが，正しい使い方をしている事例が少ないことも指摘しておかねばなりません。

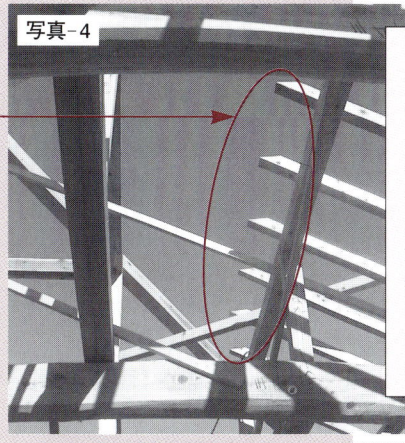

写真-4

垂木の継手は母屋の上で行うように公庫仕様書では規定されていますが，これについても守っていない事例が少なくありません。位置を乱に配置することは，手間がかかるなど，なかなか難しい問題であることは理解しますが，無駄が出ないようにするということを理由にするのは許されません。

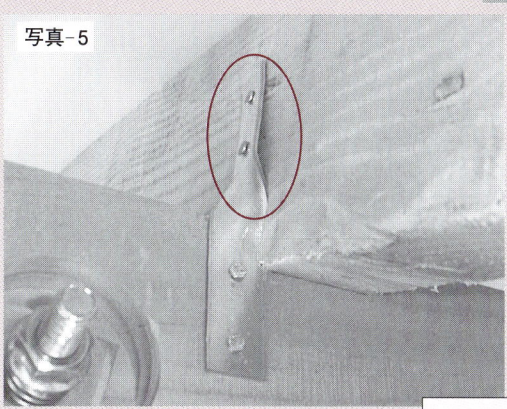

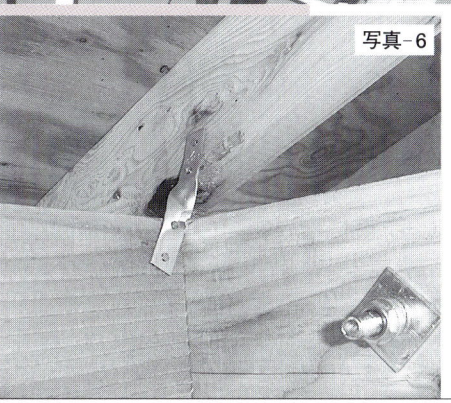

写真-5

写真-6

「ひねり金物」（写真-5, 6）は山側に設けるのが原則です。谷側に設けるとひねりの部分が部材に当たるため，きちんと取り付きません。金物が**浮いてしまう**（写真-5 ○部分）と所定の耐力を得られませんから，必ず山側に取り付けていただきたいと思います。ただし，山側に設けた場合，**梁と取り合う部分**（写真-6）はきちんと取り付けられませんので，そうした部分は下記の谷側に設けることのできる金物を使用していただきたいと思います。

なお，「ひねり金物」は長さが90mm，120mm，150mmの3種類が用意されていますので，勾配や軒の出寸法に合わせて使い分けていただきたいと思います。

谷側に設けることのできる金物としては，「**くら金物**」（図-1），「**あおり止め金物**」（写真-7矢印），「**折曲げ金物**」（図-2）などがあります。

いずれの金物を使用する場合でも，釘穴が部材から外れたり，材端になってしまうことのないよう注意が必要です。

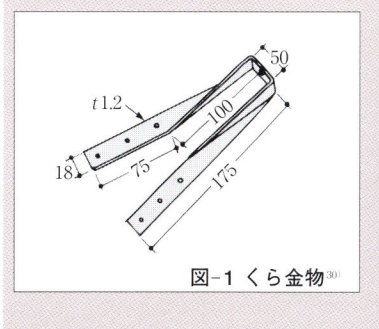

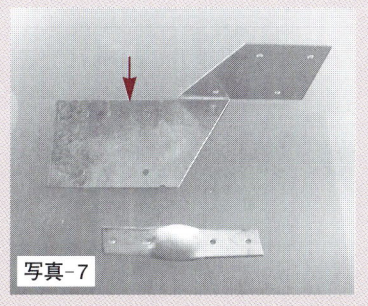

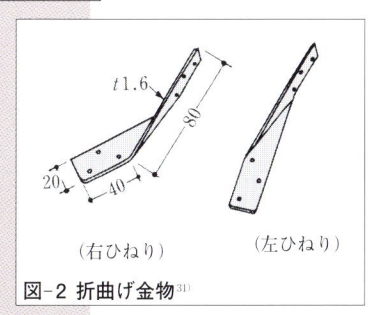

図-1 くら金物[30]

写真-7

図-2 折曲げ金物[31]
（右ひねり）（左ひねり）

1-3 小屋束について ★

公庫仕様書では仕口部の金物として「**かすがいの両面打ち**」（写真-9）か「**ひら金物**」（写真-8）のどちらかとするように規定していますが，かすがい片面打ちとなっている事例も少なくありませんので注意が必要です。

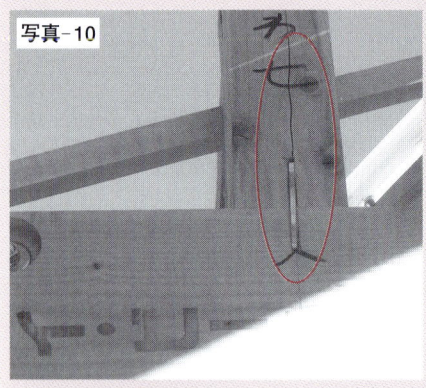

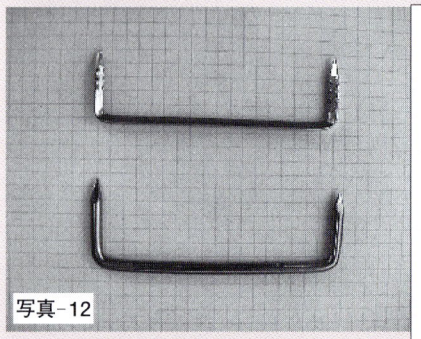

写真-10

写真-8**

写真-9**

写真-11

写真-12

かすがいは径が太いこともあって，打ち込む際に**材を割りやすい傾向**（写真-10）がある上に，打込み深さもひら金物の釘の長さに比べて短いことから，筆者としてはできればひら金物を使用することをお勧めします。また，束と取り合う部材と束との断面寸法が異なる場合は，いずれの金物を用いても，**浮いた形で取り付けられる**（写真-11○部分）ことになりますので好ましくありません。写真-8のように，束と桁や梁は同寸の材とすることをお勧めします。

なお，かすがいには抜けにくさに配慮して，**先端にきざみをつけた製品**（写真-12：上）もあるようです。**通常のかすがい**（写真-12：下）よりは抜けにくいようですので，かすがいを使用する場合は前者（写真-9の事例はこれを使っています）を選択することをお勧めします。

■2 野地板について　　　　　　　　　　　　　　　重要度：★

2-1 挽板について ★★

現在では，野地板には合板を使用する場合がほとんどであり，挽板を使用する事例は少数派と思われます。ただ，筆者としてはホルムアルデヒドの問題から，F1（Fc0）規格であっても積極的には合板はお勧めできないと考えており，そうしたことからここで取りあげていることをお断りしておきます。

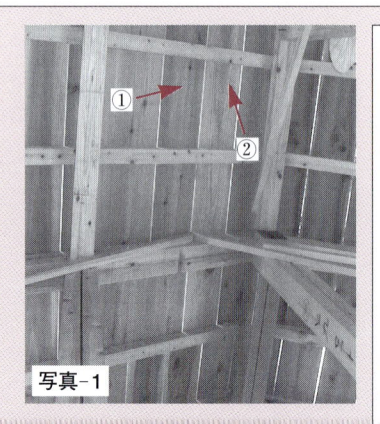

写真-1

耐腐朽の観点からは，できるだけ**心材**（写真-1①）を使用し，**辺材**（写真-1②）は避けることをお勧めします。この事例ではスギを使用していますが，心材は赤身ともいい，濃色をしており，辺材は白太と呼ばれているとおり，白い色をしていますので容易に区別ができると思います。ただ，心材は辺材に比べて含水率が高くなっていますので，きちんと乾燥された材を使うようにしていただきたいと思います。

なお，公庫仕様書では使用部位ごとに釘の仕様を規定してはいませんが，野地板にはできればステンレス釘を使用することをお勧めします。

2-2 合板について ★★

構造用合板を使う場合はＦ１（Fc0）タイプを使用することをお勧めしますが、同じＦ１タイプであっても放散量には差がありますので、できるだけ放散量の少ない製品を使用することをお勧めします。

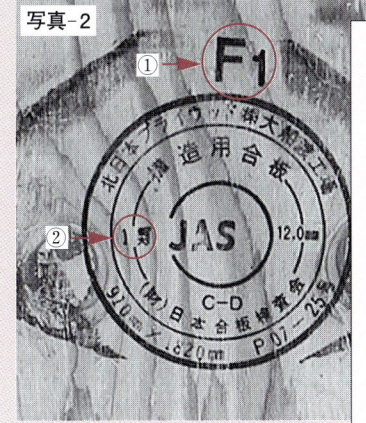

写真-2

合板の規格については、製品に押されているスタンプで確認できます。

写真-2に構造用合板の例をあげましたが、ここにはホルムアルデヒドの規格（①）や接着性能（②）が表示されています。後者の接着性能に関しては、公庫仕様書では野地板は１類でもよいことになっていますが、できれば性能の高い特類を指定することをお勧めします。それは木造住宅の屋根防水に完璧さを求めるには無理があり、多少の雨水の浸入を前提としておいたほうがよい、と筆者が考えていることによります（140ページ・7章「1 屋根工事」の項参照）。

なお、ホルムアルデヒドの放散量に関するJAS規格の表記が、2000年5月以降の製造分から変わりましたので注意して下さい（112ページ参照）。

写真-3**

２×４の公庫仕様書では、野地板は千鳥に張る（写真-3）ように規定されていますが、在来工法の公庫仕様書にはそうした規定はありません。写真-4のように、いわゆる「いも」に張る事例が多いようですが、千鳥に張ることで得られる剛性は在来工法でも有効であり、できれば「いも張り」は避けていただければと思います。また、使用釘については前ページにも記載したように、ステンレス製とすることをお勧めします。

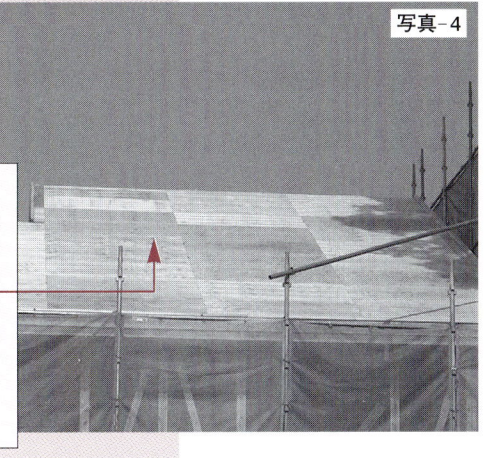

写真-4

■3 各種金物の素材について　　　　　　　　　重要度：★★

小屋組回りに限らず、木工事で使われる各種の金物や、基礎工事で使用されるアンカーボルトなども含めて、いわゆる軀体工事に使われる金物のそのほとんどが鉄製です。もちろん、これらにはめっきが施されていますが、耐久性という観点からは決して十分とはいえない、めっき層の薄い製品も少なくありません。

50年あるいは100年といった長寿命をうたった住宅では当然ですが、普通の仕様の住宅であっても、予算的に許されるならば、ステンレスなどの耐食性の高い素材を使用していただければと思います。

2 軸組

　軸組とは，土台，柱，胴差し，桁などで組まれた架構をいい，組み上げた各部材は金物や釘などで固定されます。すでに2章で，起きがちな架構の問題点に関して述べていますので，ここではそれ以外の問題点や注意点などについて記載します。

　一昔前は，自分の技術に対するプライドから，金物を使うことに抵抗感を示す大工さんが少なくなかったようですが，現在ではそのような大工さんは少数派となっているようです。しかし，せっかく金物を使っていても不適切な使い方をしているために，金物の効果を十分発揮させていない事例も見受けられますので注意が必要です。

　なお，ここで取り上げている記載内容は，ごく一般的に見られる架構を対象としていることをお断りしておきます。

■ 1 筋かいについて　　　　　　　　　　　　重要度：★★★

1-1 筋かい金物について ★

　筋かい金物は大別すると，**プレート型**（写真-1：右）と**BOX型**（写真-1：左）の2種類があります。金物メーカーがそれぞれに工夫した製品を造っていますが，特別な理由のない限りZマーク金物か同等認定品を使用することをお勧めします。

　多くの場合，外壁の作業に支障が少ないことや，土台と柱に断面寸法の違いがあっても取付けに問題がない，などの理由からBOX型が使われているように思いますが，どのような金物を使用するにしても，筋かいの倍率に適合した金物を指定通りの釘やビスを使って取り付けることで，初めて所定の耐力を得ることができる，という基本を忘れてはなりません。

写真-1

写真-2

　筋かい金物で指定されている釘やボルトは，それぞれの金物によって異なります。たとえば，1.5倍の筋かいプレートBP（写真-1：右）には**Z釘**（ZN65）（写真-2②）と角根平頭ボルト（写真-2④）の併用が指定されています。このZ釘は，同じ長さの**JIS規格釘**（N65）（写真-2①）の断面積と比べて約2割ほど大きくなっており，せん断力は断面積に比例しますので，Z釘の使用を前提としている金物にJIS規格釘を使用すると，所定の耐力を得ることができません。

　また，ビスだけで止める製品（99ページ・写真-4,5）もあれば，**スクリュー釘**（写真-2③）と角根平頭ボルトとの併用を指定している製品（筋かいプレートBP-2）などもありますので，事前に指定されている釘その他を確認しておき，間違いのない使い方をしているか必ず確認して下さい。

　なお，前ページでも述べましたが，筋かい金物に限らず，軸組に使用するほとんどの金物や釘には，めっきが施されていますが，これで錆の発生を完全に防げるわけではないことは言うまでもありません。通常の予算の工事では難しいとは思いますが，余裕がある場合は，ステンレスなどの防錆性能の高い素材の金物や釘などを使用することをお勧めします。

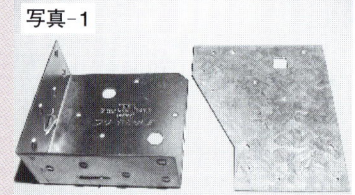

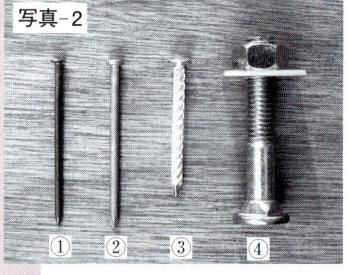

写真-3

　公庫仕様書では，筋かいの断面寸法が45mm×90mm（つまり2倍筋かいということです）であっても，筋かいの仕口部の金物は「**ひら金物**」（写真-3①）でよいことになっています。しかし，架構の状況によってはひら金物の耐力を超えた力が働く場合があり，筆者としてはこの規定は問題があると考えています。ただ，筆者の周辺という限られた範囲ではありますが，写真-3のような仕事はほとんど見かけることはなくなり好ましいことだと思っています。

　なお，この事例では基礎と土台の寸法が異なるために，**山形プレート**（写真-3②）も含め金物が曲がって付けられていますが，こうした仕事は好ましくありません（103ページ参照）。

1-2 筋かいの断面寸法と金物の不具合事例について ★★

言うまでもないことですが、筋かいに耐震上の効果を期待するには、ある程度以上の断面寸法が必要です。

建築基準法に規定されている筋かいの最小断面寸法は6つ割り筋かい（15mm×90mm：引張り力の負担のみ）ですが、公庫仕様書では3つ割り筋かい（30mm×90mm）以上を指定しています。この規定があるためか、現実には6つ割り筋かいが使われることはほとんどないようですので、この点に関しては公庫仕様書の効果を評価したいと考えています。しかし、阪神大震災の被災事例やそれを受けて行われた多度津での振動実験結果を見ると、3つ割りでも不十分な場合があると考えておいたほうがよいように思われ、できれば1階回りには2つ割りを使うことをお勧めします。

ただ、せっかく十分な断面寸法の筋かいを使っていても、金物の重要性をよく認識していない不十分な施工が散見されます。右記はそうした事例の一部です。

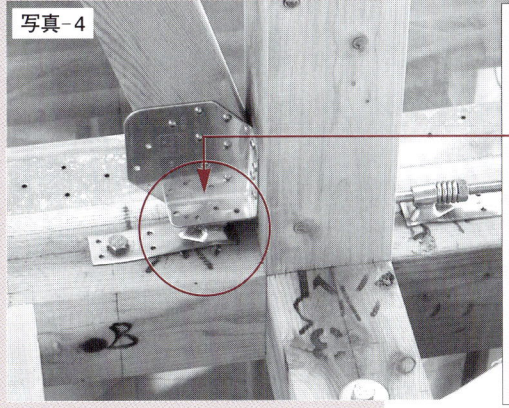

写真-4

羽子板ボルトとぶつかっている部分の**ビスが打たれていません**（○部分）ので、当然ですが所定の耐力を得ることはできません。羽子板ボルトの位置を変えるなどの処置をしていただきたいと思います。

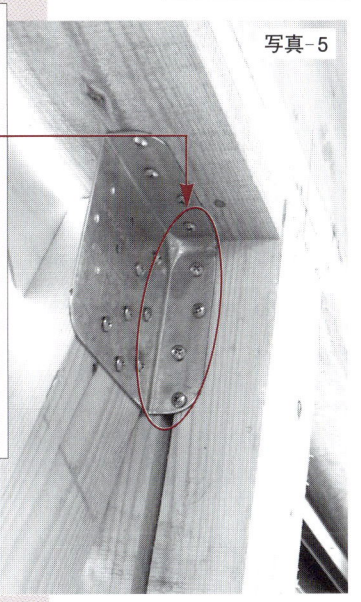

写真-5

背割り面にBOX型の筋かい金物が取り付けられていますが、この部分の**ビスはほとんど効いていない**（○部分）と思われますので、所定の耐力は期待できません。

こうした問題が起きないように、刻み段階での配慮が欠かせませんが、それでも問題の発生をゼロにはできません。こうした個所を目にした場合はこのままにすることなく、プレート型を使用するなどの処置をとっていただきたいと思います。

1-3 たすきがけ筋かいについて ★★

たすきがけ筋かいは、仕口部の固定が釘打ち程度でも左右のそれぞれの方向の筋かいが抵抗してくれますので、そうした意味では耐震上非常に有効なものといえます。

しかし、右に記した問題のほか、断熱材を切断せざるを得ない場合がある（134ページ「1-2 筋かいとの納まりについて」参照）など、施工上注意しなければならない点が多いことを知っておいていただきたいと思います。

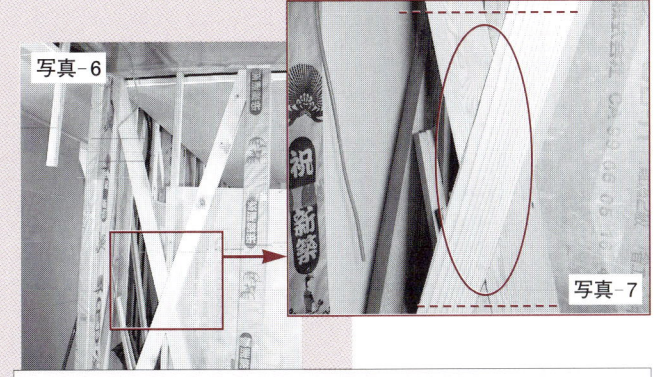

写真-6

写真-7

たすきがけ筋かいを、引戸などのために壁の厚さが薄くなっている部分に設けてしまったために、**片側を切断**（写真-7 ○部分）せざるを得ないことがあります。

こうした場合には、点線部位置でボルトで縫うなどの処置をすることもあるようですが、効果はありません。片方の筋かいを他の個所に振り替えるなどで、この部分を片筋かいとして処置することをお勧めします。

1-4 面材耐力壁による架構について ★★★

面材耐力壁を，筋かいと併用したり，単独で使用する架構が増えているといえるようですが，施工状態に不十分なもの（130ページ・写真-10参照）が散見されますので注意が必要です。

図-1，2は3尺×6尺サイズの構造用合板を使用した場合の公庫仕様です。
釘のサイズやピッチ（①）などを守り，必要に応じて受け材（④）を設けなければなりません。

釘と合板端部までの寸法（⑤）の規定はありませんが，剛床の規定（106ページ参照）を準用することをお勧めします。

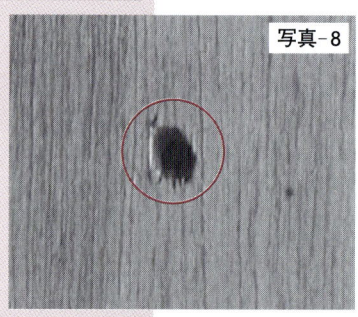

金物によって合板が欠かれた部分（③）がある場合は，釘を打ち増し（図-1：②○部）する必要があります。

面材耐力壁を上下階の同位置に設ける場合は，胴差し部で6mm以上のあき（⑥）をとる必要があります。

写真-8

写真-9

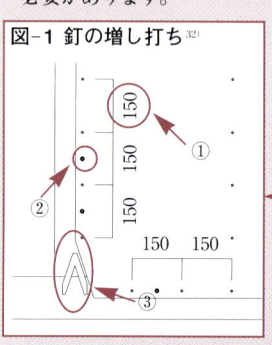

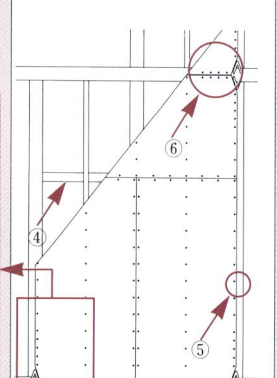

図-1 釘の増し打ち(32)

図-2 構造用面材の張り方(33)

現在では，ハンマーを使わずに釘打ち機を使用する場合がほとんどであると思いますが，打撃力が強すぎると釘の頭がめり込んで（写真-8）しまいます。これでは，規定どおりの釘を規定どおりのピッチで打ったとしても，所定の耐力が得られない場合があります。必ず，釘頭を残す（写真-9）ように打撃力を調整して打つようにしてもらって下さい。

■2 柱と横架材の取合いについて　　　重要度：★★★

2-1 羽子板ボルトについて(1) ★★

Ｚマーク金物の羽子板ボルトには，ＥタイプとＦタイプとがありますが，図-1を見ていただければその違いはボルトとプレートとの位置関係（○部分）であることがわかると思います。

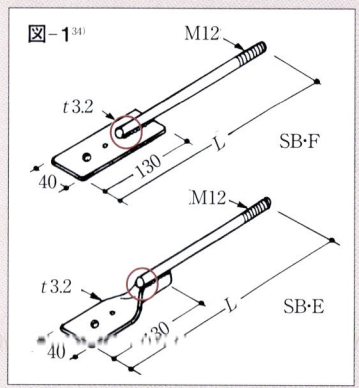

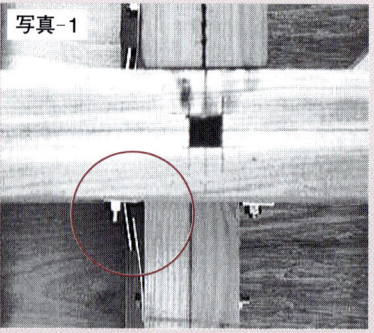

写真-1

写真-2

図-1(34)

取付け用のボルト穴を開ける場合，仕口の刻み位置とボルト穴が接近し過ぎるのは好ましくありませんから，ほとんどの大工さんは多少離れた位置にボルトの穴を開けてくれます。

そのこと自体には問題はありませんが，こうした場合にＦタイプを使用すると，プレートが浮いてしまう（写真-1○部分）ということになります。

羽子板ボルトは，仕口の外れ防止が主目的といえますので，プレートが浮いていることでそうした目的が果たせなくなっているわけではありませんが，Ｅタイプを使用すれば，浮くことなく（写真-2○部分）納まります。

できればきちんと納めてもらいたいと思いますので，筆者としてはこうした納まりの場合はＥタイプを使用することをお勧めします。

2-2 羽子板ボルトについて(2) ★★

写真-3

前ページで述べたように，本書ではおもにEタイプを使用することをお勧めするという姿勢に変わりありませんが，Fタイプを使うことで納まりがうまくいく場合もあります。

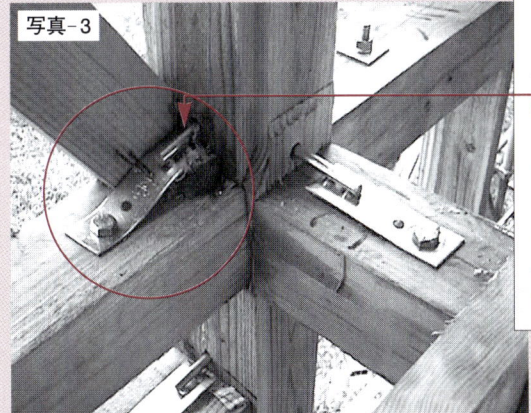

写真-3は，Fタイプを使用してボルトを交差させている事例ですが，**プレート部分が浮いている**（○部分）のがわかると思います。

こうした問題は写真-5のように，EタイプとFタイプを使用して交差させることや，羽子板ボルトの位置を変えることなどで解決できます。現場の状況に合わせて最適な処置方法を選択していただければと思います。

写真-4

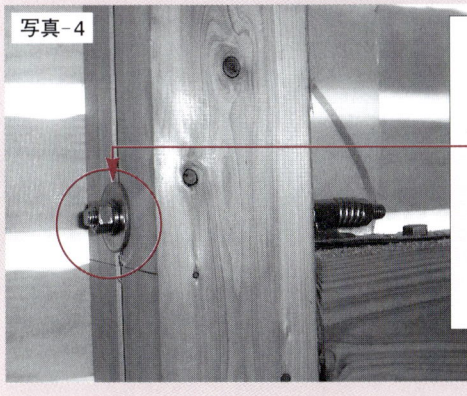

写真-4の事例では，**背割りの部分にボルトが付けられています**（○部分）が，できれば背割りと直交方向に付けることを原則としていただきたいと思います。

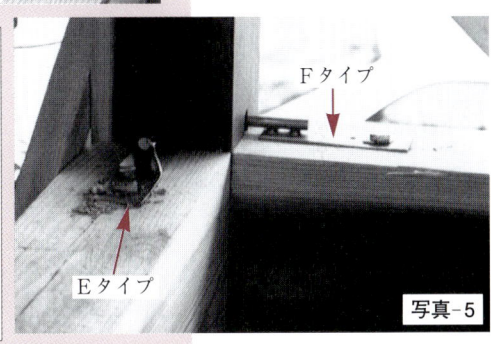

Fタイプ
Eタイプ
写真-5

2-3 ホールダウン金物と筋かいとの取合いについて ★★★

写真-6

座金付きボルトが短いために，ホールダウン金物が**筋かいを欠いてしまっている**事例（写真-6 ○部分）を散見します。座金付きボルトには150mm〜600mmまでの長さの製品が用意されていますので，筋かいの勾配に合わせて適切な長さを選択すれば，こうした問題は発生しないことを理解していただきたいと思います。

写真-7

写真-8

写真-6のような問題を避けるために，ホールダウン金物を柱心からずらして設けるように勧めている施工の参考書もあり，これはそうした指示を実行した事例の一つといえそうです。しかし，**座金付きボルトと土台端部までの寸法**（写真-8のA部分）が小さくなりすぎるなどの問題が起こりがちであり，こうした処置はお勧めできません。

筋かいをかわせるだけの長さの「**座金付きボルト**」（写真-7 ○部分）を使用すれば，筋かいを欠いてしまうようなことはありません。土台取付け時点で適切な長さの製品を選択しておかねばならないことを，写真-6，7を見てご理解いただければと思います（86ページ「1-4 ホールダウン金物の座金付きボルトについて」参照）。

2-4 ホールダウン金物のその他の不具合事例について ★★★

写真-9

ホールダウン金物の固定ボルトが**背割り部に設けられている事例**（写真-9）を散見します。背割りと直交している場合に比べ，引抜き力が加わった際に柱が破壊されやすいといえ，こうした問題を発生させないためには，刻みの段階からの配慮が欠かせないということを理解していただきたいと思います。

前ページで述べたように，ホールダウン金物を偏心させて設けることは好ましくありませんが，**和室の場合はずらさないと納まらない**（写真-10）場合があります。こうした柱には，そもそもホールダウン金物を必要としない構造計画とするなどの配慮を設計者の方々にはお願いしたいと思います。

写真-10

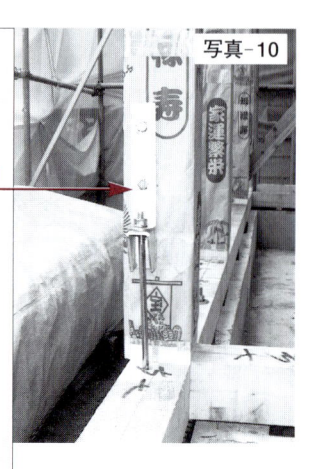

2-5 かど金物，山形プレートについて ★★

筋かい金物と同様に，取付け釘やビスの仕様が指定されていますので，それを守ることと取付け位置を誤らないことが重要です。

写真-11

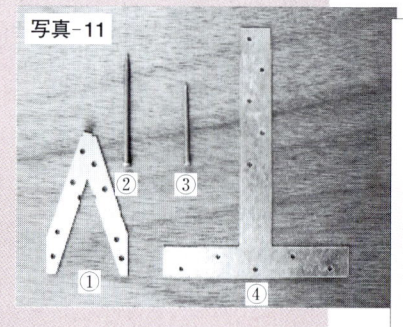

写真-11①がZマーク金物の山形プレート，同④がかど金物ですが，前者は**ZN90**（②），後者は**ZN65**（③）が指定されています。山形プレートにZN65を使用してしまうと，期待した耐力が得られませんので注意が必要です。

なお，ZN90は特に太くて長いので，材端に打ち付けると材を割る危険性がありますので注意していただきたいと思います。

写真-12

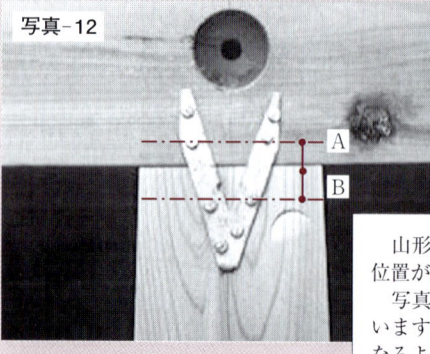

山形プレートやかど金物には，決められた取付け位置があります。

写真-12の事例では，A寸法が多少小さくなっていますが，材端と釘の寸法は上下がほぼ同じ寸法になるように取り付けていただきたいと思います。

かど金物と山形プレートの許容耐力は，ともに600kgfです。ただ，柱と横架材の仕口と釘の関係を示せば図-2のようになり，かど金物の釘は柱の**ほぞ部分に半分ほど打ち込まれたところで止まって**（写真-2①）しまいます。一方，山形プレートのほうは釘が長いためにいわゆる**「込み栓」の形に近いもの**（写真-2②）になっており，釘のせん断力をより有効に使えるということがわかると思います。こうしたことから，筆者としては，許容耐力は同じではあるものの山形プレートのほうを採用することをお勧めしたいと考えています。

なお，短ほぞとすると，釘から**ほぞ端部までの寸法が十分にとれない**（図-3A）ことになり，こうした意味からいえば，長ほぞが好ましいということを理解していただけると思います。

図-2 かど金物と山形プレートの釘と長ほぞの関係

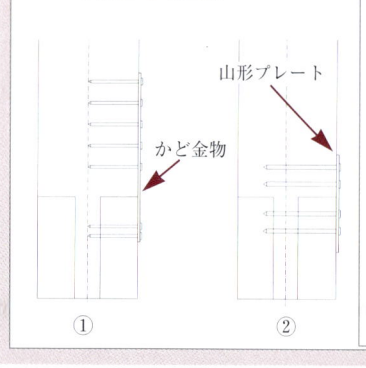

図-3 かど金物の釘と短ほぞの関係

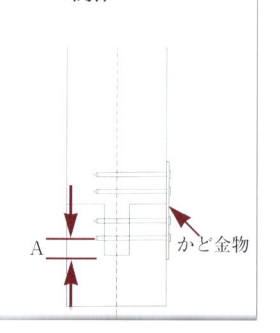

2-6 かど金物，山形プレートの不具合事例について ★★

柱と横架材の断面寸法の違いによって，**金物が曲がって取り付けられている事例**（写真-13, 15）や，**背割りとの取合いを誤った事例**（写真-16, 19）などの不具合施工が散見されますので，注意が必要です。

なお，この金物については複数の金物メーカーが独自の工夫を盛り込んだ製品を数多く造っていますが，ここに載せたものはその一部であり，Ｚマーク同等認定品であれば金物自体に問題はなく，使い方に問題があると理解していただきたいと思います。

写真-13

写真-14

写真-15

写真-13のように金物が浮いた状態や，写真-15のように金物を折り曲げて取り付けてしまっては，所定の耐力は期待できません。金物の使用が前提となっている現在の建築工事では，部材の断面寸法の調整が重要であることをこれらの事例を見て理解していただきたいと思います。

なお，この段階になって段差を調整するには**部材を欠く**（写真-14 ○部分）しかないことになりますが，その欠込みがあまりに大きくなるような場合は好ましくありませんので注意が必要です。

写真-16

写真-17

写真-18

背割りと取り合ってしまっている事例が少なくありませんが，**これらの釘**（写真-16 ○部分）には耐力は期待できません。**背割りをまたぐように使えば**（写真-17）問題を避けることができますが，写真-16のタイプは背割りを避けた使い方ができませんので，筆者としては写真-17のタイプを使用することをお勧めします。ただ，大工さんの中にはせっかく写真-17のタイプを使っていても，**背割りを避ける使い方をしてくれない場合**（写真-19 ○部分）もありますので注意が必要です。

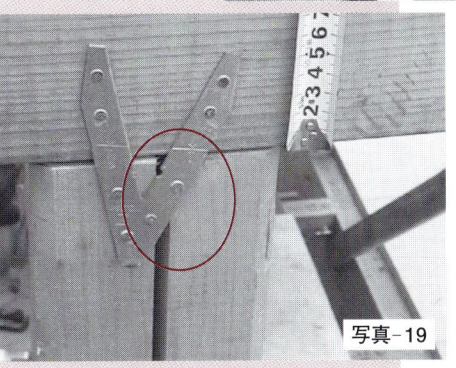

かど金物を出隅部に２枚使いとする場合がありますが，背割りに取合う場合には，山形プレートと同様に端部から離して設けて下さい。写真-18の○部分の事例は接近し過ぎといえます。

写真-19

3 床組

　床組とは土台，大引き，梁，根太，床束などで組まれた架構をいい，組み上げた各部材を金物や釘などで固定していきます。2章で架講の初歩知識として，起きがちないくつかの問題点に関し述べていますので，ここではそこで取りあげた以外の問題点や注意点などについて記載しています。
　なお，ここで取り上げている記載内容は，ごく一般的に見られる架講を対象としていることをお断りしておきます。

■1　1階の床組回りについて　　　重要度：★★

1-1　床束について　★★

　最近では，床束に**金属製**(写真-1，2)や樹脂製のものを使用する事例が多くなっているようです。レベル調整が容易なことや，木製の床束とする場合は，乾燥材を使用しないと床の傾きやきしみの原因となることがありますので，こうした傾向も否定はできないと感じてはいます。
　ただ，固定に際し**接着剤の使用が前提**(写真-1，2○部分)となり，さらに言えば，写真-2のように50㎜近い高さの床束の足元をつないでいない施工も見受けられます。束の高さが高い場合は，地震時などの安全性に欠けると思われ，こうした点などを考えると，筆者としてはあまり積極的にはお勧めできないと感じています。
　なお公庫仕様書では，床束と大引きの仕口部にはかすがいか平金物のどちらかを設けるように規定されていますが，小屋組のところでも述べたような理由から，できれば平金物を使用することをお勧めします。

写真-1

写真-2

写真-3

写真-4*

　床束と大引きを**番線**（矢印）で止める仕様もよく見受けられますが，それで金物が省略できるというわけではありません。この事例では○部分に金物が取り付けられていないだけでなく，番線の締め方も緩く好ましくありません。

　通常は，1階の根太は45㎜×45㎜程度の材を使用する場合が多いといえますが，**2階に使用する寸法**(45㎜×105㎜程度)の材とすることで床束や根がらみを省略する構法もみられるようになってきました。4章「6 基礎工事」で述べたように，防湿コンクリートの場合は転圧が不十分となる場合が多く，この点も考えると床束に頼らないこうした仕様はお勧めできると思います。

1-2 1階床下回りの部材の材質について ★★

改めていうまでもありませんが、1階の床下回りは最も腐朽の可能性が大きい部位といえます。しかし、目に触れないためかあまり耐腐朽性の高くない樹種が使われる場合が多いのは残念なことです。

ここに載せた事例も①根太、②床束、③大引きのそれぞれにベイツガ、④根がらみにはスギの白太部（辺材）を使用しています。できればヒノキやヒバを使用し、根がらみなどにスギを使う場合は、赤身（心材）部分を使用することをお勧めします。

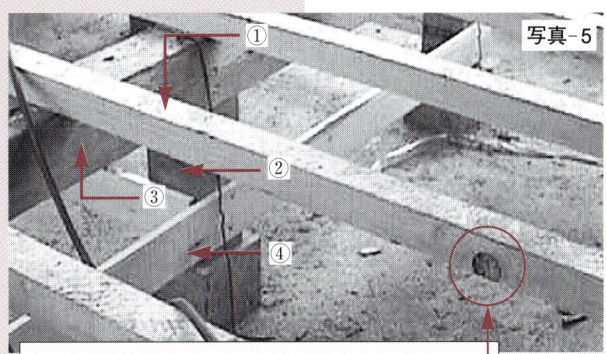

写真-5

大きな節があると、断面寸法の小さい根太の場合は破損するおそれがあります。特にこの事例のように、**根太の下端部でスパンの中央にある場合**（○部分）は好ましくありませんので注意が必要です。

■2 2階の床組回りについて　　　　　　　　　　重要度：★★

2-1 火打ち梁について ★★

写真-1の事例では、火打ち梁と根太との取合い部の**火打ち梁側に隙間**（○部分）ができていますので、根太と火打ち梁が相欠きになっていることがわかると思います。この事例では**根太成の半分以上**（A）が残っている上に、火打ち梁も多少は下げることが可能であり、火打ち梁を切り欠く必要はありませんでした。火打ち梁は水平剛性を期待している重要な部材ですので切り欠いてはなりません。

写真-1

写真-2

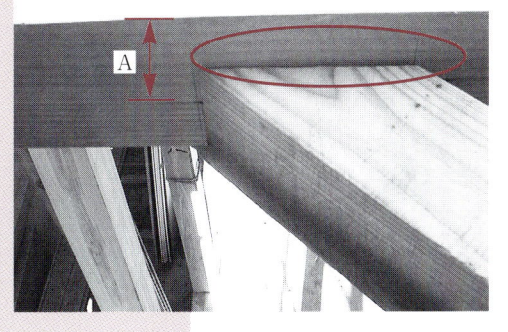

火打ち金物を使う事例も多く見られますが、取付け位置によっては**根太を欠き込んでしまう**（写真-2 ○部分）場合があります。木製の火打ち梁と異なり、根太を釘打ちなどで固定できませんので、欠き込みがそのまま弱点として残ることになります。火打ち金物の取付け位置を下げれば、根太の欠き込みは防げますが、取り合う梁成が小さい場合はそれもできません。木製火打ち梁であればこうした問題を避けることもできますので、筆者としては火打ち金物の使用はなるべく避けることをお勧めします。

2-2 2階床の水平剛性について ★★

現在のところ，在来構法では前述した火打ち梁に期待している事例が多いように思いますが，捨て張りに構造用合板を使用して剛性を確保する事例も増えつつあるようです。

ただし，根太組を「**大入れ**」とするなどで合板の四周を拘束する工夫が必要ですが，不十分な事例も散見されますので注意が必要です。

なお，床に関しても100ページで述べた釘の打込み過ぎには注意が必要です。

写真-3

30ページ・図-8や右下の図-1のような仕様とすることで水平剛性が期待できますが，こうした仕様が守られていない場合が少なくありません。

たとえば，写真-5は根太が落し込みになってはいますが，合板が千鳥に張られておらず，**周辺材**（点線部分）もありません。これらの点や釘の間隔が水平剛性を担保するポイントであることを知っていただきたいと思います。

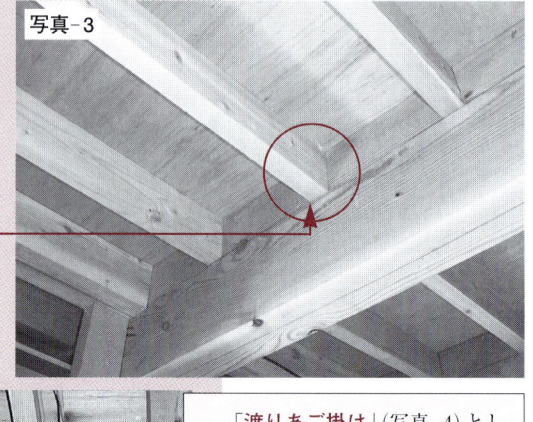

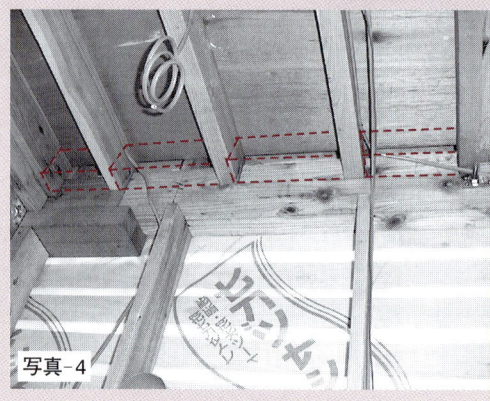

写真-4

「**渡りあご掛け**」（写真-4）とした場合は，合板の四周を拘束するために，胴差しや梁との取合い部に**受け材**（写真-4：点線部分）を取り付ける必要があります。

なお，根太材のなかには部材の寸法のばらつきが大きいものがあります。そうした材を使う場合には，大工さんがレベル調整に大変な苦労をしいられることにもなりますので，施工管理者の方にはこうしたことが起きないよう，寸法精度の高い材を手配する努力をお願いしたいと思います。

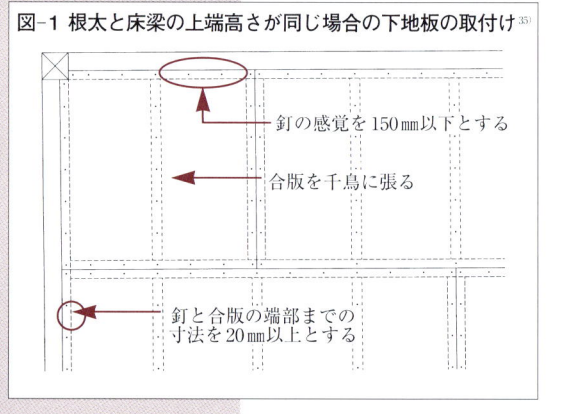

図-1 根太と床梁の上端高さが同じ場合の下地板の取付け[35]

- 釘の感覚を150mm以下とする
- 合版を千鳥に張る
- 釘と合版の端部までの寸法を20mm以上とする

写真-5

4 金属製建具工事

　現在，住宅工事の金属製建具に使われている素材としてはアルミが主流であるといえますので，ここではアルミサッシについて記載しています。アルミサッシの製作にあたっては，住宅以外の工事では常識といってよい建具施工図が描かれることは特別な場合を除きありません。これは，サッシメーカーは製品をガラス屋さんに引渡した後はタッチせず，取付けも大工さんが行うという形になっていることによるものと思われます。筆者としては，こうした状況ではいわゆる特注サッシの品質管理には限界があると感じており，特別な場合を除きお勧めできないと考えているところから，本書では既製品を使用することを前提として記載しています。

　なお，建具と防水紙が施工されれば，内部は風雨の影響を受けずに工事が進められることになります。躯体の保護のためにも，建具をできるだけ早い時期に取り付けることをお勧めします。

■ 1 サッシの取付けに際しての各部との取合いについて　　重要度：★★

1-1 サッシと防水紙との取合い ★★

　サッシには，柱との位置関係で図-1～-3のような3タイプに大別されます。**外壁仕上材とのシーリング**（図-1～3○部分）だけで済ませる場合もあるようですが，この部分が劣化してしまうと直ちに漏水が発生するおそれがあります。いずれのタイプのサッシであっても，**防水紙とサッシとの取合い部分**（図-1～3○部分）の処置（2次シール）を省略してはなりません。

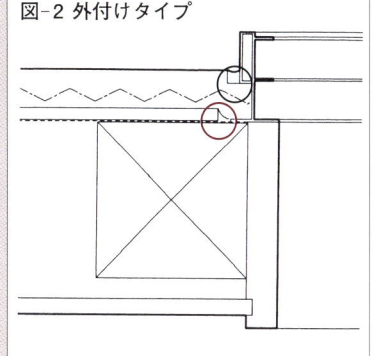

　2次シールとしては，**防水テープ**（写真-2○部分）を施工する事例が多いようです。ただ，透湿防水シートを施工する場合に，写真-1のようにサッシ下地枠の木口部分だけでしか密着していない事例が少なくありません。できれば点線部の位置に下地板を施工していただきたいと思います。

　なお，左官仕上げの場合は下塗りの段階でシールを施せば三重のシールとなり（151ページ「2-3モルタル塗りについて」参照）さらに好ましいといえます。

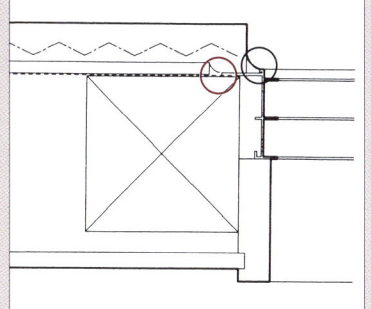

図-1 内付けタイプ

図-2 外付けタイプ

図-3 半外付けタイプ

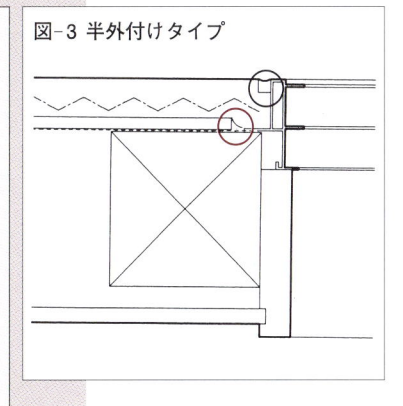

写真-1

写真-2

1-2 サッシと軀体との取合いについて ★★

　土台と柱の寸法が異なる場合が少なくないことはすでに述べましたが，こうした事例で**土台を欠いてサッシを取り付けてしまう**（写真-3○部分）ことがあります。しかし，これは土台の断面欠損であり好ましくありません。

　こうしたことのないよう，写真-4のように**土台と柱を同一寸法**（○部分）の材とするか，写真-5のように，同一面となるように**補助材**（矢印）を設けるなどの工夫をしていただきたいと思います。

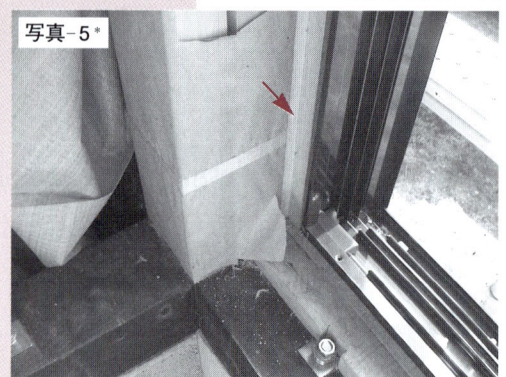

写真-3

写真-4　写真-5*

2　建具の養生その他について　　　　　　　重要度：★

2-1 サッシの養生について ★

　写真-1のようないわゆる**掃出しサッシ**は，玄関扉などよりも資材の搬入や職人さんの出入りに便利なことから利用される頻度が高く，その結果傷が付けられてしまう場合が少なくありません。タッチペイントなどで補修することも可能ですが，そうしたことよりもまず傷をつけないような配慮をしておくことが重要です。

写真-1

> 　工事中の出入口として使われる部分のサッシには，下枠だけでなくたて枠も養生し，他の開口部は出入りに使用しないことを徹底するなどの配慮をお願いしたいと思います。

2-2 その他の注意点について ★★

柱の垂直度とレベル墨（写真-2矢印）を確認しながらサッシの下地を取り付けていきますので，本来は狂いはでないはずですが，まれにサッシ枠がゆがんで取付けられてしまい，引戸との間に戸車での調整範囲を超えてしまうほどの隙間（写真-3○部分）が発生してしまう場合がありますので注意が必要です。

写真-2

写真-3

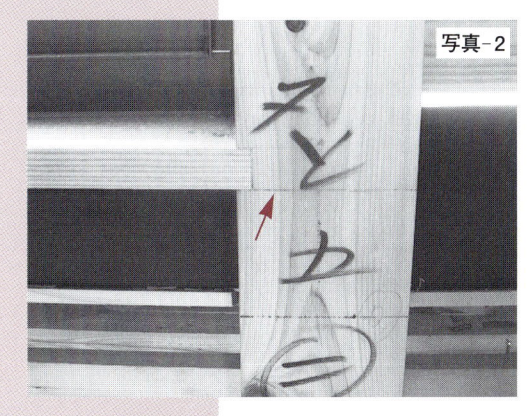

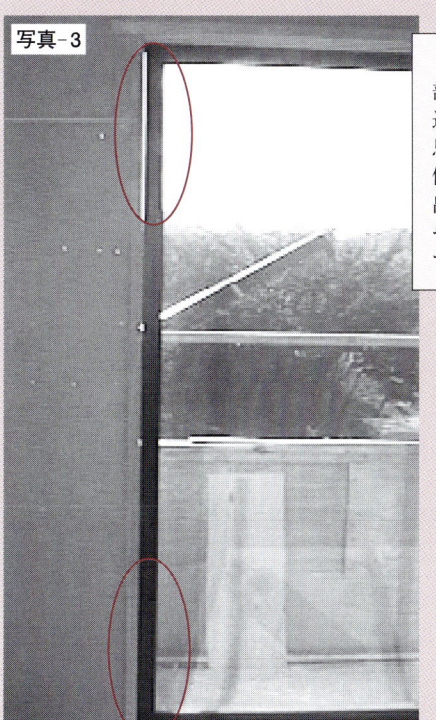

写真-3の上部と下部で隙間の大きさが違うことがわかると思いますが，この事例のように大型の掃出し窓には狂いがでやすいといえますので注意が必要です。

写真-3のような問題を防ぐには，取付け枠の対角線のチェックを行い，A=B（写真-4）であることの確認（矩の確認）をしておくことをお勧めします。

写真-4

写真-5

サッシが結露によって濡れたり，防水紙との取合い部からの漏水などもあり得ますので，枠を固定するビスや釘（写真-5○部分）はステンレス製を使用することをお勧めします。

5 本書に記載した建材と有害性情報

　次節以降は，仕上材によってその工事内容が多少異なってきます。仕上げには多種多様な製品があり，それに応じた造作工事のすべてを本書に記載することは困難です。そこで，本書の前提条件である「ごく一般的に採用されている仕様」という点と，「健康」という視点からの「有害性情報のある建材はできる範囲で排除したい」という考えを踏まえて，多少設計行為に踏み込むことになりますが，筆者なりの判断を加えて建材を絞り込んでいます。

■1 住宅の室内環境に関する現段階での規制値や指針値　　　　重要度：★

　平成9年に厚生省（当時）が0.08ppmをホルムアルデヒドの室内濃度指針値として公表し，平成10年には各省庁間の横断的な取組みとして**健康住宅研究会**が「優先取組物質」として3物質（ホルムアルデヒド，トルエン，キシレン）・3薬剤（木材保存剤，可塑剤，防蟻剤）を指定しました。平成12年には建設省建築研究所（当時）が民間との共同研究の成果として室内空気質に関する「ユーザーズガイド」と「設計施工ガイド」を公表し，この成果をふまえて「設計施工マニュアル」が公表されています。さらに平成15年7月1日には改正基準法が施行され，ホルムアルデヒドに関しては放散量によって使用面積に規制がかかることになりましたが，ホルムアルデヒドとクロルピリホス以外の有機化合物に関する法規制は現在のところありません。

　また，厚生労働省が設置した「シックハウス（室内空気汚染）問題に関する検討会」（以下，**シックハウス検討会**といいます）の中間報告（平成14年2月）として，室内濃度指針値（表-1）が公表されています。ただし，厚生労働省がパブリックコメントの回答で「指針値を満足するような建材等の使用，住宅や建物の提供もしくはそのような住まい方を期待する」と述べているように，これはあくまで指針値であり法的な規制力のある数値ではありません。

表-1　室内濃度指針値

有機化合物	室内濃度指針値
ホルムアルデヒド	100 $\mu g/m^3$ (0.08ppm)
トルエン	260 $\mu g/m^3$ (0.07ppm)
キシレン	870 $\mu g/m^3$ (0.20ppm)
パラジクロロベンゼン	240 $\mu g/m^3$ (0.04ppm)
エチルベンゼン	3,800 $\mu g/m^3$ (0.88ppm)
スチレン	220 $\mu g/m^3$ (0.05ppm)
クロルピリホス	1 $\mu g/m^3$ (0.07ppb)ただし，小児の場合は0.1 $\mu g/m^3$ (0.007ppb)
フタル酸ジ-n-ブチル	220 $\mu g/m^3$ (0.02ppm)
テトラデカン	330 $\mu g/m^3$ (0.04ppm)
フタル酸ジ-2-エチルヘキシル	120 $\mu g/m^3$ (7.6ppb)
ダイアジノン	0.29 $\mu g/m^3$ (0.02ppb)
アセトアルデヒド	48 $\mu g/m^3$ (0.03ppm)
フェノブカルブ	33 $\mu g/m^3$ (3.8ppb)
●現在，暫定目標値が設定されている物質	
有機化合物	室内濃度暫定目標値
TVOC	400 $\mu g/m^3$
●継続して検討中の物質	
有機化合物	室内濃度指針値案
ノナナール	41 $\mu g/m^3$ (7.0ppb)
C_8-C_{16}脂肪族飽和炭化水素	
C_8-C_{12}脂肪族飽和アルデヒド	

　表-1の指針値に関しては，その数値の高さを指摘する声もあるようですが，数年前は数値で示されていたのはホルムアルデヒドだけであり，それを考えればずいぶん整備されてきたと感じます。ただ，「設計段階での評価方法」についてはホルムアルデヒドを除けば各省庁とも共通して触れておらず，個々の建材からの化学物質の放散量が示されていないだけでなく，含まれている物質さえも明らかになっていない建材が少なくないのが現状です。建築技術者は有害物質に関する教育を受けておらず，その上に情報が少ないなかで建材を選別していくことはかなり難しい作業と言わざるを得ません。そこで，本書では次ページ以降に筆者なりの判断を掲載しています。読者の方々がより良い選択を実現するための判断材料の一つとしていただければと思います。

［健康住宅研究会］住宅の室内での健康被害の対策を検討するために，「(財)住宅・建築省エネルギー機構」が国土交通省，厚生労働省，経済産業省，業界団体，学識経験者などによって組織したものです。ここでの研究の一部が既に『設計施工ガイドライン』として公表されています。

［シックハウス検討会］厚生労働省が，室内空気汚染にかかわる空気濃度の測定方法も含めて指針値を公表する目的で，医療，衛生，建築環境などの専門家で構成した検討会です。ここでは建材などからの放散に限定せず，室内空気にかかわる化学物質のすべてを検討対象としています。

■2 内装材の有害性情報の評価　　　　　　　　　　　　　　　　　重要度：★★

赤字で表記した材料が，使用が可能あるいは他に代わり得る材料がないことから使用せざる得ない，と筆者が判断している材料です。この評価には，「一般的に使われている材料であるか」という点も加味していますので，異論をおもちの読者もおられると思います。有害性情報のとらえかたによっては，本書のような評価もあることを知っていただき，読者それぞれのおかれた状況のなかでより良い選択をしていただくための資料の一つとしてもらえばと思います。

なお，この問題に関して新たな情報が得られた場合はこの評価が変わる可能性があることに注意して下さい。

表-1 内装材の有害性情報の評価

材料名	筆者の評価	内容
畳	畳は建築基準法の規制対象外の建材ということもあり，現状ではデータがなくても使用せざるを得ないと考えます。ただ，右記のような問題点をもっていることから，成分データが提示されている製品を使用することを原則とします。	畳表に使われている「イグサ」には着色剤（多くの場合，砒素や重金属を含むマラカイドグリーン）が使われている製品が多いといわれていますが，畳床に使われる稲藁が無農薬かどうかなども含め，どのような薬剤が使用されているかについては消費者側でのチェックが難しく，生産者や販売者側からの情報に頼らざるを得ないのが現状です。いくつかの産地では情報を明らかにすることで生き残りを図っていこうとする動きもあるようですが，現在のところではそうした情報が明らかになっている製品を入手することは難しいといわねばなりません。こうした状況のなかでは，情報を提示してくれる製品だけの使用を条件としてしまうと，畳が使えなくなる可能性が大きくなります。もちろん情報が開示されていない製品は使用しないという姿勢も必要であるとは思いますが，データがないというだけで日本人の住まいから畳を排除してしまうことにはためらいがあります。なお，現在の公庫仕様書では，畳の仕様に関しては「特記による」となっています。これは防虫加工紙の健康に与える影響から変更が加えられたと筆者は考えていますが，防虫処理のない畳を使用する場合は，ダニなどが発生する危険性が増えることをよく認識し，通風に配慮したつくりとすることや畳の手入れを励行してもらわねばならないことを建築主の方に理解していただかねばなりません。また本書では，いわゆる化学畳は積極的にはお勧めしませんが，成分データは化学畳のほうが得やすい場合もあり，建築主にも了解を得られた場合は否定しません。
木質系床材	原則として合板は使用せず，無垢材を使用する。	無垢材にはアセトアルデヒド，α-ピネン，リモネンなどの自然由来の有害物質が含まれています。住まい手の同意が第一ですが，換気が十分になされ，かつ予算の枠内でおさめるめることが可能であれば，無垢材を使用することをお勧めします。なお，F☆☆☆☆の複合フローリングであっても，合板に使われている接着剤だけでなく，表面材を張るために使用されている接着剤や塗料などのMSDSも確認することをお勧めします。
カーペット	原則として使用しない。	ほとんどの製品に防炎加工が施されており，ダニの問題から防虫加工が施された製品もあります。また，接着剤が多量に使われている製品も多く，好ましくないと判断しています。
長尺シート床材	原則として使用しない。	塩ビ樹脂系の製品が多いと思いますが，塩ビ壁紙の項に記したような問題があり，好ましくないと判断しています。
コルクタイル	原則として使用しない。	素材自体に問題はないと思いますが，コルク粒を固めるために接着剤を使用している製品があるようです。また，表面塗料や専用接着剤（ポリウレタン系）などの問題もあり，健康建材として認知されているようですが注意して使うべき素材であると思われ，他に変わりうる素材があると判断していますので積極的にはお勧めしません。
リノリウム	使用に問題はないと思われます。	問題となる化学物質は含まれていないと思われますので，基本的に使用することに問題はないと思いますが，特有な臭いをもっており，建築主への事前了解が欠かせません。現在のところは一般的な仕上材とはいえないとの判断から，本書では記載対象外としました。
塩ビ壁紙	原則として使用しない。	RAL（ドイツ品質保証協会規格）やISM（壁装材料協会規格）の認定を受けている壁紙は，健康建材とみなされているようです。IARC（113ページ※1参照）で発ガン性が「1」と評価されている塩化ビニルモノマーやVOC，ホルムアルデヒド（IARCで3）などの放散量が規制されていることは評価できますが，可塑剤（揮発性のきわめて低い可塑剤を使用することが規定されていますが，使用そのものは規制していません），防カビ剤，難燃剤などについては規制されておらず，インクの成分にも注意が必要です。通常の予算枠での家づくりには欠かせない素材ですが，他の素材の壁紙がないわけではありませんので，使用はお勧めできないと考えています。
その他の壁紙	成分データなどが提示されている製品を使用する。	通常の予算枠での家づくりには欠かせない素材であるとの判断から，成分データが明記されており，可塑剤や防カビ剤，難燃剤などが含まれていないことなどが確認できた製品に限り使用できるとしたいと考えます。なお，紙壁紙のなかにはVOCの放散速度が塩ビ壁紙より速いものさえありますので，素材が「紙」というだけで使用することは避けていただきたいと思います。

表-1 内装材の有害性情報の評価（つづき）

材料名	筆者の評価	内容
珪藻土	成分データなどが提示されている製品を使用する。	健康建材の代表的なものの一つといえますが，施工性向上のために，固化剤として合成樹脂を入れている製品もあるようですし，防カビ剤混入の可能性を指摘する情報もあります。こうした化学物質に関するデータを提示しているところは少数派のようですが，情報が開示されない材料は選択肢から外さざるを得ないと考えます。
漆喰その他の仕上塗材	成分データなどが提示されている製品を使用する。	漆喰に関しては，防カビ剤，樹脂，接着剤などが混入されていないことが確認された製品を使用すれば，問題はないと思われます。また，その他の塗り壁材に関しては，大別すると無機系と有機系の2つがあり，いわゆる繊維壁や土壁状仕上げなどがここに含まれます。これらの製品には，防カビ剤，樹脂，接着剤などが混入されている可能性が高いと思われ，建築主の方の了解が得られれば他の素材を選択することをお勧めします。なお，前述の珪藻土塗りも含めて下地としてはプラスターが塗られる場合が多いようですが，これらのほとんどの製品には防カビ剤が入っています。好ましくはありませんが，下地塗りということで許容せざるを得ないと判断しています。
内装用タイル乾式工法	原則として使用しない。	タイル自体に有害性情報はありませんが，エポキシ系やアクリルエマルジョン系などの接着剤が使用される点に問題があるといえます。ただ，後者は前者に比べて毒性は少ないようですが，樹脂モノマーの放散などの問題があるようです。なお，接着剤に関するMSDS（113ページ※2参照）などの情報は，タイルメーカーから入手するよりも接着剤メーカーから入手するほうが容易なようです。また，「乾式」や「湿式」という表現はタイルの製法上の呼称でもありますが，ここでは施工上の呼称として使っています。
内装用タイル湿式工法	原則として部位を限って使用する。	タイル自体に有害性情報はありませんが，張付けモルタルには接着剤（高分子接着増強剤など）が含まれている製品もあり，合成ゴムラテックス（樹脂モノマーや添加剤に問題が指摘されています）を主成分としたモルタル混和剤などが使用される場合もあるようです。しかし，現在では浴室はユニットバス，トイレ床もフローリングなどが主流となり，使用部位は玄関回りなどに限られています。そうしたことから，この部分に限るのであればタイルに変わる材料がないとの判断から使用もやむを得ないと考えています。なお，石張りはコストの点で一般的ではないので，本書では記載対象外としました。
繊維強化セメント板	成分データなどが提示されている製品を使用する。	1995年から，旧来の石綿スレート，石綿スレートパーライト板，石綿セメント珪酸カルシウム板，スラグ・石膏系セメント板の4つの規格が繊維強化セメント板の名称に統一されています。これらの製品には旧来の規格名のとおりアスベスト（石綿）が含まれていましたが，現在ではノンアスベストと表示されている製品がほとんどとなっています。しかし，アスベストには，クロシドライト，アモサイト，クリソタイルの3種類があり，このうち前二者は1995年に1％を超えて含有するものの製造，輸入などが禁止されましたが，クリソタイルについては現在のところ国内での規制はなく，現在でも数十万トンが使用されているという情報もあり，注意が必要です。わが国ではこれらのアスベストが1％以下であれば，含有していても「ノンアスベスト」と呼んでいるようですが，アセトアルデヒド（IARCで2B）を含んでいても「ノンホルマリン」と表記するクロス用ののりと似たようなところがあると感じます。なお，まったく含有していないものは「無石綿」と表示してあるようですが，いずれにしてもメーカーには，組成成分に関するデータの提示を求めていただきたいと思います。データの提示を拒むメーカーの製品は使用を控えたほうがよいでしょう。また，このアスベストの問題に関しては「健康住宅研究会」の『設計施工ガイドライン』のなかでは触れていませんが，大きな問題の一つであることを指摘しておきます。
モルタル	現状では成分データがなくても使用せざるを得ないと考えます。	クラック防止のために混和剤（接着増強剤）を投入するか，またはすでに調合されたものを使うことが一般的です。混和剤の具体的な内容については不明な製品が多いといえますが，合成樹脂などが使われていると思われます。こうした製品の使用は避けたいのですが，左官仕上げなどの下塗りとしてはこれに変わる材料がないことから，使用もやむを得ないと判断しています。
石膏ボード	成分データなどが提示されている製品を使用する。	ヘキサナールなどのVOCや，加熱時に微量のホルムアルデヒドが放散するなどの情報がありますが，実験によってはほとんどVOCが検出されないこともあるようですし，現在の家づくりには欠かせない建材の一つであり，簡単には排除できません。ただ，できれば難燃や防水処理をした製品を選択しないことや，可能な範囲で幅広に情報を収集することなどをお勧めします。また，ある大手メーカーの製品に砒素が混入したものが出荷されたという問題がありましたが，すでに改善されているようです。
木質系ボード	原則として放散量の少ないことが確認できるF☆☆☆☆規格材を使用する。	通常の予算枠での家づくりには欠かせない素材であることから使用はやむを得ないと判断していますが，F☆☆☆☆規格材は流通が少ないという問題もあるようですので，コスト増への対応だけでなく入手が可能かどうかも含めて事前に検討しておくことをお勧めします。また，同じ規格材でも製品によって放散量には差があり，同じメーカーの同じグレードであっても製造ロットによって差があるようです。放散量の極力少ないものを選択し，防カビ剤や難燃剤による処理をされた製品は使用を避けていただきたいと思います。なお，木質系ボードだけでなく合板などにもホルムアルデヒドキャッチ剤を含んだ製品があるようです。化学吸着はキャパシティが低く，飽和状態に陥ると室内の低濃度汚染につながる場合があり，取り扱い方法には十分な注意が必要です。

＊1）IARCとは国際ガン研究機関の略称です。ここでは発ガン性に関し，化学物質を以下のように分類しています。
 1 ：人に対して発ガン性がある。
2A：人に対しておそらく発ガン性がある。
2B：人に対して発ガン性がある可能性がある。
 3 ：人に対しての発ガン性が分類できない。
 4 ：人に対する発ガン性がおそらくない。
＊2）MSDSとは製品安全データシートといい，製品に含まれている化学物質の毒性情報が記載されています。
　　以下はあるグラスウールメーカーのMSDSですが，有害性情報や危険性情報の欄には発ガン性などの記載はなく，成分表にもホルムアルデヒドの化学式HCHOが見当たりません。
　　ただ，フェノール系樹脂接着剤を使用していることが書かれていますので，ここに気がつけばホルムアルデヒドが含まれていることが推測できます。
　　これは，ホルムアルデヒドが含有量1％未満の場合は記載する義務がないPRTR法の第1種指定化学物質に区分されていること（トルエンやキシレンなども第1種に区分されています）を考えると不備とは言えません。しかし，1％未満であっても大量に使用する場合はその含有量によっては室内濃度指針値を超える可能性があるという点に注意が必要です。特に，塗料や接着剤はグラスウール断熱材などに比べて室内への放散量が多く，MSDSに記載がなくてもメーカーに含有量の確認を行い，室内濃度の検討を行った上で採否を決定することをお勧めします。

製品安全データシート

会社名　　○○○○株式会社
住所　　　東京都○○区○○町○-○
担当部門　○○事業部
電話番号　○○-○○○○-○○○○
FAX番号　○○-○○○○-○○○○
作成　　　平成○年○月○日
改訂　　　平成○年○月○日

製品名　グラスウール
商品名　○○○○○○
物質の特定
　単一製品・混合物の区別：フェノール系樹脂接着剤を含むガラス繊維の単一製品
　化学名：珪酸ガラス
　成分（重量%）：SiO_2 ：55～72
　　　　　　　：CaO ：3～10
　　　　　　　：
　　　　　　　：
　　　　　　　：
　　　　　　　：
　構造式：非晶質細目構造
　官報告示整理番号：該当なし
化審法・安衛法
CAS NO：○○○○○-○○-○
危険有害性の分類
　分類の名称：平成4年7月労働省告示第60号及び平成5年3月通産省・厚生省告示第1号による分類基準に該当しない。
　有害性　：眼、皮膚などに触れたとき刺激を受ける事がある。
　　　　　　粉じんを長期にわたり多量に吸入したとき、呼吸器への影響を生じるおそれがある。
応急処置
　眼に入った場合　　：眼をこすらないで、異物感がなくなるまで、水で十分洗浄する。
　　　　　　　　　　　もし、異物感があれば眼科医の診察を受ける。
　皮膚に付着した場合：水又はお湯で流し落とした後、石鹸で良く洗浄する。
　　　　　　　　　　　もし、痛みや火傷がある場合は、医師の診察を受ける。
　吸入した場合　　　：水で口及び咽をうがいし、鼻をかんで外へ排出する。
火災時の措置　　不燃性

漏出時の措置　　袋等に回収する
取り扱い及び保管上の注意
　取り扱い　：・切断する場合は、カッターナイフ等の手動工具をもちい、粉じんが飛散しないよう注意する。
　　　　　　　・切断した場合の切り屑は、速やかに袋に入れる等、粉じんの飛散に注意する
　　　　　　　・必要に応じて、防じんマスク、保護手袋等を着用する。
被爆防止措置
　管理濃度　：重量濃度（入性粉じん）2.9 mg/m3。
　呼吸用保護具：必要に応じて、防じんマスクの着用をする
　手袋・作業衣：手袋、長袖のゆったりした作業衣など作業に適したものを使用する。
物理／化学的性質
　外観　：白色－有色の板状・摘状・綿状
　融点　：500℃～300℃（軟化点）
　比重　：約2.5（ガラスの実比重）
　溶解性：強アルカリ・強桟に可溶
危険性情報　安全性・反応性：化学的に安定で反応性なし
有害性情報
（人についての症例、疫学的情報含む）
　刺激性（眼、皮膚）
　眼に入った場合　　：刺激症状がある
　皮膚に付着した場合：かゆみや紅を生じることがある。
　慢性
　長期間にわたり粉じんを大量に吸入すると呼吸器系障害を生じるおそれがある。
環境影響情報　　なし
廃棄上の注意　　廃棄物処理法に基づく産業廃棄物として取り扱う。
輸送中の注意　　輸送中に包装の破損がないようにする。
適用法令
　粉じん障害防止規制　別表第1の第6号又は第8号
　なお、ガラス繊維及びロックウールの労働衛生に関する指針（労働省基発第1号平成5年1月1日）に基づき、ガラス繊維の労働衛生に関する指針マニュアル（ガラス繊維協会平成5年6月）を作成した。

図-1 製品データ安全シート（例）

3 外装材の有害性情報の評価

重要度：★

赤字で表記した材料が、使用が可能あるいは他に代わり得る材料がないことから使用せざる得ないと筆者が判断している材料ですが、あまり一般的とはいえないと判断した材料は、最初からここでの評価から除外しています。なお、内部に使用する場合に比べて化学物質による危険性は少ないと判断していますが、この問題に関して新たな情報が得られた場合はこの評価が変わる可能性があることに注意して下さい。

表-1 外装材の有害性情報の評価

材料名	筆者の評価	内容
外装用タイル乾式工法	接着剤とタイル下地板の成分データがほしいところですが、そうしたデータの提示がなくても使用せざるを得ないと考えます。	「乾式」や「湿式」という表現はタイルの製法上の呼称でもありますが、ここでは施工上の呼称として使っており、乾式工法の施工個所としてはおもに外壁ということになります。タイル自体には有害性情報はありませんが、エポキシ系などの接着剤の使用を指定している製品があり注意が必要です。また、下地板として専用の木片セメント板などが使われますが、これには硬化促進剤、防火剤、防水剤、アスベストなどが含まれている製品があるようです。データを提示してくれないメーカーが多く組成は不明ですが、接着剤も含めこうした情報の開示にはタイルメーカーは消極的といわなくてはなりません。自社で製造している部材ではないので、中小のメーカーではある程度の限界もあるかもしれませんが、大手メーカーには情報開示の先鞭をつけてもらいたいと思います。 こうした状況のなかで、接着剤とタイル下地板の成分データが提示されている製品だけの使用を条件とすると、タイルが使用できなくなるといわなくてはなりません。畳の項でも述べたように、こうした製品は使用しないという姿勢も必要であるとは思いますが、データがないという理由だけで完全に排除することにはためらいがあります。
外装用タイル湿式工法	原則として、部位を限って使用する。	基本的には内装用タイルと同様の問題があるといえますが、外部テラスや玄関アプローチの床などに使用部位は限られており、それに代わる材料がないことなどから、問題がないわけではありませんが、これらの部分に限るのであれば使用することもやむを得ないと判断しています。ただ、外壁への使用は挙動が大きい木造住宅には剥離の危険性が高くお勧めできません。なお、石張りはコストの点で一般的ではないので、本書では記載対象外としました。
仕上塗材	現状では成分データがなくても使用せざるを得ないと考えます。	無機系と有機系の2つに大別できますが、無機系の現場調合に分類される「掻き落とし」仕上げなどは、現在ではほとんど行われることがなくなり、無機系、有機系のいずれもが既調合品を使用している事例が大半と言えるようです。これらの製品には、樹脂、接着剤、防水剤などが混入されている可能性は高いと思われますが、外部ということを考えるとそれだけで直ちに排除できないと考えます。なお、吹付け仕上げは養生の問題などから住宅工事ではほとんど行われておらず、鏝やローラーなどによって行われている事例が多いようです。
サイディングボードおよび屋根用化粧スレート	現状では成分データがなくても使用せざるを得ないと考えます。	それぞれの材料ともに、アスベスト含有の問題に関しては繊維強化セメント板と同様の状況です。ただ、データを提示しないメーカーが多く、提示を使用の条件とするとこの製品の使用ができなくなる可能性が高いのが実情です。もちろん、そうした製品は使用しないという姿勢も必要であるとは思いますが、データの提示がないというだけで排除することにはためらいがあります。
屋根用厚形スレート	現状では成分データがなくても使用せざるを得ないと考えます。	いわゆるセメント瓦などもこれに含まれますが、アスベストに関しては繊維強化セメント板と同様の問題があります。ただ、耐久性は屋根用化粧スレートより劣る製品もある（140ページ表-1参照）点や、屋根重量が重くなることは一般的にいって地震に対しては不利であるという点などから、建築主の方の了解が得られれば他の素材を選択することをお勧めします。
金属屋根材	使用に問題はないと思われます。	塗装を施した材料も含め、特に問題はないと考えられます。

備考 1) モルタルや繊維強化セメント板については、内装材の項（112ページ）を参照して下さい。
　　 2) いわゆる本瓦には有害性情報はありませんが、コストの点から本書では記載対象外とすることとしました。

■4 その他の建材の有害性情報の評価　　　　　重要度：★★

4-1 断熱材の有害性情報の評価について ★★

赤字で表記した材料が，使用が可能あるいは他に代わり得る材料がないことから使用せざるを得ないと筆者が判断している材料です。この評価には，「一般的に使われている材料であるか」という点や価格の点（118〜119ページ参照）も加味しています。異論をおもちの読者もおられると思いますが，有害性情報のとらえかたによっては，本書のような評価もあることを知っていただき，読者のおかれた状況のなかでより良い選択をしていただくための資料の一つとしてもらえればと思います。

なお，この問題に関して新たな情報が得られた場合はこの評価が変わる可能性があることに注意して下さい。

表−1 断熱材の有害性情報の評価

材料名	筆者の評価	内容
ポリウレタンフォームおよびポリスチレンフォーム	採用はお勧めできません。	ともに，残存発泡ガス，難燃剤，樹脂モノマーなどが放散するようですが，これらのなかには毒性が指摘されている物質もあるようですし，MSDS（113ページ＊2参照）などで製品の含有成分が明らかにされない場合が少なくないことも指摘しておかなくてはなりません。なお，この断熱材はいわゆる外断熱工法に採用される場合が多いようです。
ポリエチレンフォーム	問題はありますが，他の素材に比べて少ないように思われます。	石油系断熱材の中では樹脂モノマーの毒性が低いようですが，残存発泡ガスや難燃剤が放散するという問題は残ります。MSDSを提示してくれるメーカーもありますが，具体的な化学物質名がすべては明示されていない場合もあり，不満が残ります。ただ，他の種類の断熱材メーカーは提示すらしてくれないところも少なくないことから，前向きな姿勢として一応は評価したいと思います。なお，メーカーではこの断熱材は外断熱工法には勧められないと判断しているようです。
グラスウール	好ましくない素材と考えていますが，119ページの記載内容を前提条件に使用できることとしたいと考えます。	素材についてはIARC（113ページ＊1）の分類で2Bから3へ変更になったようですが，このことを受けて，そもそもグラスウールは安全な商品であったかのような説明をしているメーカーもあるようです。しかしながら，建材としてのグラスウールはIARCで2Aに分類されているホルムアルデヒドやその他のVOCを含んでいると思われるフェノール系接着剤を使用して製造されています。F☆☆☆☆規格の製品もあり，MSDSを提示してくれるメーカーがあることなどは評価したいと思いますが，問題がまったくないという製品ではなく，扱いに注意が必要な点は変わりません。筆者は本書の第4刷では日本建築学会の研究報告（1996年3月，中国・九州支部研究報告第10号）を引用してグラスウールの使用をやむを得ないと判断しましたが，研究が進んだ現在ではこの報告をもとにホルムアルデヒドの放散がないとはいえない，と考えています。ただ，本書が対象とする一般的な仕様を前提にすると選択肢から外せる状況にはないと判断しており，119ページの1〜4の条件を守ることが使用にあたっての必須条件であると理解していただきたいと思います。
ロックウール	好ましくない素材と考えていますが，119ページの記載内容を前提条件に使用できることとしたいと考えます。	グラスウールに関する日本建築学会の研究報告を評価からはずしたことで，基本的な問題はグラスウールと同様ですが，その内容に大きな差はないことから同じ評価としました。ただ，グラスウールに比べてMSDSも含めて製品の含有成分を明らかにしないメーカーがあることを指摘しておかなくてはなりません。
セルロースファイバー	採用はお勧めできません。	難燃剤，接着剤，防カビ剤，古紙のインクからのVOCなどの放散が問題です。エコ商品に指定されていることを「売り」にしている製品もあるようですが，こうした製品も含めて現在流通している国産品には，有害性情報が明示されていない製品が多いように思われます。
ウール	採用はお勧めできません。	防虫剤，接着剤などの放散が問題です。メーカーでは有害なものは一切含まないとしていますが，ダニ，ノミなどの防虫能力に優れているという，うたい文句と矛盾するように感じます。セルロースファイバーと同様に，有害性情報が明示されていない製品が多いように思われます。
炭化コルク	有害性に関しては問題はないと思われます。	接着剤を使用せずに高圧蒸気によりコルク自身のヤニで固化されることから，石油系断熱材のような問題はありませんが，特有の臭いがあります。製品によっては臭いの強いものもあるようですので，リノリウム（111ページ参照）と同様に建築主への確認が欠かせません。現在のところは，コストの点から本書では記載対象外としました。

4-2 断熱材を除く「その他の建材」の有害性情報の評価 ★★

赤字で表記した材料が、使用が可能あるいは他に代わり得る材料がないことから使用せざる得ないと筆者が判断している材料です。この評価には、「一般的に使われている材料であるか」という点も加味していますので、異論をおもちの読者もおられると思います。有害性情報のとらえかたによっては、本書のような評価もあることを知っていただき、読者それぞれのおかれた状況のなかでより良い選択をしていただくための資料の一つとしてもらえればと思います。

なお、この問題に関して新たな情報が得られた場合は評価が変わる可能性があることに注意して下さい。

写真-1

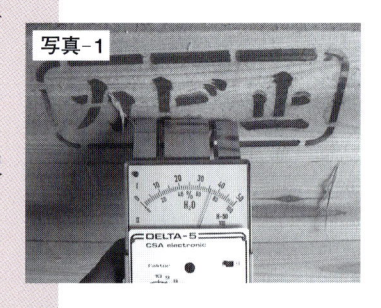

表-1 断熱材を除く「その他の建材」の有害性情報の評価

材料名	筆者の評価	内容
構造用製材	できれば国産材を使用し、防カビ処理された木材は使用しない。	無垢材であっても薬剤が使用されている場合があります。特にスギ材は含水率が高いままで出荷されてしまう傾向があり、そうした製品の多くには、カビの発生を防ぐために防カビ剤（写真-1）が使用されることがありますので注意が必要です。また、輸入材には燻蒸剤が残留しているものがあるという情報もありますが、そうでないものとの区別はつきません。費用の許せる範囲で国産材を使用することをお勧めします。
塗料	天然系塗料の使用を原則とし、それ以外の製品を使用する場合は、成分データなどが提示されている製品を使用する。	有機溶剤系塗料の危険性については改めていうまでもないと思いますし、メーカーも非溶剤型への移行を進めているようですので、できれば溶剤型の使用は避けてほしいと思います。非溶剤型塗料としてはエマルジョン塗料や水性反応硬化形アクリル樹脂塗料などがあり、これらは健康建材とみなされているようですが、前者には防カビ剤が含まれ、可塑剤などは両者ともに含まれているとの情報もあります。とはいえ、天然系塗料の塗膜性能は前出の塗料に比べれば劣るようですし、どのような部位でも使えるというわけではないという問題もあります。まず、使用部位と要求条件に天然系塗料が適当であるかどうかを検討し、それが適当でない場合は、次善の策として非溶剤型塗料を検討することをお勧めしたいと思います。なお、天然系塗料のなかには乾燥の遅い製品もあり、施工日程上の問題がでないように注意する必要があります。
接着剤	事前に使用条件などを確かめ、性能的に問題ない場合には、天然系接着剤を使用する。また、天然系接着剤以外の製品を使用する場合は、成分データなどが明示されている製品を使用する。	いわゆる木工用ボンドと呼ばれている酢酸ビニルエマルジョン系接着剤は、工事のさまざまな場面で使われていますが、可塑剤や酢酸ビニルモノマー（IARCで2B）などの問題があります。また、他の溶剤系や非溶剤系接着剤（ウレタン、合成ゴム、エポキシなど）にも溶剤や可塑剤などの問題があり、さらにノンホルマリンをうたった壁紙用接着剤の中にはアセトアルデヒド（IARCで2B）などが使用されている製品もあるようです。これらの接着剤は基本的にはお勧めできないと考えますが、このうちの木工用ボンドは内部造作だけでなく、木製建具などさまざまな用途に使われており、これを排除することは現状ではなかなか難しいと思われます。使用量を必要最小限とするなどは消極的な取り組みと言わざるを得ませんが、現在はこうしたところから始めていくしかないと感じています。 一方、天然系接着剤にも防カビ剤が含まれていますが、ローズマリー油などの自然素材のものが使われている製品であれば問題はないと判断してよいようです。また、床材への使用に関してはフローリングメーカーの了解が得られれば天然系接着剤の使用も検討していただければと思います。
集成材	原則として使用しない。	特にユリア系接着剤を使用したものは、ホルムアルデヒド（IARCで2A）の放散量が大きいようです。また、イソシアネート系接着剤はホルムアルデヒドの放散はないようですが、アレルギー毒性が指摘されている樹脂モノマーが放散されているという情報もあります。無垢材の使用が可能であればそちらを選択していただきたいと思います。
給水管，排水管	耐用年数、組成成分などに問題がなければ給水管はポリエチレン管を使用する。	一般的には硬質塩ビ管が使用されています。通常、可塑剤は使用されておらず、塩化ビニルモノマー（IARCで1）の放散もほとんどないとされていますが、口に入るものに触れる材料であり、各種の添加剤などの問題を考えると現時点では排除すべき建材と考えます。なお、環境への負荷を考えると排水管についても排除したいのですが、現状ではこれに代わる素材がなく、使用もやむを得ないと考えます。
電線	耐用年数、組成成分などに問題がなければエコ電線を使用する。	一般的には塩ビ被覆電線が使用されていますが、脱塩ビの流れを受けて国の施設にはいわゆるエコ電線（ポリエチレン被覆電線）の使用が義務付けられ、首相官邸工事でも使用されたようです。ただ、耐用年数の短い製品があることなども指摘されており、選択は悩ましいと言わなければなりませんが、こうした流れは否定できないと考えます。

■5 本書に記載することとした建材　　　　　重要度：★

5-1 内装材について ★

　111，112ページの表に，赤字で示した建材とそれらに関わる下地などの造作工事を本書に記載しています。

　これらは，あまり一般的とはいえない建材や，有害性情報のある建材は除外するというスタンスで選定したものです。ただし，後者については有害性情報があっても，それに代わり得る建材がないもの（たとえば畳など）は記載対象としました。

5-2 外装材を選定するための検討内容について ★

　仕上材だけでなく，断熱の仕様によっても外部造作工事の内容が変わってきます。以下に，本書に記載することとした外壁の素材と断熱の仕様について，その判断の概要を述べておきます。

　外壁の素材としては，①板張り，②亜鉛めっき鋼板などの金属板張り，③サイディング張り，④タイル張り，⑤左官仕上げ，⑥塗装などをあげることができます。上記のうち，①の板張りは，最近はやや復権し施工事例も増えてきているようですし，過去の日本の住宅にはごく一般的に見受けられた仕様ですが，現在ではまだ一般的とはいえないとの判断から本書の記載からは除外しました。また，②の金属板張りもおもにデザインに力を入れた住宅などに使用されているように見受けられますが，やはり一部の住宅に限られているとの判断から除外しました。以上から，本書では③サイディング張り，④タイル張り，⑤左官仕上げ，⑥塗装を取りあげています。

　また，仕上材だけでなく断熱の仕様によっても外壁下地の仕様が変わりますので，その点についてもここで述べておきたいと思います。本書では115ページおよび118，119ページで述べたように，結果として外断熱仕様に使える断熱材を選定しなかったことから，外断熱仕様の外部造作工事は割愛しています。

　さらに，内部結露防止の観点から内断熱仕様には外壁通気構法が不可欠と筆者は考えており，こうした立場から，この仕様にそった施工を記載対象としています。断熱仕様に関し，このような絞り込みをしたことに異論をお持ちの方もおられると思います。115ページおよび118，119ページを読んでいただければおわかりと思いますが，筆者としても本書の選択がベストだとは考えていません。

　現在は多種多様な建材が流通しており，そのなかから使用する素材を絞り込んでいくという作業は，何らかの判断基準をもっていないと難しい問題といえます。有害性情報のとらえ方によっては，本書のような評価もあることを知っていただき，読者それぞれのおかれた状況のなかでよりよい選択をしていただくための参考資料の一つとしてもらえればと思います。

5-3 外装材について ★

　114ページの表に，赤字で示した建材とそれらに関わる下地などの造作工事を本書に記載しています。

　外装材は多種多様な製品が流通しており，そのすべてをここで取りあげることは紙面の都合上無理があります。そのため，本書では外装材そのものの施工状態に関してはメーカーのマニュアルなどによっていただくこととし，下地回りの施工上の注意点に関しておもに記載していることをお断りしておきます。

5-4 断熱材を選定するために検討した内容 ★

吹き込みによる充てんタイプを例外として，断熱材の厚さはそれぞれのメーカーで決められた規格によって異なります。そのためにまったく同一の断熱性能でのコスト比較はできませんが，ほぼ近い断熱性能での検討は可能であり，以下の条件を仮定してコスト比較をしてみました。

仮定条件1：断熱材の面積を300㎡とする。
仮定条件2：断熱材の内外温度差を10℃とする。
仮定条件3：検討部位は断熱材のみでの構成と仮定する。
仮定条件4：材料の表面熱伝達率は無視する。
仮定条件5：断熱材の内外はすべて均質な温度と仮定する。
仮定条件6：比較を単純にするために，検討対象は材料費のみとする。

なお，熱貫流量計算は以下の式によっています。

$$H = K(t_1 - t_2)A$$

ここに，H ………………熱貫流量（W）
　　　　K ………………熱貫流率（W/㎡・K）
　　　　$(t_1 - t_2)$ ………室内外の温度差（℃）
　　　　A ………………表面積（㎡）

表面熱伝達率は $K = 0.1$ 程度の場合には約20％を占めますので本来は無視できませんが，比較を簡単にするために仮定条件4で検討から除外することとしました。この場合 $1/K = L/\lambda$ という関係があります。

ここに，L ………………断熱材の厚さ（m）
　　　　λ ………………熱伝導率（W/m・K）

上記と前記の仮定条件から，$H =$（熱伝導率/断熱材の厚さ）×10（℃）×300（㎡）となります。

比較を行った断熱材はデータを入手できた9種としましたが，検討経過を記載したのは以下の6種です。なお，コスト，性能値などは同一の素材であっても製造メーカーによって多少異なります。ここに記載した数値は一例であることをお断りしておきます。

①グラスウール10K品：
　熱伝導率（W/m・K）：0.05
　厚100㎜の価格：2,520円/3.3㎡（760円/㎡）
②グラスウール16K品：
　熱伝導率（W/m・K）：0.045
　厚100㎜の価格：3,510円/3.3㎡（1,060円/㎡）
③ポリエチレンフォームB種：
　熱伝導率（W/m・K）：0.042
　厚40㎜の価格：12,500円/2坪（1,890円/㎡）
④炭化コルク：
　熱伝導率（W/m・K）：0.04
　厚30㎜の価格：4,000円/㎡
　厚50㎜の価格：6,400円/㎡
　（30㎜を2,340円/㎡，50㎜を3,880円/㎡程度で出荷しているメーカーもあるようです）
⑤硬質ウレタンフォーム：
　熱伝導率（W/m・K）：0.026
　厚50㎜の価格：4,350円/1.66㎡（2,620円/㎡）
⑥押出法ポリスチレンフォーム1種：
　熱伝導率（W/m・K）：0.04
　厚40㎜の価格：2,400円/1.66㎡（1,450円/㎡）

左記を前提にして，グラスウール10K品100㎜と断熱性能をほぼ同一にした場合の①～⑥の断熱材のコストを算出すると以下のようになります。

①グラスウール10K品の厚さ100㎜の熱貫流量は1,500W，コストは760円/㎡×300㎡＝**228,000円**となります。
②グラスウール16K品を使用した場合の熱貫流量を上記と同じ1,500Wとするために必要な厚さを計算すると90㎜となります。90㎜の製品はありませんので若干オーバースペックですが厚さ100㎜を使用すると，この場合の費用は**318,000円**となります。
③ポリエチレンフォームB種を使用した場合の熱貫流量を上記と同じ1,500Wとするために必要な厚さを計算すると，84㎜となります。若干性能不足ですが，厚さ40㎜を2枚合わせて使用すると，この場合の費用は**1,134,000円**となります。
④炭化コルクを使用した場合の熱貫流量をグラスウール10K品と同じ1,500Wとするために必要な厚さは80㎜となります。厚さ30㎜と50㎜を合わせて使用すれば性能的には同一となり，この場合の費用は**3,120,000円**となります。
⑤硬質ウレタンウォームを使用した場合の熱貫流量をグラスウール10K品と同じ1,500Wとするために必要な厚さは52㎜となります。若干性能不足ですが，厚さ50㎜を使用すると，この場合の費用は**786,000円**となります。
⑥押出法ポリスチレンフォーム1種を使用した場合の熱貫流量をグラスウール10K品と同じ1,500Wとするために必要な厚さは80㎜となります。厚さ40㎜を2枚合わせて使用すれば性能的には同一となり，この場合の費用は**870,000円**となります。

上記の検討結果をコストの価格の安い順に並べると，グラスウール10K品100㎜：**228,000円**＜グラスウール16K品100㎜：**318,000円**＜硬質ウレタンフォーム50㎜：**786,000円**＜押出法ポリスチレンフォーム1種40㎜＋40㎜：**870,000円**＜ポリエチレンフォームB種40㎜＋40㎜：**1,134,000円**＜炭化コルク30㎜＋50㎜枚：**3,120,000円**，ということになり，炭化コルクの価格の高さとグラスウールの安さがきわだっていることを理解していただけると思います。

注1) 炭化コルクについては，価格の安い製品では1,866,000円となりますが，それでもグラスウール10K品の約8倍の価格であり，通常の坪単価の家にはなかなか採用しにくいといえます。

2) 紙面の都合で検討経過は掲載していませんが，①～⑥以外の断熱材のうち，ロックウールのコストはグラスウール10K品と同一性能でほぼ同一，ウールは2～5倍です。また，セルロースファイバーは同2～5倍ですが，施工費用も含んでの価格ですので，他の材料とは同一に比較はできません。

5-5 断熱材について ★

以下に前ページの検討結果を整理しました。

9種類だけの評価ですが，いわゆる健康建材である炭化コルクは費用がかかり過ぎる一方で，多くの事例で使われている単価の安い建材には何らかの有害性情報があることがわかると思います。

写真-1**

本書の前提とした，普通の予算での工事という枠をはめた場合には，残念ながら炭化コルクを選択するには無理があるといわなければなりません。しかし，これを除外すると有害性情報のある建材しか残らないことになり，健康という観点を加えると選択肢のない袋小路に入ってしまうことになります。

こうした点を踏まえ，本書ではあえて以下の表で△印を付けたポリエチレンフォームB種，グラスウール，ロックウールを選択しています。

ポリエチレンはコストの問題からすべての部位に使うには無理があると判断し，防湿性に優れていることから床に使用し，壁と天井にはグラスウールかロックウールを使用することをお勧めします。また，この2つの素材はともに外張り断熱には適当な素材ではないことから，本書ではいわゆる内断熱（充てん断熱）の仕様だけを記載していることをお断りしておきます。

この3つの断熱材は，化学物質を完全に排除した家づくりは難しいという現実があるものの，少しでも安全と思える素材を使いたいという考えと工事予算との狭間のなかでの選択であり，こうした判断に異論をおもちの読者もおられると思いますし，筆者としてもこれがベストであると考えているわけではありません。読者の方々がおかれた状況によっては，こうした断熱材を選択する必要がない場合もあり得ますので，そうした際はぜひより安全性の高い素材を使用していただきたいと思います。

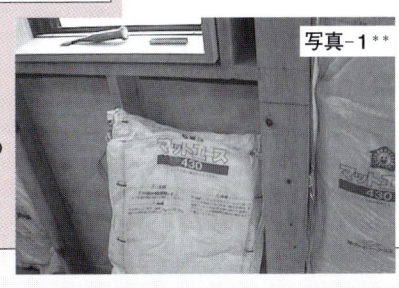

なお，グラスウールとロックウールは前述したように，IARCで発ガン性が3と評価されていますが，扱いは慎重にする必要があります。以下に記した内容を実行した場合に限り評価を△としたいと考えていることを付け加えておきます。

1. フルパックタイプを使用する（6面がカバーされているタイプ。写真-1参照）。
2. 切断した場合は必ず切り口を閉じる。
3. 外壁通気や小屋裏換気を十分に確保する。
4. グラスウールを設けた壁や天井の仕上材に穴を開けることを避けるために，極力外壁回りにコンセントやスイッチ類を設けないことや，埋込み型の照明器具の使用を避けることを徹底する。

表-1 各種断熱材の比較

	硬質ウレタンフォーム	抽出法ポリスチレンフォーム1種	ポリエチレンフォームB種	ロックウール	グラスウール*5)	セルロースファイバー	ウール	炭化コルク
有害性情報の評価*1)	×	×	△	△	△	×	×	○
グラスウール（10K品）を1とした場合のコスト	3	4	5	1*2)	1	2～5*3)	2～5*4)	8～14

*1) 次の記号で記載しました。○：有害性はほとんどないと思われる建材／△：有害性はあるが，×と比較して少ないと思われる建材／×：有害性があると思われる建材
*2) グラスウールと同一の価格としました。
*3) セルロースファイバーは工事も含めての受注となることから，材工価格を載せていますので単純な比較はできないことに注意して下さい。また，単価は1,500円/㎡～2,500円/㎡としました。
*4) 単価を1,400円/㎡～2,500円/㎡としました。
*5) 10K品と16K品の差は，他の断熱材のコスト差に比べてそれほど大きくないことから，ここでは同一としています。

5-6 「その他の建材」について ★

116ページの表に，赤字で示した建材を本書に記載しています。

なお，防腐防蟻剤についてはお勧めしないものの，単純に使用を止めるということは危険な場合もあり，そうした視点で163ページ以降に薬剤処理に関して記載をしていますので参考にしていただければと思います。

現段階では私たち建築技術者にとって，多くの化学物質の有害性の程度をきちんと評価するためのデータは不十分であり，評価方法も確立していないといわなければなりません。こうした状況のなかで，化学の教育を受けていない建築技術者に求められるのは，この分野では専門家という意識を捨てて一から勉強するという姿勢をもつことと，つねに新しい情報を入手する努力を続けていくということにつきると思います。

そして，新たな情報により以前は安全と考えていた製品の危険性が高まったような場合には，ちゅうちょすることなく使用をやめてほしいと思いますし，難しいことだとは思いますが，そうした製品を使用した住宅の住み手にもその情報を伝えてほしいと思います。

また，建築主の方々には，一部の例外を除いて，建築の専門家ではあっても化学に関しては素人（筆者もその一人です）の場合が多いことを念頭においていただき，こうした方々の書籍は本書も含めてあくまで参考図書として位置づけておき，各種建材の有害性情報の詳細については，できるだけ化学の専門家の書いた書籍で確認することを心がけていただければと思います。

6 内部造作工事

　内部造作工事として大工さんが行う工事は，床，壁，天井などの下地や仕上材の施工と，幅木，敷居，鴨居，建具枠，階段などの取付けがあります。そして，これらの工事に引き続いて行われる，左官，タイル，クロス，塗装などの施工はそれぞれの専門職が行うことになります。

　本書では6章「5 本書に記載した建材と有害性情報」で建材を絞り込んでおり，ここではそれらの仕上材の下地に関することのみを記載しています。読者の方が知りたいと考えておられる仕上材や下地工事が含まれていない場合があることをお断りしておきます。

　なお，6章「5 本書に記載した建材と有害性情報」をまだ読んでいない読者の方は，一度目を通した上でこの節をお読みいただければと思います。

■ 1 床回りの内部造作工事について　　　　　　　　重要度：★

1-1 床回りの工事に取り掛かる前にしておくこと ★

　　下地板などで床下がふさがる前には，必ず清掃をかけてもらわねばなりません。写真-1，3は2階，写真-2は1階の状態ですが，**残材**（矢印）や**電動鉋などの削りかす**（〇部分）などが散乱している事例が少なくありません。

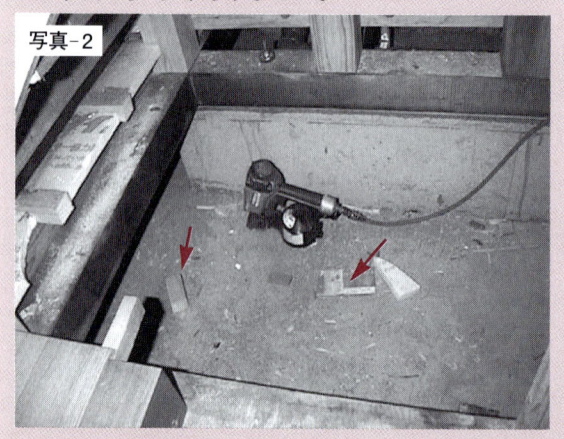

写真-1

写真-2

写真-3

　1階の天井が張られる前に，2階床の捨て張りなどが施工されている場合が多いので，通常は写真-1，3のような状態にはなりません。ただ，押入れの床が後回しになっている場合が少なくないため，そこに残材が落ちてしまうことがあります。

1-2 床板張りについて ★

捨て張りには合板（写真-4）が使用される場合が多いといえますが、できればF1（Fc0）タイプを選択することをお勧めします。

写真-4

写真-5

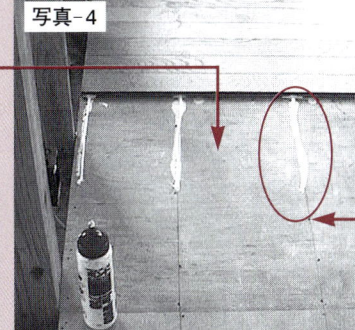

写真-6*

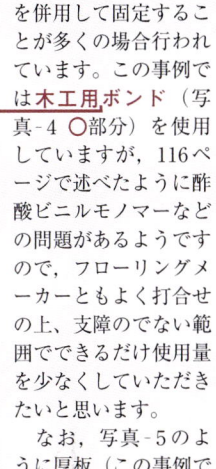

仕上材張りには、釘止めだけでなく接着剤を併用して固定することが多くの場合行われています。この事例では木工用ボンド（写真-4 ○部分）を使用していますが、116ページで述べたように酢酸ビニルモノマーなどの問題があるようですので、フローリングメーカーともよく打合せの上、支障のでない範囲でできるだけ使用量を少なくしていただきたいと思います。

なお、写真-5のように厚板（この事例では38mmを使い、接着剤は使用していません）を使用して捨て張り合板を省略するなどの構法もあり、設計者の方々にはこうした仕様なども含めて、できるだけ接着剤や合板を使用しない方向で検討していただければと思います。

壁に床板がぶつかる形で納めても（写真-5 ○部分）、合板の床材であれば伸縮が小さいために問題が起きる可能性は少ないといえます。ただ、無垢材を使用した場合は木の伸縮を考慮しておく必要があり、こうした納まりは床の膨れなどの問題を発生させることがあり、避けなければなりません。

1-3 畳下地板張りについて ★

畳下地板には合板が使われることが多いといえますが、畳の放湿を考えると無垢板（写真-7）の使用をお勧めしたいと思います。

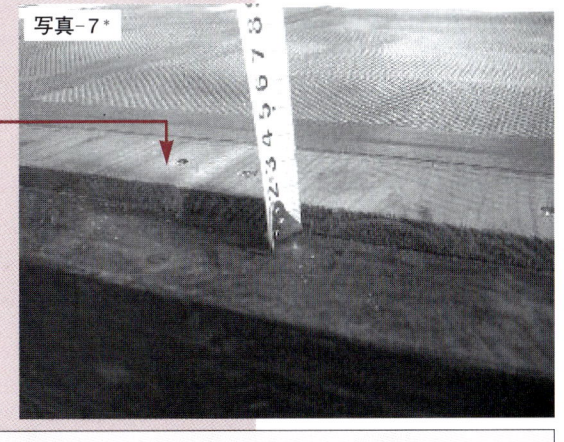

写真-7*

写真-8

板張り床と畳床の仕上がりレベルを同一にする事例が多くなっていますが、こうした場合には、畳下地と板張り床との間に隙間部分（写真-8 ○部分）ができます。床下の空気も含めてきちんと循環させる高気密高断熱仕様となっている場合は問題とはいえませんが、そうでない場合は、冬期にここから冷気が室内に侵入してきますので、こうした隙間部分はふさがなければなりません。

1-4 板張り後の養生について ★

資材や残材の置き場もないような狭い現場では，写真-9 〇部分の事例のような状態になってしまう場合が少なくありません。特に床は傷がつきやすい部位ですので養生には十分な配慮が必要ですが，写真-10のように整理整頓が最も効果的であることを理解していただければと思います。

写真-9

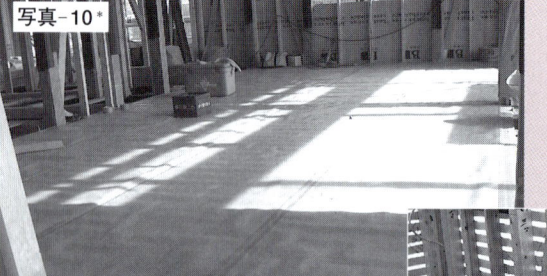

写真-10*

写真-10 この事例は和室ですが，きちんと養生されています。しかし，畳の下に隠れてしまうということからでしょうか，養生が不十分な事例が散見されます。無垢材を使用した場合には，スギのように軟らかい素材が使われることが多く，傷がつきやすいといえますので養生は欠かせません。

写真-11**

養生シートは床板を張る作業と並行して敷き込んでいく（写真-11矢印）ことで，傷がつくことを極力避けていただきたいと思います。
　なお，この事例では接着剤は使用せず，釘だけで止めています。

1-5 タイル張り回りの下地について ★

過去には浴室やトイレなどにタイルが張られていましたが，現在では浴室はユニットバス，トイレの床はフローリングなどが主流となり，タイル工事は玄関，アプローチ，テラスなどに限定されているといってよいようです。112ページで述べたように本書では屋内に関しては玄関のみでの使用をお勧めしていますので，大工さんの仕事にからむ部分としては幅木回り（写真-12 矢印）ということになります。

写真-12

床を水洗いする場合もあることを考えると，玄関の幅木部分に木を使用することは避けたほうがよく，繊維強化セメント板などの腐朽しない素材を用いることをお勧めします。なお，写真-12の事例のように合板を使用する場合は，耐水合板を使用するだけでなく防水紙でカバーし，釘はステンレス製を使用するなどの配慮をお願いしたいと思います。

■2 壁回りの内部造作工事について　　重要度：★

2-1 合板下地について ★

クロス張り仕上げの下地材としては，プラスターボードを使用する場合が多いといえますが，**洗面化粧台が置かれる壁**（写真-1矢印）や**階段の手摺取付け部分**（写真-2矢印）の壁などは，ビスや釘を使用して固定する必要があることから合板を使用する場合が多いといえます。しかし，こうした部分の合板にはＦ２（Fc1）やＦ３（Fc2）タイプが使われてしまう場合が散見されますので注意が必要です。

写真-1

写真-2

キッチン回りにも**合板**（写真-3矢印）を使った事例を散見します。直接火を受ける部位ではありませんからそれほど高温な状態におかれるというわけではありませんが，長期に渡る加熱を受けたために部分的に炭化してしまった事例もあるようです。こうした部分は繊維強化セメント板などの耐火性のある素材を使用していただきたいと思います。

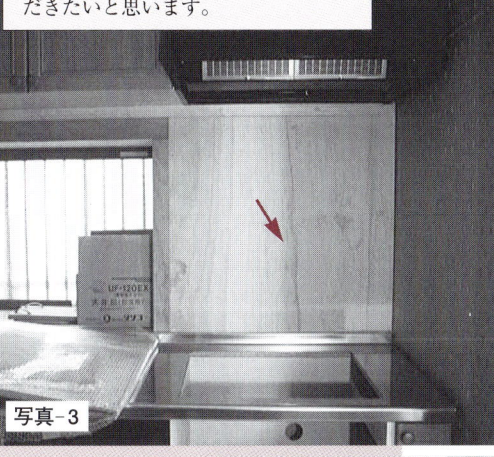

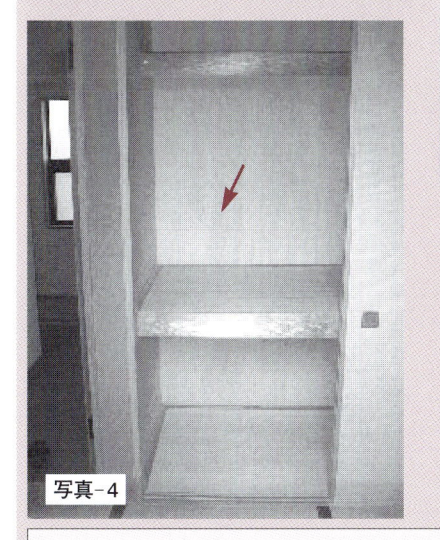

写真-3

写真-4

押入れには合板を使う事例が多いといえますが，通気が悪くなりがちな場所でもあり，スギの１等材程度のグレードでよいですから無垢材を使用することをお勧めします。

なお，価格は高いようですが内装材としても使える程度の**Ｆ１（Fc0）タイプのシナ合板**（写真-4矢印）もありますので，合板を使用する場合はこうした建材の使用も検討していただければと思います。

写真-5

納戸の内部もハンガーパイプなどの取付けのために**合板**（写真-5矢印）が使われることが多いといえますが，写真-4で述べたことと同じ理由から無垢材を使用することをお勧めします。

2-2 窓や扉枠の下地と柱との取合いについて ★

柱を欠き込んで（写真-6 ○部分），扉や窓枠の下地を取り付ける場合が多いようですが，これは柱の断面欠損ということであり好ましくありません。

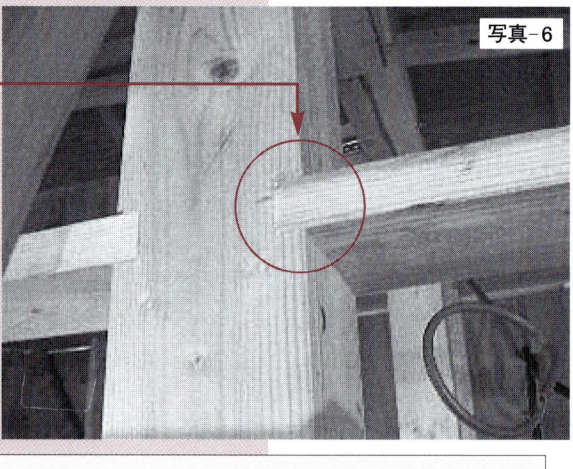

写真-6

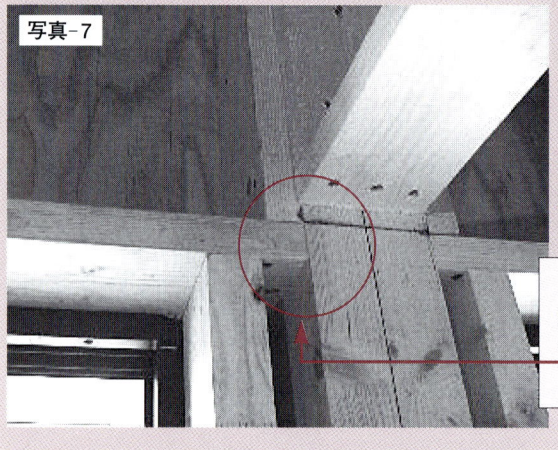

写真-7

欠き込まれた柱に筋かいが取り付いている場合などは，特に好ましくないといえ，写真-7のように添え木を設けるなどの工夫をして，欠き込まずに取り付けて（○部分）もらいたいと思います。

2-3 左官仕上げ壁の下地について ★

左官仕上げの下地としては，おもに**ラスボード**（写真-9）やプラスターボードが使われますが，どちらを使用するにしても，石膏プラスターなどの中性の塗り壁材を使用する場合は鉄部に錆が発生します。コーナービードや釘は，必ずめっき処理した製品かステンレスなどの耐食性の高い製品を使用していただきたいと思います。

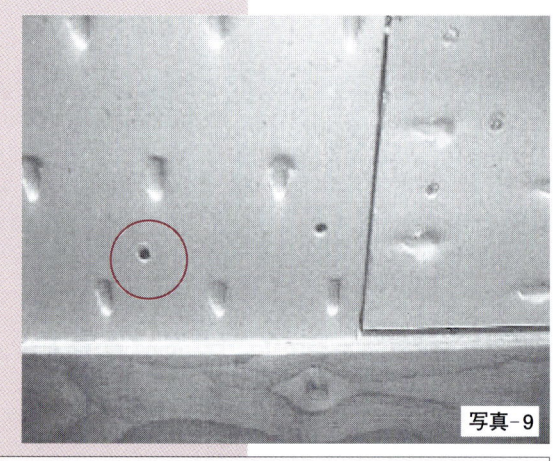

写真-8

写真-9

釘頭をボードにめり込ませている事例（写真-9 ○部分）を散見します。メーカーのマニュアルにも避けるようには記載されていますが，壁が内側に傾斜しているような場合を除き，メーカーでは特に問題とは考えていないようです。ただ，筆者としてはやはり**打込み過ぎ**ボードの強度を損ないますのでできるだけ避けていただきたいと考えています。

鏝塗り作業中に下地がたわんでしまうのでは，きれいな仕上がりは約束されません。**横胴縁**（写真-8 矢印）を入れるのはもちろんですが，場合によっては二重張りとするなどの配慮もほしいと思います。
ただし，この胴縁で筋かいを欠くような事はあっしてはなりません。

2-4 壁の下地に関するその他の注意点について ★

間柱に多少の出入りができることは避けられないといわなくてはなりませんし，何もいわなくても大工さんはそうした部分には必ず処置（写真-10 ○部分）をしてくれます。

ただ，こうした処置が必要になる場合を考慮して，133ページ写真-4のように断熱材の耳をかぶせない施工がなされているとしたら残念なことといわなくてはなりません。

結露防止に必要な措置と壁のでき上がり状態はどちらも重要であり，片方だけの処置を考えた施工は避けていただきたいと思います。

写真-10

写真-11**

コンセントやスイッチなどの取付け穴は，壁材の施工時に大工さんが穴を開ける（写真-11 ○部分）かその位置を明示してくれますが，まれに大工さんが忘れてしまう場合がありますので，電気屋さんにかわって，施工管理者の方はこうした点にも注意していただきたいと思います。

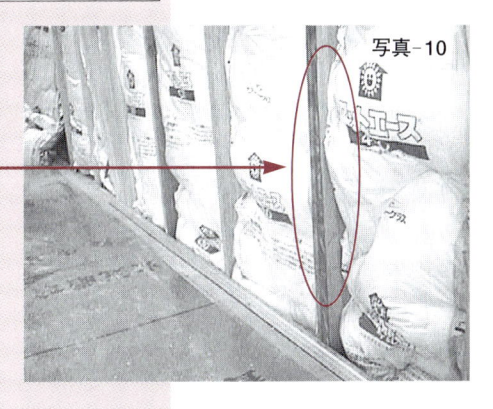

■3 天井回りやその他の内部造作工事について　　重要度：★

3-1 天井下地について ★

1階の天井下地の吊木を2階の根太（写真-1 ○部分）に取り付けてしまっている事例を散見しますが，床の振動の影響を強く受けることになりますので，公庫仕様書にも記載あるように，必要に応じて吊木受け（写真-2矢印）を設け，そこに吊木を取り付けることをお勧めします。

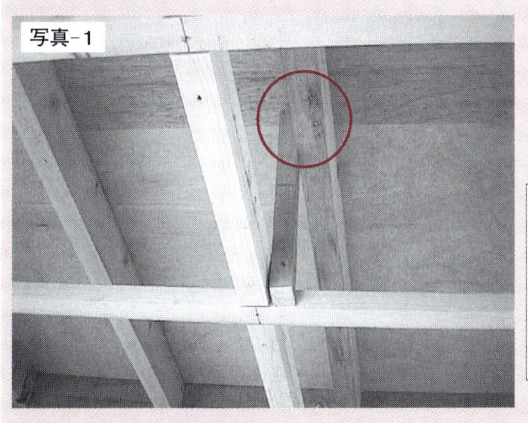

写真-1

写真-2**

通常は，天井には部屋の中央部分を高くした，起りを付けますが，その寸法や起りの要否も含めて，ある程度は大工さんに任せたほうがよい結果が得られる場合が多いようです。

ただし，話合いを持つことが不要といっているわけではありません。この問題に限らず大工さんの考えを聞くことでお互いの意志疎通をはかることは重要です。

3-2 天井材について ★

クロス張り仕様の下地材としては、プラスターボードを使用している事例が多いと思いますが、多くの場合、接着剤を併用しています。写真-3の事例では**木工用ボンド**（○部分）を使用していますが、施工上支障のない必要最小限にとどめるように大工さんと事前に打合せしておくことをお勧めします。

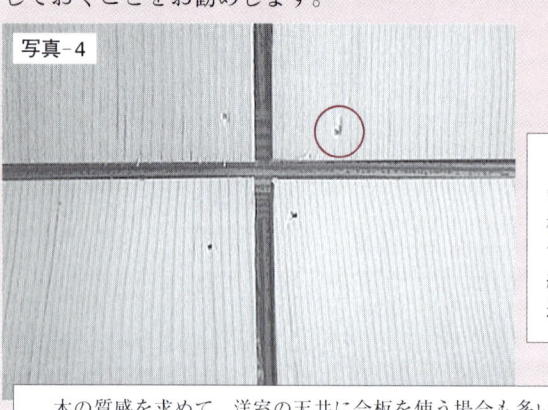

写真-3

写真-4

和室の天井には**化粧合板**（写真-5）を用いている事例が多いといえそうです。しかし、こうした製品に使われている合板の仕様や接着剤の成分は不明なのが多く、あまりお勧めできません。無垢板は価格の点で選択できないとすれば、壁紙などの使用も検討していただき、できるだけ合板の使用を避けることをお勧めします。

木の質感を求めて、洋室の天井に合板を使う場合も多いようです。写真-4の事例では、接着剤を併用した**隠し釘打ち**（○部分）となっていますが、この場合の釘は仮止めの役割であり、固定は接着剤に期待しています。当然接着剤もある程度の量が必要となりますので、化学物質の低減を図る住宅の場合は、こうした仕上げは避けていただきたいと思います。

写真-5

3-3 天井と柱との取合い部分について ★★

天井と取合う部分の柱に、欠込みをする場合があります。写真-6の事例は大黒柱であり、ここまで太い材を使う必要はありませんが、通常のサイズの柱では注意が必要です。

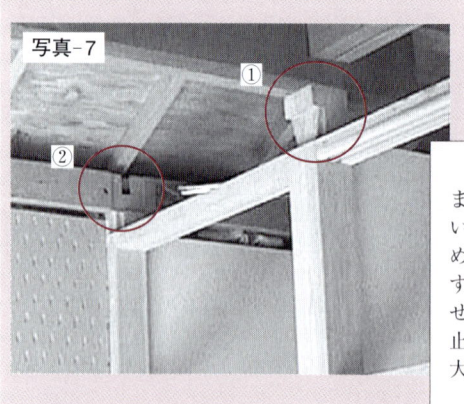

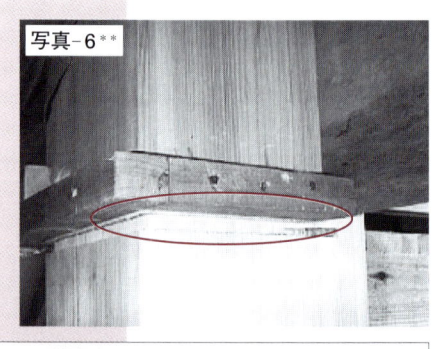

写真-6**

写真-7

通常、回り縁を設けるために「襟輪欠き」（えりわか）（写真-7①）が柱には施されますが、これは断面欠損が大変大きいことを理解していただきたいと思います。確かに回り縁のない和室は奇妙に見えるでしょうから、単純にやめることはできないと思いますが、できれば避けていただきたいと思います。設計者の方々には、回り縁という小さな部材がこうした問題を発生させるという点にも目を向けた設計をしていただき、どうしても回り縁を中止することができない場合は、納まりを変えるか、それもできない場合は大きな断面の柱とするなどの配慮をお願いしたいと思います。

なお、写真-7の事例では、②の部分に刻みの間違いがあったようですが、こうした部分はそのままにせずにすみやかに処置方法を設計者と協議していただきたいと思います。

3-4 階段と柱などとの取合い部分について ★★

柱を欠き込んで**棚板**(写真-8 ○部分)や**階段踏板**(写真-9 ○部分)を取り付ける場合がありますが、これは124ページ「2-2 窓や扉枠と柱との取合いについて」でも述べたことと同様の問題であり好ましくありません。構造的な重要性などを十分に検討し、必要があれば階段や棚板を支えるためだけの柱を設けるなどの配慮をしていただきたいと思います。

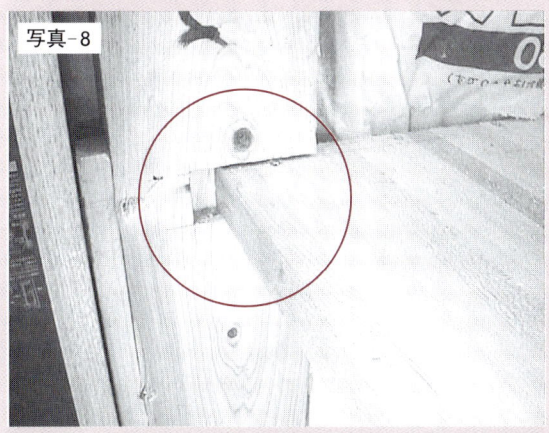

写真-9

写真-8

写真-10*

写真-11

柱を欠き込まずに**ささら桁**(写真-11矢印)を設ける事例のほうが多いと思いますが、それらの多くは、ささら桁だけでなく蹴込や踏面が合板の既製品を使用しているようです。ただ、写真-10、12のようにささら桁や踏板に無垢材を、蹴込板にF1(Fc0)合板を使用した事例や、ささら桁を使わずに柱の欠込みも行わない写真-13、14のような事例もあります。化学物質を避けた住宅を指向している場合などは、こうした点にも配慮していただきたいと思います。

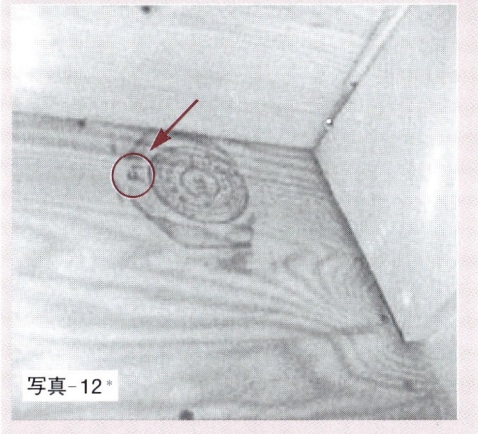

写真-12*

写真-13

写真-14

7 外部造作工事

　外部造作工事として大工さんが行う工事は、外壁下地材としての木摺や合板などの取付け、バルコニー回りの造作、庇、軒天井、外壁通気仕様の場合の縦胴縁の取付けなどがあります。そして、これらの工事に引き続いて行われる左官、防水、外装などの施工はそれぞれの専門職が行うことになります。

　上記のうち、外壁下地材などの工事は仕上材によりその仕様が異なってきますが、117ページ・6章「5-2 外装材を選定するための検討内容について」で述べたように、外壁仕上げとしては塗装工事を除けばモルタル塗り、サイディング張り、乾式工法タイル張りの3つの仕様を本書では記載しています。ここではそれに従って、それらの3つの仕様の下地に関してのみ記載していますので、読者の方々が知りたいと考えておられる造作工事が含まれていない場合があることをお断りしておきます。

　なお、110ページ・6章「5 本書に記載した建材と有害性情報」をまだ読んでいない読者の方は、一度目を通した上でこの節をお読みいただければと思います。

■ 1 外壁下地工事について　　　重要度：★★

1-1 外部造作工事に取りかかる前にしておくこと ★★

　気乾含水率に達していない材が使われることの多い現状では建方以後、徐々に乾燥が進行することになります。乾燥のためにナットの緩みが発生することは避けられないと考えておき、締め直し（増し締め）を必ず実行することをお勧めします。特にスギ材は、含水率が高い材を使用している場合が多く、そうした材が気乾含水率に達する前にふさがれてしまう場合が少なくありませんので注意が必要です。この観点からいえば、増し締めは可能な限り後にしたほうがよいのですが、外部造作工事の段階に入ったらそろそろ、その時期といえます。

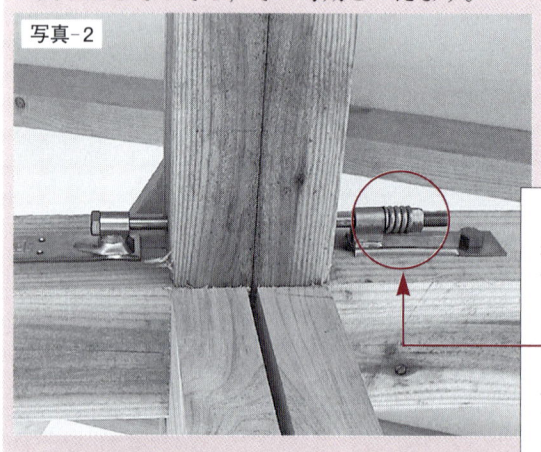

写真-1

写真-2

　筋かい金物や羽子板ボルトなどの**ナットが外壁側に取付いている個所**（写真-1 〇部分）は、外壁下地や防水シートの下に隠れてしまいますので、これらの施工前に増し締めを実行しておかなければなりません。また、**スプリングワッシャー**（写真-2 〇部分）は通常のワッシャーに比べて緩みに追従できる幅が大きいといえますが、きちんと締まった状態が望ましいことはいうまでもありませんし、この時期に気乾含水率に達していない場合も考慮して、やはり増し締めを実行することをお勧めします。

　なお、木やせ追従型といわれているナットが複数のメーカーで製品化されているようですが、強度データなどが明らかにされている製品を使用することをお勧めします。

1-2 モルタル塗り仕様の通気措置について ★

　公庫仕様書には，モルタル塗り仕様の通気構法に関しては記載がありません。そこで本書の主旨とは異なりますが，その概略を写真-4～6に載せておきましたので，参考にしていただければと思います。

　また，通気スペースがふさがってしまっている事例を散見します。特に**窓回り**（写真-3 ○部分）や軒天井との取合い部分に多いようですので注意して下さい。

写真-3

　まず，**透湿防水シート**（写真-4①）の上に**縦胴縁**（写真-4②）が設けられますが，できればここにはヒノキやステンレス釘などの耐腐朽性の高い素材を使用することをお勧めします。

　次に，縦胴縁を下地として**木摺**（写真-5）が打たれますが，この木摺と透湿防水シートとの隙間が通気スペースになります。

　そして，これ以降は，通常のモルタル塗りと同じ手順ということになりますが，木摺の上にラス（150ページ参照）が張られて**モルタルが塗られ**（写真-6①）ます。

　なお，写真-6の事例では最終仕上材として**漆喰**（②）を塗っています。

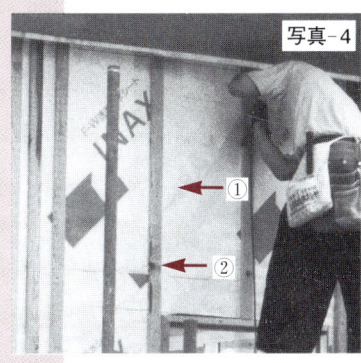

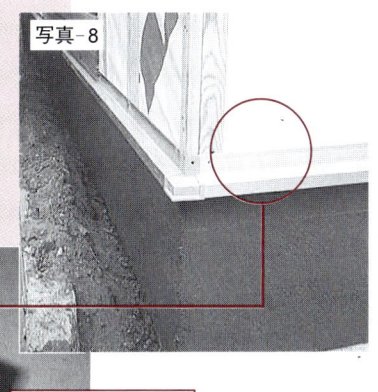

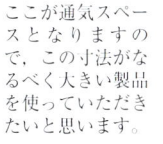

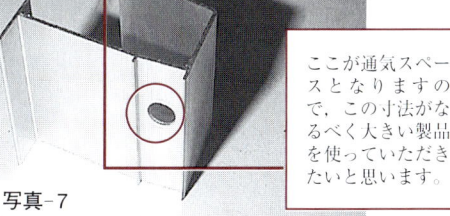

写真-4

写真-5

写真-6

図-1 外壁通気層の納まり[10]

軒天井回り　　　サッシ回り

　図-1の○部分がふさがれてしまい，通気が確保されていない事例が少なくありませんので注意が必要です。

　なお，縦胴縁の寸法は公庫仕様書には規定がありませんが，多くの場合21㎜×45㎜程度の材を使っているようです。ただ，通気層が薄いと空気の粘性が作用して通気の役目を果たさないといわれており[16]，最低でも厚さを30㎜以上とすることをお勧めします（この寸法はサイディングやタイルの通気構法でも同様と考えて下さい）。

　また，地覆部分との見切り縁として，写真-7のような既製品があります。なかには，**通気穴**（写真-7 ○部分）や通気スペースの大きさが不十分な製品がありますので，極力換気量が大きく取れる製品を採用し，虫の侵入を防ぐ配慮も忘れないでほしいと思います。

写真-8

ここが通気スペースとなりますので，この寸法がなるべく大きい製品を使っていただきたいと思います。

写真-7

1-3 モルタル塗りの下地の仕様について ★★

モルタル塗りの下地としては，**木摺下地**（写真-9）と**合板下地**（写真-10）の2つをあげることができます。

写真-9

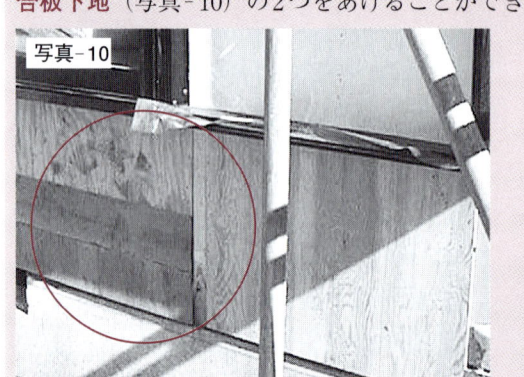

写真-10

建築基準法では，構造用合板の下地には耐力を期待できることになっていますが，規定厚さ以上の合板に，規定長さ以上の釘を規定以下の間隔で固定することで，所定の耐力が得られる（100ページ「1-4 面材耐力壁による架構について」参照）ことを忘れてはなりません。施工状態による差は，木摺下地ほど大きくないといえますが，写真-10のように，**合板を小割り**（○部分）にしたような施工ではまったく耐力は期待できません。雑壁としての効果も期待できなくなりますので，耐力に期待していない場合でもこうした仕事は極力避けていただきたいと思います。

なお，外壁下地は防水紙でカバーされてはいますが，漏水の影響を受けやすい部位といえますので，使用釘はめっきした製品やステンレス製とすることをお勧めします。また，合板に表面処理を施すことでラスを不要とした製品がありますが，防水剤などが使用されており，健康という面から筆者としてはあまりお勧めはできないと考えていることを付け加えておきます。

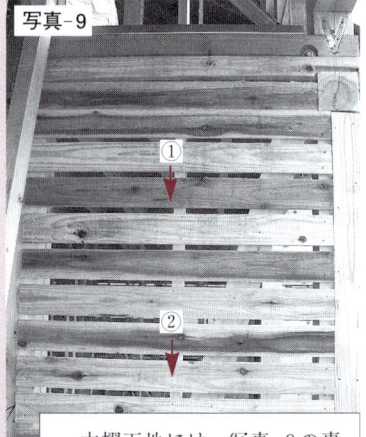

木摺下地には，写真-9の事例のようにスギが使われる場合が多いようですが，スギに限らず**心材**（①）と**辺材**（②）では，前者のほうが耐腐久性に優れているといえます。できるだけ心材を使用することをお勧めします。

なお建築基準法では，木摺下地には耐力を期待できる（壁倍率0.5）ことになっていますが，施工状態によるばらつきが大きいといわなければなりません。できれば壁量計算からは除外しておくことをお勧めします。

1-4 サイディング張り仕様の通気措置について ★

サイディングボードには，大別すると**縦胴縁**（写真-11矢印）を標準とする仕様と，**防水紙に直張り**（写真-12）を標準とする仕様があります。筆者は通気構法をお勧めしていますが，後者の製品を使って通気構法とすることはお勧めできません。メーカーの仕様を守ることが品質確保の第一歩であることを再認識していただき，通気構法とするのであれば，その仕様を指定している製品を選択していただきたいと思います。

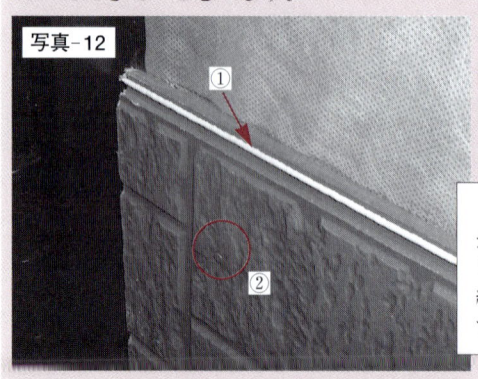

写真-11

写真-12

サイディングボードには，目地部分にあらかじめ**シール**（写真-12①）が施された製品もありますが，**取付け釘**（写真-12②）などの問題もあり，雨水の浸入を完全に防ぐことはできません。モルタル下地と同様に，縦胴縁の材種や釘に耐腐朽性の高いものを使用することをお勧めします。

1-5 タイル張り仕様の通気措置について ★

タイル張りについては，公庫仕様書には湿式工法のみが記載されています。しかし，地震時の挙動が大きい木造建築物には，湿式工法は不適当であると筆者は考えており，タイル張りとするのであれば，通気を設けることを標準とした乾式工法をお勧めます。ただ，公庫仕様書にはそうした仕様に関して記載がありませんので，本書の主旨とは異なりますが，その概略を写真-13～15に載せておきました。参考にしていただければと思います。

> タイルには通気構法を標準としていない製品もありますので，標準としているメーカーの製品を選択することをお勧めします。
> また，タイルメーカーが縦胴縁や釘の仕様までは指定していない場合が多いようですが，他の仕様と同様に耐腐朽性の高いものを選択することをお勧めします。

写真-13　写真-14　写真-15

> **縦胴縁**（写真-13矢印）と**タイル取付け用ボード**（写真-14矢印）とでできる隙間が通気スペースということになります。この事例では，縦胴縁は大工さんが取り付けましたが，タイルメーカーから手配を受けた職人さんが取り付ける場合もあるようです。

■2 その他の外部造作工事について　　重要度：★★

2-1 バルコニーについて ★

バルコニーの排水に関しては，**床面全体で排水口に向かって勾配をとる**（写真-2）場合と，**排水溝**（写真-1）をつくってその部分に排水口を設ける場合の2つに大別できます。大工さんの手慣れたほうを選択することをお勧めしますが，いずれにしても水が溜まることのないよう，勾配をしっかりとらねばなりません。

なお，筆者は防水層の劣化などの問題から，居室の直上のバルコニーはお勧めできないと考えていることを付け加えておきます（156ページ「7 バルコニーの防水工事について」参照）。

> 写真-2の事例のように，バルコニーの**直上に屋根がない場合**（○部分）には，施工中に雨が降るとバルコニー全体が濡れてしまうことになります。防水が完了するまである程度の時間を要する場合も少なくありませんので，釘はステンレス製などを，また合板は耐水性の高いものを使用することをお勧めします。

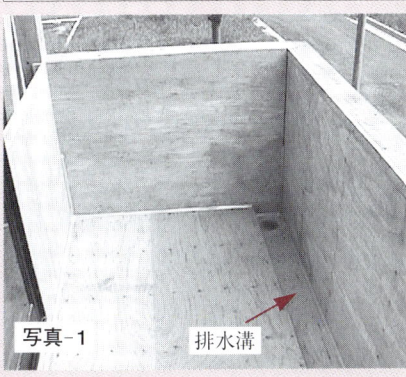

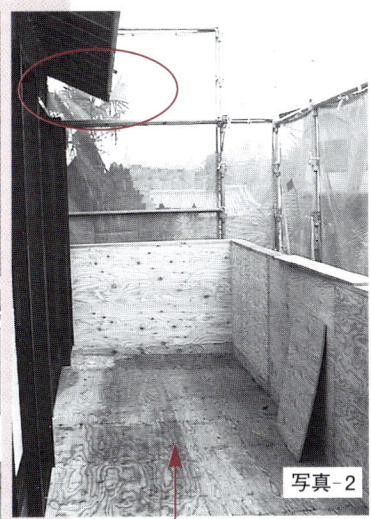

写真-1　排水溝

写真-2

床面全体で排水口に向かって勾配をとる

2-2 庇について ★

下地の素材（写真-3矢印）には、できるだけ耐腐朽性の高い樹種を使用し、また、釘についても庇回りだけでなく、軒天井や鼻隠しなどの部分も含めて、**ステンレス製**（写真-4○部分）を選択することをお勧めします。

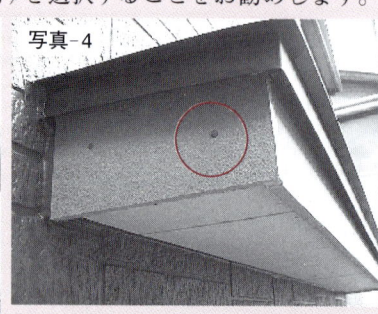

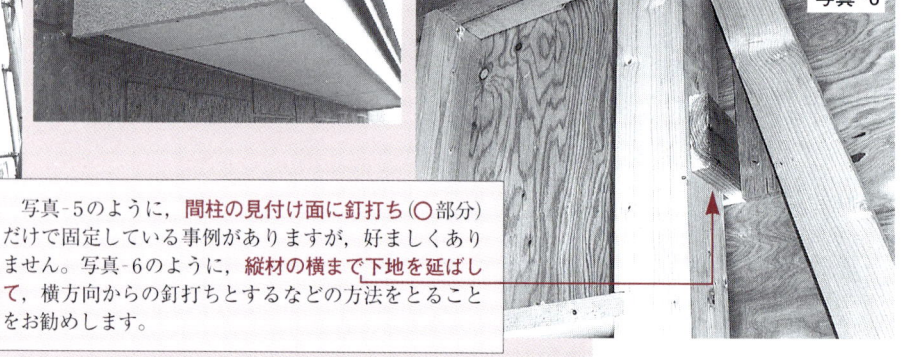

写真-3
写真-4
写真-5
写真-6

写真-5のように、**間柱の見付け面に釘打ち**（○部分）だけで固定している事例がありますが、好ましくありません。写真-6のように、**縦材の横まで下地を延ばして**、横方向からの釘打ちとするなどの方法をとることをお勧めします。

2-3 下屋の屋根と外壁との取合い部について ★

防水紙の立上り部の**下地板**（写真-7・点線部分）を設けない事例が少なくありません。しかし、そうした事例では**防水紙の立上りがたわんでしまう**（写真-8①）場合があるなどの不具合が散見されますので注意が必要です。

こうした問題を防ぐためにも、写真-9のように**下地板**（○部分）を設けることをお勧めします。

なお、庇と外壁との取合い部にも同様に、こうした下地板を設けていただきたいと思います。

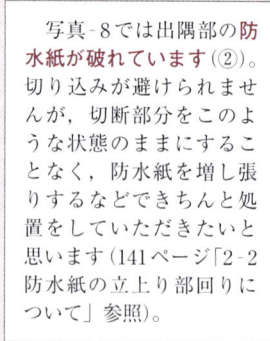

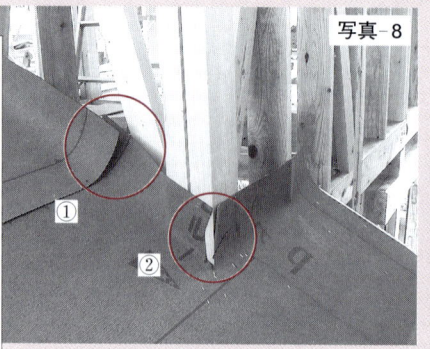

写真-7
写真-8
写真-9

写真-8では出隅部の**防水紙が破れています**（②）。切り込みが避けられませんが、切断部分をこのような状態のままにすることなく、防水紙を増し張りするなどきちんと処置をしていただきたいと思います（141ページ「2-2 防水紙の立上り部回りについて」参照）。

8 断熱工事

　本書に記載した断熱材は，グラスウールとポリエチレンの2種類ですが，選定の理由は118ページ・「5-4 断熱材を選定するために検討した内容」，119ページ「5-5 断熱材について」で述べています。まだ読んでいない読者の方がおられましたら，一度目を通した上でこの節をお読みいただければと思います。

　この2つの断熱材の選択は，化学物質を完全に排除した家づくりは難しいという現実があるものの，少しでも安全と思える素材を使いたいという考えと，工事予算との狭間のなかでの選択ともいえ，筆者としてもこれがベストであると考えているわけではありません。読者の方々がおかれた状況によっては，こうした断熱材を選択する必要がない場合もあり得ますので，そうした際は是非より安全性の高い素材を使用していただきたいと考えていることをつけ加えておきます。

■ 1 グラスウール断熱材の施工について　　　　　重要度：★★

1-1 壁の納まりについて ★★

　グラスウールは吸湿性がありますので，壁内に湿気が浸入するとカビなどが発生する場合があります。こうした問題を起こさないために，グラスウールには防湿層が設けられており，**これを室内側に向けて**（写真-4，5）取り付けること（ほとんどのメーカーの製品には使用する向きが記載してあります）が基本ですが，それ以外にもいくつか守っていただきたいことがあります。

写真-2

写真-1

　写真-1の事例では，断熱材の表裏を**逆向き**（○部分）に施工しています。このような間違いはまれですが，注意していただきたいと思います。

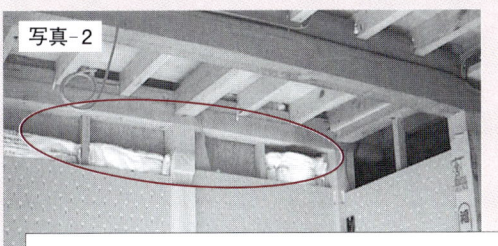

　この事例では断熱材が**胴差し下端部分**まで延びていません（写真-2 ○部分）。天井面まで断熱材があればよいと誤解しているのか，単に材料が足らなかっただけなのかはわかりませんが，こうした仕事が散見されるのは残念なことです。
　写真-3は断熱材が胴差しの下端まで延びていますので，写真-2よりはよい状況といえますが，フルパックタイプを使用していないため**端部**（○部分）が切り離しのままとなっています。防湿テープでふさぐなどの処置をしていただきたいと思います。

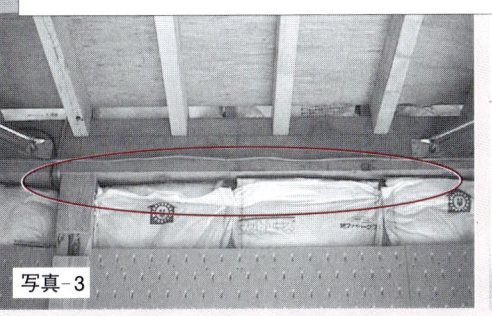

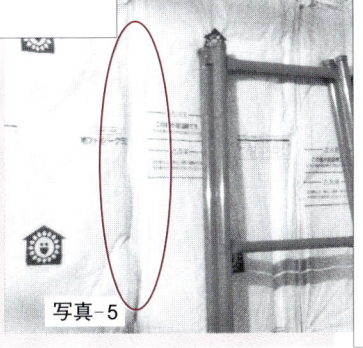

写真-4

　断熱材の長手方向は，多くの場合に，**間柱の横**（写真-4 ○部分）に止められています。しかし，これでは防湿層が間柱部分で切断されていることになり，さらに仕上材との間に隙間ができることから，その部分で結露する恐れもあります。
　公庫仕様書にも記載されているように，**耳の部分を間柱にかぶせ**（写真-5 ○部分）て，防湿層で間柱を覆うように施工していただきたいと思います。

写真-3

写真-5

133

1-2 筋かいとの納まりについて ★★

　　　　　筋かいが室内寄りに設けられていると，**断熱材を切り離さないと納まりません**（写真-6○部分）ので，切断することが当然と考えている大工さんが多いように感じられます。ただ，切断された部分は断熱上の欠点というだけでなく，結露が発生する可能性が増えることにもなりますので避けねばなりません。99ページでも述べたように，たすきがけ筋かいを採用しないことや，筋かいは外壁側に設けることを原則とする，などを守っていただいて，こうした問題が起こらないようにしてもらいたいと思います。

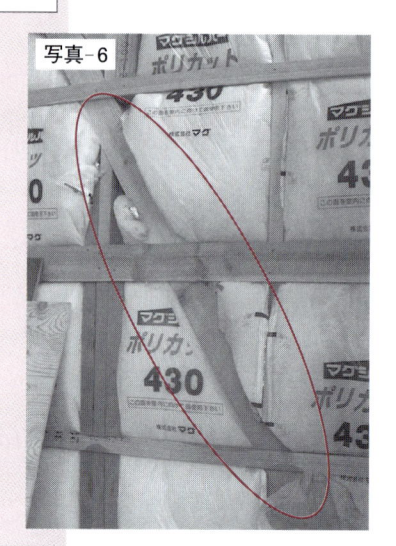

写真-6

1-3 窓回りの納まりについて ★

　　　　　一部に**切れ端のような断熱材**（写真-7①）がサッシの端の狭い部分に押し込まれていますが，他の部分には**断熱材が施工されていません**（写真-7②）。こうした部分には，グラスウール断熱材では対応できません。ポリエチレン系断熱材であれば必要な幅に切断することが可能ですので，状況に応じて断熱材を使い分けることをお勧めします。

　また，設計者の方々にはこうした小さな部分ができてしまうような窓幅を設定しないことや，窓の位置にも注意していただきたいと思います。

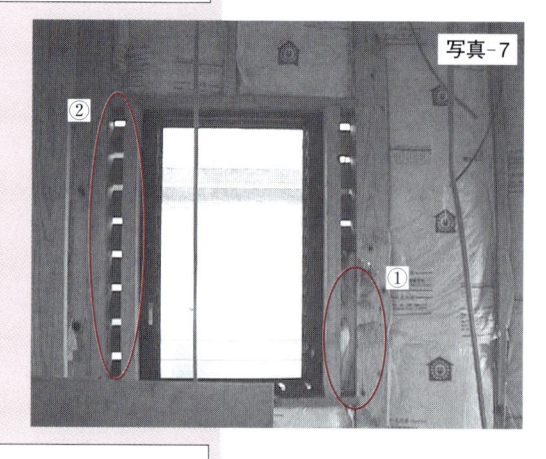

写真-7

1-4 給水管や電気配線との納まりについて ★

　　　　　衛生配管や電気配線などとの取合いが不十分な事例を散見します。原則として，断熱材が施工される壁には，配管や配線を設けないことをお勧めします。

写真-8

電気配線やエアコン用配管（写真-9），あるいは**給水管**（写真-8）などにより，断熱材と内壁仕上材の間に隙間ができてしまう事例が少なくありません。こうした隙間部分には結露が発生する可能性がありますので，断熱材が取り付けられる壁にはコンセント，スイッチ，カランなどは設けないことをお勧めします。

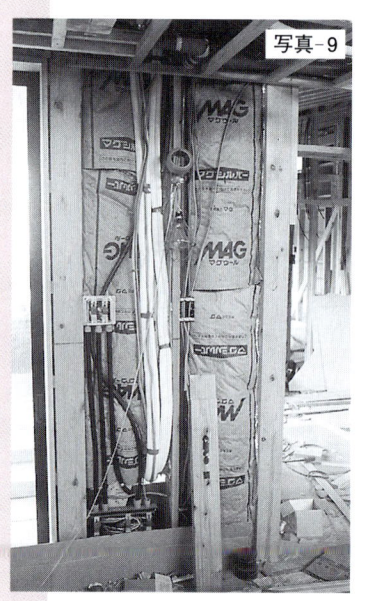

写真-9

1-5 換気設備との納まりについて ★

ダクトと断熱材との納まりが悪い事例が少なくありません。こうした部分の納まりを図面化しておくなどの配慮を，設計者の方々にはお願いしておきます。

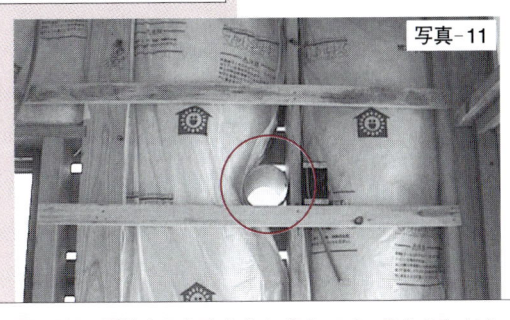

写真-10

写真-11

ダクト回りにできた隙間は，断熱上の欠点となりますので，きちんとふさいでおかなくてはなりません。**トイレなどの排気**（写真-11 ○部分）の場合は，熱の問題はありませんので，穴開けの加工が容易なポリエチレン系断熱材を使用するなどの対策を取っていただきたいと思います。**キッチンの排気**（写真-10 ○部分）の場合には，熱の問題も考慮しておく必要がありますので，熱に弱いポリエチレン系断熱材（メーカーのスペックによれば80℃前後で変形収縮します）がダクトに接することはあまりお勧めできません。耐熱性のあるロックウールなどでダクト部分をカバーするのも一つの方法だと思います。

なお，ダクト内部の汚れを素人である建築主がクリーニングすることはほぼ不可能であり，取り替えも現実的ではないことや，こうした断熱材との取合いの点などから，キッチンの排気にダクトを使用することはあまりお勧めできないと考えています（162ページ「4-2 レンジフードの排気について」参照）。

1-6 天井の納まりについて ★★

天井の断熱材は，その施工状態に不具合があっても，仕上材の施工後では手直しが困難な場合が少なくありません。時期を誤らずに確認することが必要です。

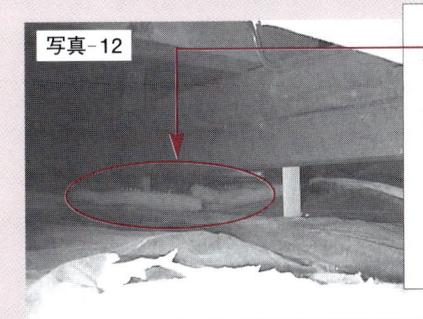

写真-12

写真-12の事例は，断熱材の**端部**（○部分）が見えていたり，盛り上がっている部分があるなど，不十分な仕事といえます。

こうした仕事が少なくないことは残念ですが，**きちんとした施工**（写真-14）をしている事例もあることを知っておいていただきたいと思います。

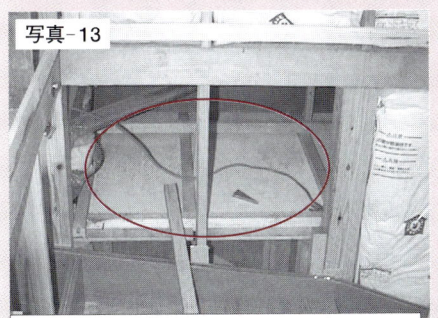

写真-13

写真-14

断熱材は途切れることなく建物全体を包む必要がありますが，**下屋の天井部分**（写真-13 ○部分）に断熱材が忘れられてしまう場合が少なくありませんので注意していただきたいと思います。

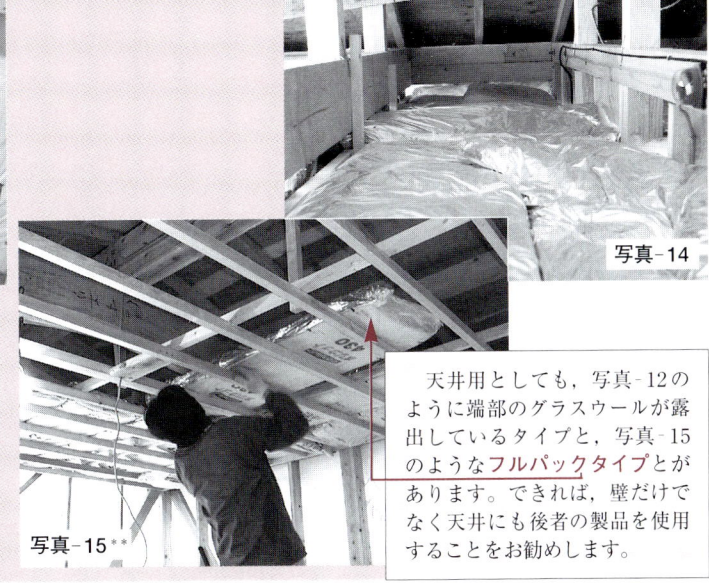

天井用としても，写真-12のように端部のグラスウールが露出しているタイプと，写真-15のような**フルパックタイプ**とがあります。できれば，壁だけでなく天井にも後者の製品を使用することをお勧めします。

写真-15

■2 ポリエチレン系断熱材の施工について　　重要度：★★

2-1 床への取付けについて ★★

グラスウールには床用の製品もありますが，床下は湿気が滞ることが多い場所でもあり，できれば吸湿性の少ないポリエチレン系断熱材を使用することをお勧めします。

図-1 根太に設けた取付けピン

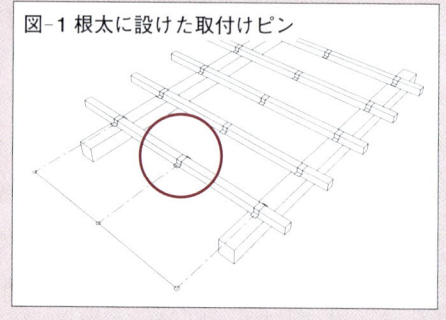

写真-1

ポリエチレン系断熱材は大変軟らかい素材ですので，何も処置しないと**簡単にたわんでしまいます**（写真-1矢印）。専用の**取付けピン**（図-1○部分）などを450㎜程度（メーカーの仕様は500～600㎜となっています）のピッチで必ず設けていただきたいと思います。また，仕様書や設計図などでもこうした仕様を指定しておくことをお勧めします。

2-2 壁の断熱材との取合いについて ★★

床と壁の断熱材との取合い部や，土台のある間仕切り壁部などで，断熱材が途切れるなどの不具合が見受けられますので注意が必要です。

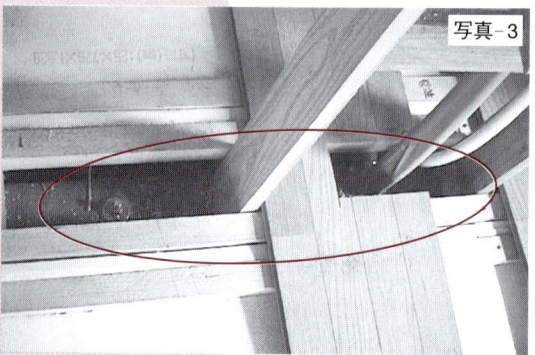

写真-2

写真-3

間仕切り壁と床との取合い部分（写真-3○部分）や**納戸などの間仕切り壁回り**（写真-4○部分）に断熱材が省略されがちなことは，断熱材の種類を問わず共通の問題といえます。冬期にはこうした部分から冷気が吹き込みますので，必ずふさがなくてはなりません。

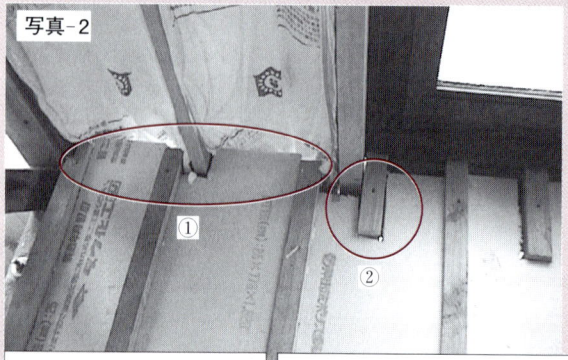

写真-2の事例では，根太部分をきちんと**切り込んで**①おり，そうした部分は丁寧な仕事のほうといえますが，壁の断熱材の手前で**床の断熱材が止まっている**（②）ために，床下の冷気が上昇しやすい形になっています。図-2のように，**床の断熱材を延ばしてその上に壁の断熱材が乗る**ように納めていただきたいと思います。

図-2 床と壁の断熱材の取合い

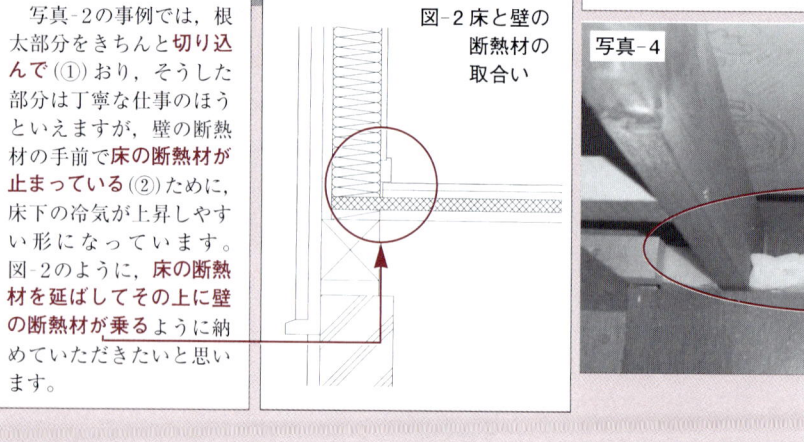

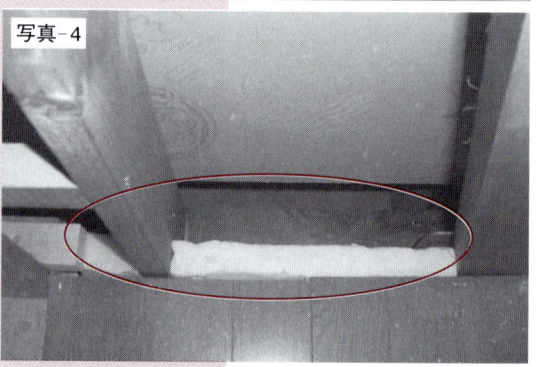

写真-4

3 断熱材の施工時期について

重要度：★★

　グラスウールは水を吸うと断熱性能が低下しますし，また，一度濡れてしまうと乾燥させるのは簡単ではありません。

　したがって外壁の**防水紙の施工が終わる前**（写真-1○部分）に断熱材の施工にかかるようなことは避けなければなりません。

写真-1

写真-2

　断熱材の施工前に**階段のささら桁**（写真-2矢印）が設けられてしまうと，この部分の断熱材の施工が困難になります。施工順序に関しては，基本的には職人さんに任せたほうがうまくいくといえますが，なかにはこうした例外もあることに注意していただかなくてはなりません。

　写真-3は**ユニットバスが先行して設置**（○部分）されてしまったために，断熱材が施工できなくなった事例です。せっかく他の部分に断熱材を施工していても，その意味がなくなるほどの熱量がここから失われてしまいます。施工管理者の方々には，大工さんの作業の進行状態をよく見極めて適切な時期に搬入するようにしていただきたいと思います。

　また，ユニットバスの気密性はかなり高いと思われますが，天井点検口（写真-4）の構造はたいていの場合非常に簡単なため，この部分の気密性はあまり高いとはいえないようです。結露が発生する可能性もゼロではないように思われ，これらの点を考えるとユニットバス回りには吸湿性の少ないポリエチレン系断熱材を使用したほうが問題が少ないと筆者は考えています。ただ，ユニットバスには断熱材を吹き付けた製品もあり，点検口の気密性も十分であることが確認されれば，グラスウールを使用しても問題は少ないと思われます。

　なお，写真-5のようにユニットバス部分を外部扱いとして，浴室と他の部屋との間仕切り壁に断熱材を挿入した事例もあります。工夫する姿勢は評価したいと思いますが，浴室の寒さの問題を考えれば，プランニングや設置時期などでの工夫が望まれるところです。さらに，こうした仕様の場合は，ユニットバス**直上の断熱材**（写真-4矢印）を忘れがちのようです。この部分の面積は相当に大きく，損失熱量はかなり大きいことが予想されますので注意が必要です。

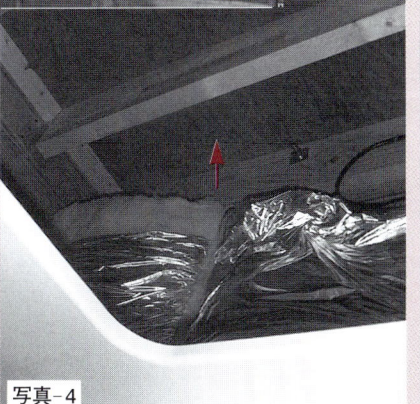

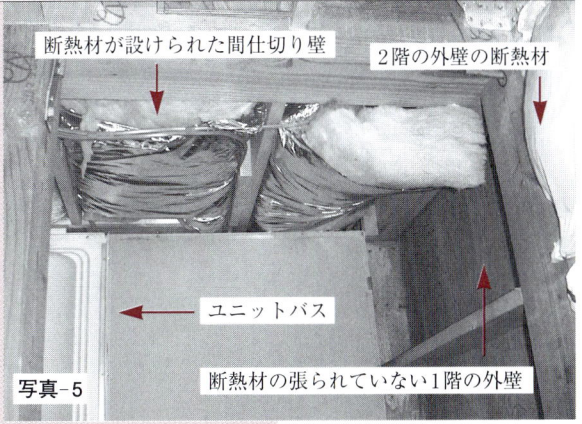

写真-3

写真-4

写真-5

断熱材が設けられた間仕切り壁
2階の外壁の断熱材
ユニットバス
断熱材の張られていない1階の外壁

コラム4　現場打ち工法による地下室施工の一例

住宅の地下室の施工方法については、プレキャストコンクリート版やサンドイッチ鋼板などを組み立てる工法（以下「プレハブ工法」といいます）と現場打ちコンクリートによる工法（以下「現場打ち工法」といいます）の2つに大別できます。

ここに記載したのは現場打ち工法の一つの事例ですが、専門の業者さんが行ったものです。これは**小型の機械**（写真-1①）が使用できるスペースさえあれば、敷地をいっぱいに使った地下室が施工可能な点が特徴です。読者の方々の参考としていただければと思います。

なお、「プレハブ工法」に使用される工場生産された製品は、一定以上の品質が確保されているといってよいと思います。ただ、当然ですが現場作業がないというわけではありませんので、そうした部分に」関しては現場打ち工法と同様に、精度の確保などに最新の注意を払わねばなりません。

「プレハブ工法」のなかには「1日で地下室ができます」といったような、短工期を売り物にしている施工会社もあるようですが、工期の短縮を優先して施工品質を忘れるようなことがあってはなりません。

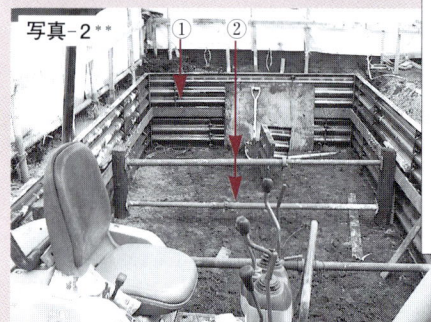

写真-1に見える**鋼製矢板**（②）を地下外周壁の外側に組み、**腹起こし**（写真-2①）と**切り梁**（写真-2②）を設けて山留めとし、ユンボで順次掘削していきます。

こうした作業は事前の計画もちろん重要ですが、現場の状況に応じた適切な処置が欠かせませんので、施工管理者の責任は重大です。

写真-3は根切りが完了し、底盤の下に**割栗石**（③）を敷き込んだところです。**腹起こし**（①）が3段設けられているのがわかると思いますが、この事例では地盤状態が良好なため、**切り梁**（②）が1本しか見えませんし、火打ち梁も見えません。これらの必要性は地盤の状態に左右されますので、どのような場合でもこのような形でよいというわけではないことに注意して下さい。山留めの仕様は土質の状態に応じた構造計算に基づき決定されなければなりません。

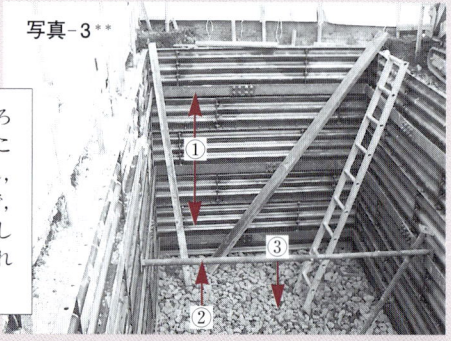

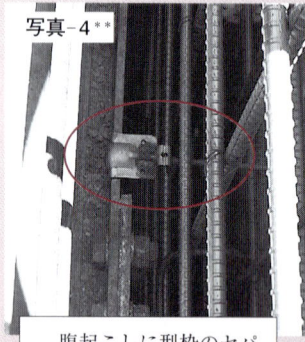

腹起こしに型枠のセパレーター（写真-4 ○部分）が固定されていますが、これはこの工法の工夫の一つです。

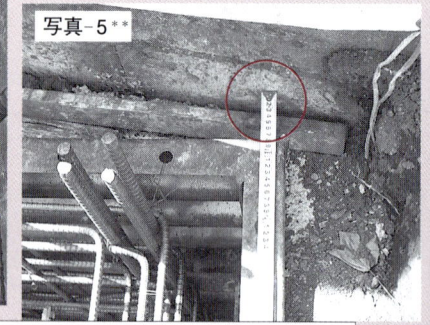

コストの問題はありますが、矢板を残してしまうことで境界とのあき寸法を約8cm（写真-5 ○部分）としています。敷地をいっぱいに使う工夫の一つです。

地下室は、地価が高く容積率にも余裕のある場合が多い都心やその周辺部では、今後、需要は増していくと思われます。ただ、地下水や結露、洪水などへの対策も十分にしておかないと、使い物にならない部屋となってしまうこともあり得ますので、それらについての事前の十分な検討が必要であることはいうまでもありません。

注）このコラムの記載内容はマルイ木材のご協力を得ています。

7章

上棟以降に大工さん以外の職人さんが行う仕事に関し確認しておきたいこと

屋根・板金工事
内部の左官，内装，塗装，木製建具
外部の左官，内装，塗装，木製建具
給排水・ガス・電気・空調・住器工事
その他の工事（防腐・防蟻処理，仮設工事）

1 屋根・板金工事

屋根葺き材は，数多くのメーカーからさまざまな素材の製品が造られ市場に流通しています。ここで，それらの製品のすべてを取りあげるには紙面の制約もあり，さらに内装材のように「健康」というキーワードで絞り込むことにも無理があります。そこで，屋根葺き材そのものの施工上の注意点に関しては，マニュアルなどが整備されている製品が多いことからここでは割愛させていただき，屋根葺き材の下地（下葺き）回りや板金の施工上の注意点を主に記載することとしました。

こうした点をご理解いただき，読者のご使用予定の屋根葺き材のマニュアルと合わせて本節をお読みいただければ幸いです。

■ 1 屋根葺き材の耐久性について　　重要度：★★

屋根葺き材は，外壁材とともに厳しい自然条件に長期にわたって耐えることを要求されている部位であり，この部分の劣化が架構に与える影響の大きさを考えると，イニシャルコストだけで選択するのではなく，耐久性に関しても十分な検討をした上で選択していただきたいと考えます。

表-1 おもな屋根葺き材と耐久年数[17]

屋根葺き材	耐久年数
セメント瓦	5～20年
亜鉛めっき鋼板	5～40年
化粧スレート	10年～50年
ステンレス	20年～60年
銅板	20年～100年
本瓦	20年～∞

設計段階は本書の対象外ではありますが，建物全体についての品質確保という視点から，屋根葺き材の耐久性について以下に少し述べておきたいと思います。

屋根葺き材の耐久性に関しては，多くの研究結果が公表されていますが，環境などにより大きな差がでてしまいますので，汎用性のある評価はなかなか難しいといわなければなりません。表-1におもな屋根葺き材に関する耐久年数を記しましたが，かなり幅のあるものとなっており，これはあくまでも一つの目安に過ぎないという点に注意して下さい。

この表から，亜鉛めっき鋼板が40年もつのであればそれで十分と考える読者の方もおられるかもしれませんが，短い場合は5年という可能性がある点にも着目していただかねばなりません。また，いわゆるめっき鋼板は，曲げ加工をした部位のめっき面が防錆上の弱点となりますし，化粧スレート葺きでは亜鉛めっき鋼板を棟や「けらば」などに使用する場合が多く，化粧スレート自体の寿命よりも金属部分の寿命が，屋根全体としての寿命を決定してしまう場合があることにも注意していただきたいと思います。そうした意味でいえば，銅板のように，素材自体が防錆性能をもったもののほうが望ましいといえます。

なお，瓦は荷重がトップヘビーとなる問題や，化粧スレートは建物解体時の石綿の問題などがあり，選択に当たってはこうした点にも配慮していただければと思います。

■ 2 防水紙について　　重要度：★★

2-1 張込み方法について ★★

防水紙は**横張り**として，**軒先から**（写真-1）棟へ向かって，重ねしろ（100mm以上）を取りながら敷いていきます。

写真-1

写真-2

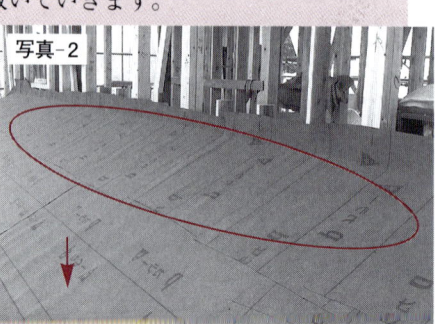

写真-2は，下屋と2階の外壁とが取り合う部分の防水紙を**縦張り**（○部分）としてしまった事例です。こうした張り方は，防水上の弱点を多数つくることになってしまいます。**下部は横張り**（矢印）となっていますので，この職人さんは張り方の原則は知っているようですが，手間や材料の節約をしたのであれば，残念なことといわなくてはなりません。公庫仕様書の解説図にしたがい必ず横張りとしていただきたいと思います。

2-2 防水紙の立上り部回りについて ★★

防水紙の**立上り高さの不足**（写真-4 ○部分）を始め，この部分は防水上の要点であるにもかかわらず不具合な施工が散見されますので注意が必要です。

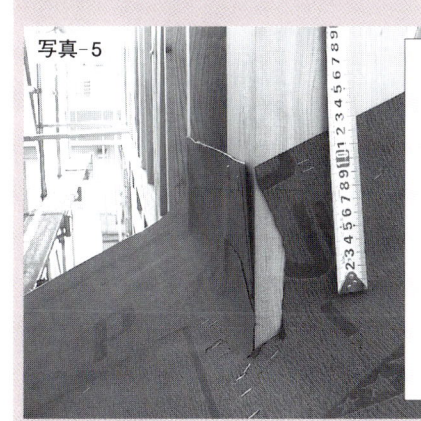

写真-3

写真-4

たいていの場合は，ボルトは座掘りをした上で取り付けられますが，これが忘れられてしまうと，**ボルトの頭が防水紙を破ってしまう**（写真-3 ○部分）場合があります。外壁回りに関しては，こうしたところにも目を配っていただければと思います。

写真-5

写真-6

下屋と外壁の**出隅部分**（写真-5）との取合いや，下屋の**棟と外壁の取合い部分**（写真-7）の防水紙の立上りが，破断したままで施工されている事例を散見します。必ず防水紙を増し張りするなどの処置をしていただきたいと思います。

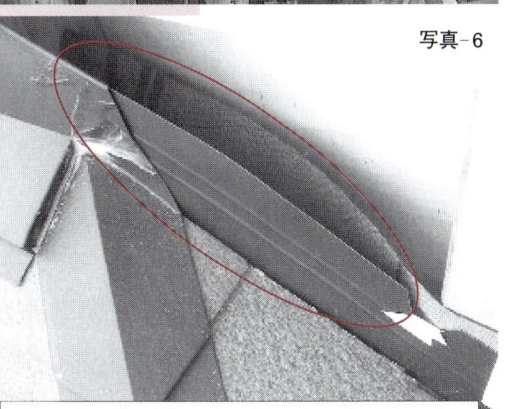

132ページ「2-3 下屋の屋根と外壁との取合い部について」で述べたように，裏当て板がないと防水紙の**立上りの納まりが不十分**（写真-6 ○部分）になる場合があることを理解していただきたいと思います。また，写真-8は**縦桟**（矢印）が防水紙を下に押し付けており，これには大工さんの配慮のなさを指摘せざるを得ません。防水上の欠陥は，少しの注意で防げる場合もあること理解していただきたいと思います。

写真-7

写真-8

2-3 瓦桟について ★

瓦や厚形スレートなどは，**瓦桟に掛け**（写真-10矢印）て葺いていきますが，この瓦桟が屋根材を通過してきた雨水をせき止めてしまうことのないように，**縦桟**（写真-9矢印）を設ける必要があります。

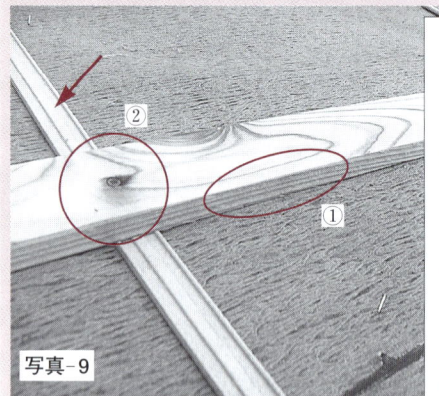

写真-10

写真-9の事例では，樹脂製の縦桟を使用していますが，瓦桟と防水紙が**密着**（①）しているところもあり，縦桟の厚さが不十分といわなければなりません。少しでも断面寸法の大きいものを使用していただきたいと思います。

また，この事例では瓦桟はスギの白太（辺材）を使用していますが，できれば赤身（心材）を，そして釘はステンレス製などの耐食性の高いものを使用していただきたいと思います。

この事例ではすでに錆が発生しており，**めっきしていない釘**（②）を使用しているように思われます。

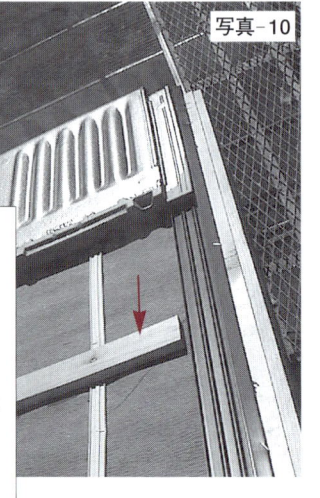

写真-9

■3 板金工事について　　　　　　　　　　重要度：★★

3-1 棟，壁などとの納まりについて ★★

誤解をおそれずに言えば，板金工事にはあまり高い防水性能は期待できません。それは板に切り込みを入れながら，**折り曲げて組み上げるだけ**（写真-1）であることからも理解していただけると思います。そのためでしょうか，**シーリングを施している事例**（写真-2, 3○部分）も少なくありません。ただ，外部に暴露されたシーリングは劣化が早く，場合によっては数年で補修が必要なこともあります。

簡単なことではないと思いますが，設計者の方々には，そもそもこうした納まりを必要としないプランニングを心がけていただきたいと思います。

写真-1

写真-2

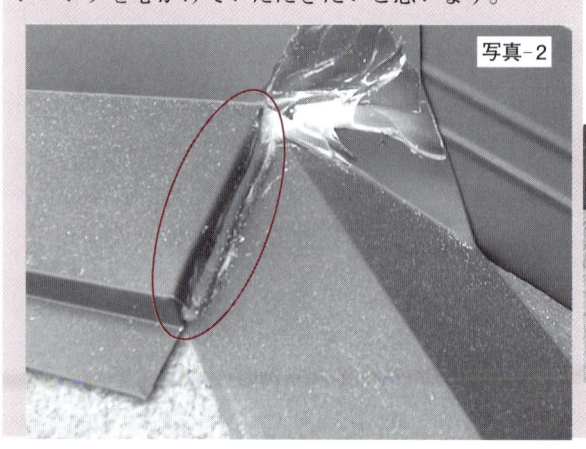

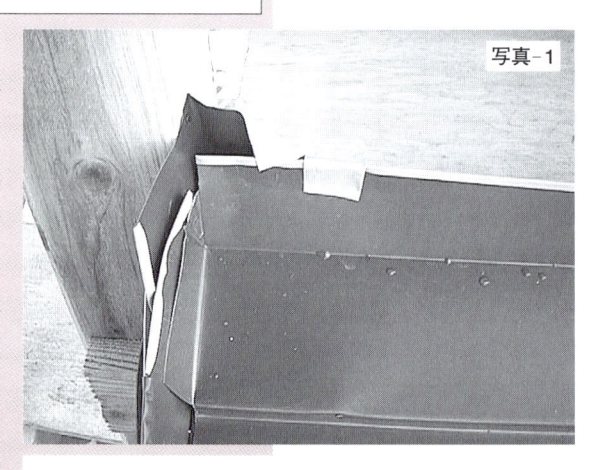

写真-3

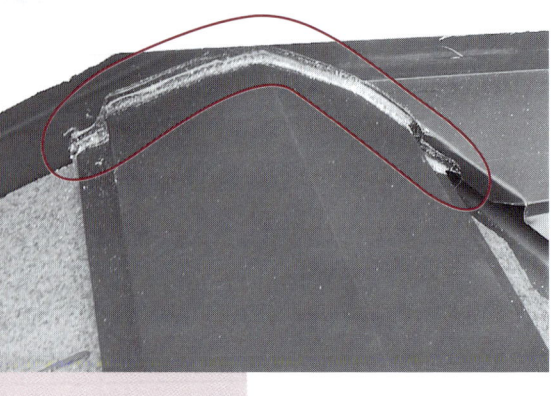

3-2 バルコニー回りの板金について ★

バルコニーの**笠木**（写真-5）や**水切り**（写真-4）などの板金の納まりも，寄棟部などと同様に，**シーリング**（写真-4，5 ○部分）を頼りにしている事例が多いといえます。シーリングが劣化しても，躯体部に与える影響が少しでも小さくなるような工夫を設計者の方々には望みます。

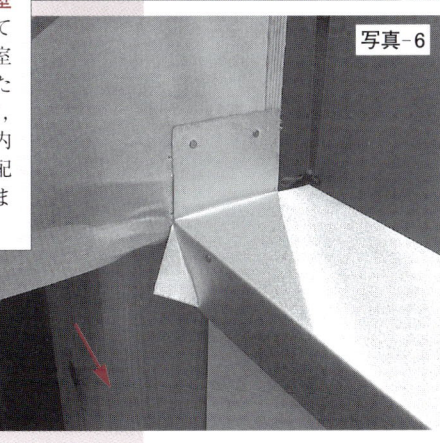

写真-4

写真-5

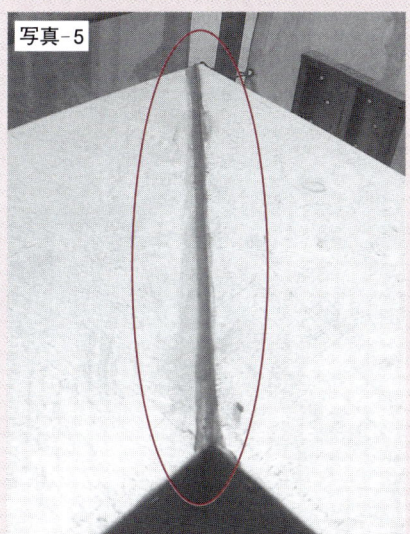

写真-6の事例では，外壁の防水紙がバルコニーの**腰壁より下**（矢印）に施工されていません。特に，直下を居室にしている場合は，こうした部分にも防水紙を施工して，シーリングが切れても躯体内に水を浸入させないように配慮していただきたいと思います。

写真-6

3-3 軒樋の受け金物その他について ★

公庫仕様書では，受け金物の間隔は樋の材種によって異なりますが，700〜900mm程度と規定しています。ただ，樋によっては，それでは広すぎる場合もありますので，メーカーの仕様を確認しておき，それを必ず守らせていただきたいと思います。また，いわゆる多雪地でなくても降雪データを確認の上，受け金物の間隔を決定することをお勧めします。

写真-7

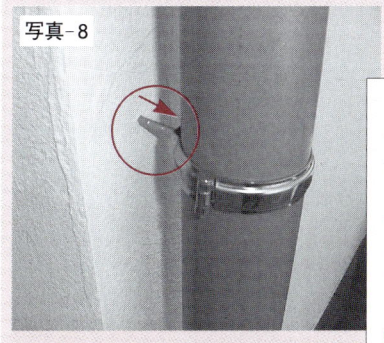

写真-8

多雪地以外では，受け金物の間隔を**900mm前後**（写真-7 ①）としている事例もあるようですが，できれば材種にかかわらず**450mm〜600mm程度**（写真-7 ②）の間隔としておくことをお勧めします。

また，たてどい受け金物（でんでんともいいます）は外壁の仕上げ部に**打ち込む**（写真-8）か，あるいはビス止めなどで取り付けられますが，いずれにしても外壁を傷付けることになります。この部分にシーリングを施したとしても前述しているように，暴露しているシーリングの劣化は進行が早く，それほど長期の防水性は期待できません。つかみ金物を**下向き勾配**（写真-8 ○部分）に取り付けることや，外壁通気構法として防水紙まで貫通することなく取り付けるなどの工夫が望まれます。

■4 屋根の形状について

重要度：★

　ここには，施工段階だけでの努力では限界があることを知っていただきたいという主旨で記載しました。設計段階での少しの配慮が，こうした問題を解決する場合があることを知っていただければと思います。なお，ここに掲載した事例のいずれについても，職人さんたちは厳しい条件にもかかわらず，一生懸命作業していたことを付け加えておきます。

4-1 棟，軒先の高さが異なる屋根の取合いについて ★

　特に軒が深い場合は，**屋根が重なった部分**（写真-1 ○部分）の工事は難しいといえます。作業のしにくい部分の品質はどうしても低下する傾向があり，こうした部分をつくらないような設計上の工夫が望まれます。

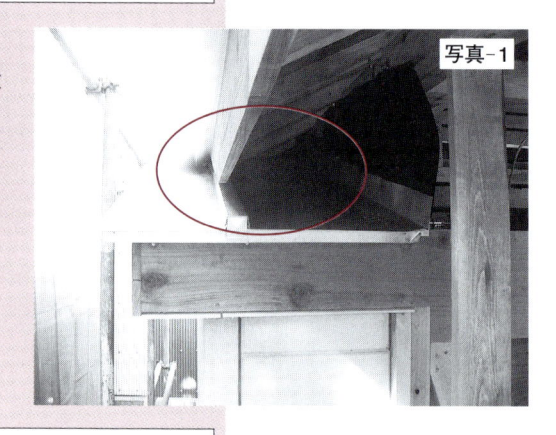

写真-1

4-2 出窓について ★

　出窓部の屋根と，本体の屋根の軒天井との距離が小さい場合は，屋根工事だけでなく軒天井の造作や塗装工事など，いろいろな職種の職人さんが苦労する（153ページ・写真-2，155ページ・写真-2参照）ことになります。

写真-2

　写真-3は写真-2の ○部分の板金工事ですが，狭い部分の作業で苦労していることをわかってほしいと思います。
　建築基準法上での出窓の扱いとして容積率の算定対象外とするために，このような形にする場合があるようですし，筆者としては，こうしたことで建築主の要望に応えることを否定するものではありませんが，そのために施工品質の低下を招いてしまうことのないよう注意していただきたいと思います。

写真-3

2 内部の左官，内装，塗装，木製建具

　本書に記載することとした内部回りの仕上材としては，6章「5 本書に記載した建材と有害性情報」の111ページおよび112ページの表のとおりですが，これらのうち大工さんが行う工事分を除いた，左官，内装，塗装，木製建具などの工事についてここに記載しています。

　なお，6章「5 本書に記載した建材と有害性情報」をまだ読んでいない読者の方は，一度目を通した上でこの節をお読みいただければと思います。また，仕上げの程度に関しては，建築主と齟齬が生じる場合が少なくありませんので，事前に仕上げ状態が判断できる見本を提示するなど，了解をとっておくことをお勧めします。

■ 1 内部の左官工事について　　　　　　重要度：★

1-1 施工にあたっての注意点 ★

　下塗り材としては，石膏プラスターが使われる場合が多いといえますが，この材料はごく一般的に使われている素材であり，扱いに慣れている職人さんが多いので問題の発生は少ないといえます。ただ，硬化するために水分を必要としますので，日射などによって急激に乾燥すると，ドライアウトと呼ばれる硬化不良を起こす場合や，逆に長時間湿潤状態におくと強度が低下するなどの問題が発生する場合がありますので注意が必要です。

　また，仕上材料の中には，繊維壁のように下塗りを十分に乾燥させた後に施工しないと，カビや白華現象などが発生する恐れのある製品もある一方で，漆喰などのように日をあけずに塗ることが必要な材料もあります。職人さんにまかせても支障はない場合がほとんどといえるようですが，施工管理者の方々には，使用する製品の施工要領書などを事前に確認しておき，現場と相違があれば指摘できるようにしておいていただきたいと思います。

写真-1

　写真-1は珪藻土の施工事例ですが，この材料に限らず，乾燥期間や温度について施工要領書で規定している製品がありますので，事前に必ず確認しておくことをお勧めします。
　なお，塗り上がったばかりの壁に誤って触れてしまうことを避けるために，原則としてこの作業にかかったら他の職種の作業を入れないようにすることをお勧めします。

1-2 建築主の方に説明していただきたいこと ★

　写真-2は漆喰に発生した**クラック**（矢印）ですが，どのような材料を使用するにせよ，左官仕上げに関してはクラックを完全に防ぐことはなかなか難しいといわねばなりません。設計者の方はそうした可能性について，建築主の方に事前に説明しておかねばなりませんが，施工管理者の方も建築主へ説明し，了解を得た上で施工にかかることをお勧めします。

写真-2

　左官仕上げの壁に関し，クラック発生の可能性を前もって建築主に伝えている施工会社があります。竣工後のクレームからのがれるために，こうしたことを伝えるという後ろ向きの姿勢の場合には賛成できませんが，できる限りの防止努力をした上でも発生してしまったものについては，不可抗力であると言い切ることも必要と考えています。こうした考えに異論をお持ちの読者もおられると思いますが，筆者としてはこの施工会社の勇気を評価したいと思います。

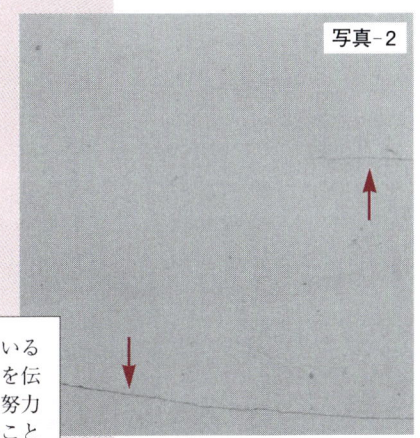

■2 内装工事について

重要度：★

2-1 クロス張りの下地処理について ★

下地処理の状態が，クロス張りの出来栄えに大きな影響を与えます。手間のかかる大変な作業ですが，きちんとした処理をしていただきたいと思います。

なお，下地のパテには酢酸ビニルモノマーや防カビ剤などが含まれている製品が多いようです。居住者だけでなく作業者の健康への影響も考えられますので，極力有害性の少ない，成分の明らかな製品を使用していただきたいと思います。

写真-1**

2-2 クロス張りについて ★

一般的にいって，クロス張りの仕上がり具合は良好な仕事が多いように感じられます。写真-2，4のような複雑な形状でも実にきれいに張ってくれますが，だからといってあまり複雑な形にすることはできるだけ避けていただきたいと思います。

なお，クロスののりが周囲に付着しますので，きちんと拭き取りながら作業をすることが必要です。

写真-2**

写真-3

写真-4**

写真-5**

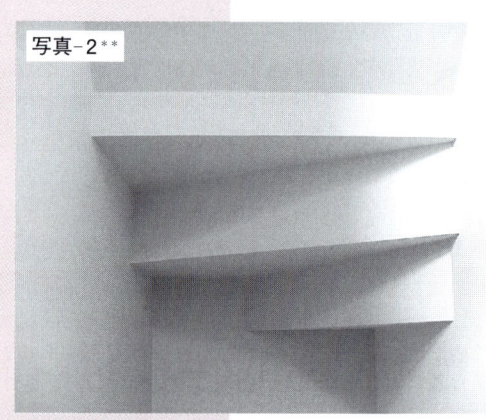

写真-3は，幅木に残ったクロスののりが，**時間の経過とともに変色**（○部分）してきた事例です。建物完成後のクリーニングでは，こうした部分は見逃されてしまうことがあり，**クロス張りの段階で完全に拭き取ってしまう**（写真-5）ことをお勧めします。

なお，拭き取りを容易にするために，クロス張りの前に建具枠や幅木などの塗装を済ませておくことをお勧めします。

■3 内部の塗装工事について　　　　　　　　重要度：★

3-1 天然系塗料について ★

　天然系塗料は，塗膜形と含浸形に大別できます。前者には，金属やプラスターボード下地にも塗装できる製品もありますが，含浸形の塗装下地としては木部だけということになります。

　天然系塗料は，有機溶剤系の塗料と比較すると，耐久性などは劣るようですので，下地の状態には十分な配慮が必要です。含浸形や塗膜形にかかわらず，下地の仕様（含水率，pH値など）を明示していない製品の使用はなるべく避けることをお勧めします。

写真-1**

写真-2

　写真-1は含浸形天然塗料，写真-2は塗膜形天然塗料の塗装事例ですが，いずれにしてもウレタン系塗料のような光沢のある仕上がりにはなりません。使用条件や建築主の要望を適切に判断していただいて，採否を決定してもらいたいと思います。

写真-3**

　写真-3は，含浸形塗料を左官仕上げの**壁との取合い部**（矢印）に塗装しているところです。この塗料は無色ですので，左官材料による汚れ防止に有効なようです。
　なお，造作工事ではみ出た接着剤が残っていると，塗装の色むらができることがありますので，造作工事の時点できちんと拭き取るよう，大工さんに指示をしておくことをお勧めします。

3-2 非溶剤型塗料（低臭形塗料）について ★

　内装用のエマルジョン系や水性反応硬化形のアクリル樹脂塗料は，コンクリート，モルタル，木，プラスターボードなどへの塗装が可能ですが，鉄部には適当ではありません。いわゆる健康建材ではありませんが，水性ウレタン系塗料などが鉄部には適しているようです。

　いずれの塗料を選択するにしても，メーカーのマニュアルに適合した塗料を選択していただきたいと思います（155ページ「6-2 下地の状態について」参照）。

写真-4

　写真-4は，水性反応硬化形アクリル樹脂塗料を現場塗装した事例です。いわゆる焼付け塗装のような**シャープ**（写真-5）な仕上がりにはならず，塗膜の厚さによっては，ぼんやりとした感じの塗り上がりになります。さらに，はけ目が目立つ場合もあり，こうした仕上がりに不満を持つ建築主もおりますので，事前に仕上がり状態を提示して了解を得ておくことをお勧めします。

写真-5

■4 内部の木製建具について　　　　　　　　　　　重要度：★

　通常の予算の工事では，木製建具は既製品を使用する場合が大半だと思いますが，そうした既製品は合板やパーティクルボードなどでつくられている製品がほとんどといってよいと思います。

　しかし，建具からのVOCなどの放散量が床や壁などからよりも大きくなっている事例があるという情報もあり[18]，予算の許す範囲で無垢材を使用することも検討していただけたらと思います。

　なお，間取りや扉の開き勝手の方向などに関する変更があった場合，そうした情報が建具屋さんに届いていない場合が少なくありません。できれば現場での採寸時に立ち会っていただき，開き勝手やスイッチの位置などについて不具合がないかも含め確認することをお勧めします。また，合板のホルムアルデヒド放散量に関する表示が変わります（112ページ・表-1 内装材の有害性情報の評価「木質系ボード」の項参照）ので注意して下さい。

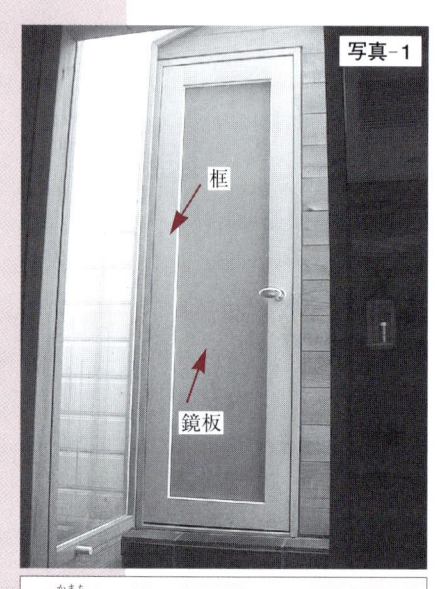

写真-1

框
鏡板

　框だけでなく鏡板にも無垢材を使用すると，高価なものになってしまいます（それほど高価でない無垢材の既製建具もあるようです。ただし，枠は無垢ではないようです）ので，鉄板に「くもりガラス」（写真-1）や，F1（Fc0）タイプの「シナ合板」（123ページ・写真-5）を用いるのも，有害性とコストの低減の方策の一つだと思います。

　ただ，上記の素材に抵抗感をもつ建築主の方もおり，使い勝手上不適当な場合もありますので，個々の状況に合った最適解を見つけていただければと思います。

　また，建具製作にあたっては，接着剤を完全に排除することはできませんので，無垢材を使ったからといって化学物質を一切使っていないということにはならないことに注意して下さい。

3 外部の左官，外装，タイル，塗装，防水

　本書に記載することとした外部回りの仕上材としては，6章「5 本書に記載した建材と有害性情報」で述べたように，外壁仕上げとしてのモルタル塗り，サイディング張り，乾式工法タイル張りの3つの仕様と，床の仕上げとしての湿式タイルに限定しています。防水紙やモルタル塗りの下地に関してもここに記載していますが，読者の方々が知りたいと考えておられる仕上材が含まれていない場合があることをお断りしておきます。

　なお，6章「5 本書に記載した建材と有害性情報」をまだ読んでいない読者の方は，一度目を通した上でこの節をお読みいただければと思います。

■ 1 防水紙について　　　　　　　　　重要度：★★

1-1 張込み方向について ★★

　防水紙の張込み方向に関し，公庫仕様書の解説図には縦張りが描かれています。ただ，縦張りと横張りを比較すれば，後者のほうが浸入してきた雨水に対しては有効であり，施工上に無理がなければ横張りとすることをお勧めします。

　なお，防水紙のサッシ回りや設備配管などとの取合い部分に関しては，それぞれ6章「4 金属製建具工事」，7章「4 給排水・ガス・電気・空調・住器工事」を参照して下さい。

写真-1

防水紙を縦張りに施工（写真-1）することが間違いであると言うつもりはありません。また，どのような場合でも横張りにすべきであると言うつもりもありません。

建物の形状によっては，横張りが適当ではない場合もありますので，個々の状況に合わせて適切な張込み方向を選択していただければと思います。ただ，特に複雑な形状でなければ，**横張り**（写真-2）とすることはそれほど難しいことではないようです。

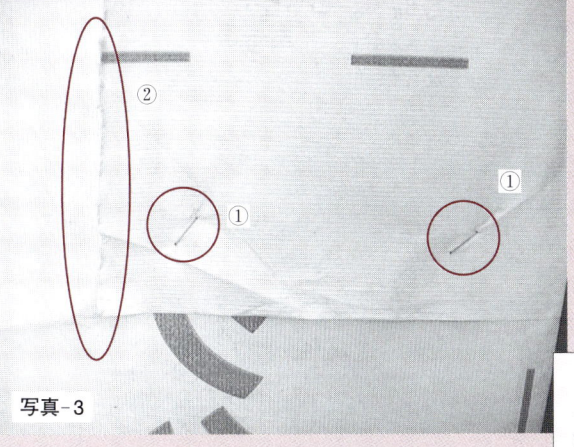

写真-2

写真-3

　防水紙の固定には**タッカー釘**（写真-3①）や，また釘などが使われますが，防水紙のこの部分は，厳密にいえば穴が開いていることになります。この部分や防水紙の**縦方向の重ね合せ部**（写真-3②）からの水量は，通常は屋内まで浸入してくるほどではありませんが，木部を腐朽させる原因となる場合があります。木造住宅ではこうした部分からのある程度の水の浸入は避け難いということを理解していただければ，本書で1階回りの間柱や筋かい部分まで，腐朽しにくい樹種を選択することをお勧めしている理由がおわかりいただけると思います。

1-2 防水紙の取合いについて ★★

写真-4は，**防水紙を小さく切り張り**（○部分）しており，好ましくありません。施工しにくい形になっているためであることは理解できますが，材料の無駄が出ても，小さな切り張りとはしない施工を心がけてほしいと思います。また，設計者の方々には，防水紙がうまく張れないような複雑な形をデザインしないことが，壁面からの漏水の危険性を減らすことを知っておいてほしいと思います。

バルコニーの天端に防水紙が施工されない場合もあるようですが，施工したとしても写真-5のように**切り張り**（○部分）になってしまいますので，十分な防水性能は期待できないと考えておかなくてはなりません。

居室の直上のバルコニーを筆者がお勧めしていない理由の一つです。

写真-4

写真-5

■2 外壁の左官工事について　　　　　　　　　　　重要度：★★

2-1 左官下地としてのラスの施工上の注意点について(1) ★★

モルタル下地用のラスとしては，写真-1の波形ラス1号や，写真-2のリブラスが使われる場合が多いようです。

どちらかといえば，後者を使用している施工事例のほうが，きちんとした施工をしているようですが，いずれにしても仕様書の規定を守ることが重要であるという点は変わりありません。

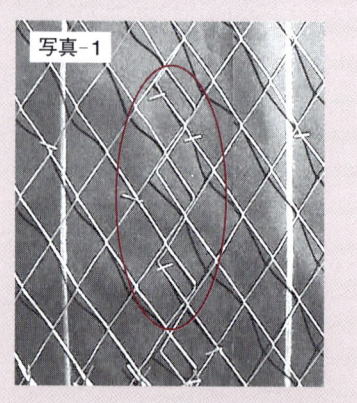

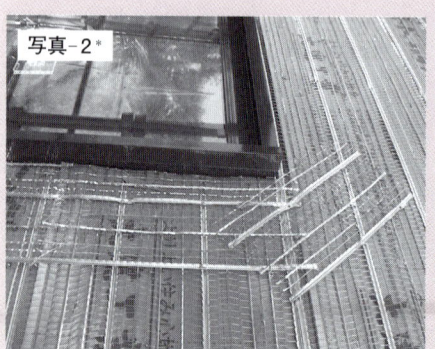

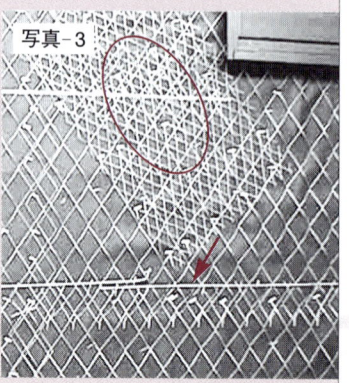

写真-1

公庫仕様書には，ラスは**重ねしろ**（写真-1 ○部分）を30mm以上とり，さらに力骨を設けることも規定されていますが，写真-1の事例のように守られていないことが多いといわなくてはなりません。

写真-3は**力骨**（矢印）をせっかく設けているのですが，ラスの継手位置に設けられていません。また，開口部には平ラス1号以上を**斜め張り**（写真-3 ○部分）するように規定されている点は割合に守られているようですが，平ラス1号は径が細いので，できれば少しでも太い径のラスを使用していただきたいと思います。

なお，ラスにはめっきが施されていますが，切り込みを入れた平板を引き延ばしてつくりますので，当然ですが切断面にはめっきがありません。ラスに錆が発生するまでの期間がラスモルタル壁の寿命だとすると，中性化の視点からは塗り厚さが関わってくることになります。しかし，コンクリートほどのかぶり厚さをとるわけにはいきませんので，長期の寿命を持たせるには，モルタル表面への塗膜が重要であることを理解しておいていただきたいと思います。

写真-2*

写真-3

2-2 左官下地としてのラスの施工上の注意点について(2) ★★

外壁に使用するラスは、剥落防止の観点から0.7kg/㎡以上の太径の製品を使用していただきたいと思います。ちなみに平ラス1号は0.45kg/㎡、波形ラス1号は0.7kg/㎡、リブラスA1号は1.4kg/㎡となっています。

また、タッカー釘などは亜鉛めっきされた、公庫仕様書の規定以上の足の長さの製品を使用していただきたいと思います。

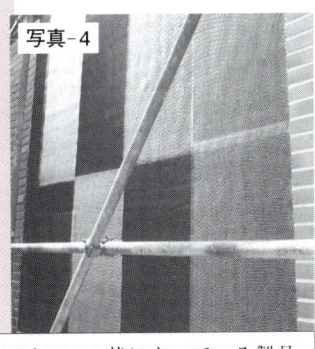

写真-4

ラスにはロール状になっている製品と、板状の製品があり、後者の場合は写真-4のように「いも」に張ってしまうことのないよう注意が必要です。公庫仕様書にも記載があるように、千鳥に張らねばなりません。

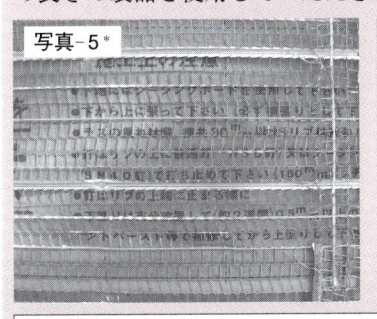

写真-5*

リブラスには、**ラス張込みに際しての注意事項**(写真-5)が下地の紙に印刷されている製品があります。前述したように、ラスには不十分な施工が散見されますが、こうした製品を選択することも品質の確保につながるということを理解していただければと思います。

2-3 モルタル塗りについて ★

モルタル塗りの最大の問題点は、クラックといえます。そして、これを防止するために多くの場合、混和剤が使用されますが、これは現場で調合する場合と既調合品を使用する場合の2つに大別できます。ただ、混和剤のなかにはクラック防止には有効でも、モルタルの品質としてみた場合に防火性、透水性、曲げ応力などが劣っているものがあり、そうした製品の使用は避けねばなりません。

なお、混和剤に関しては公庫仕様書に規定はありませんので、当該の使用条件を満たす製品かどうかを十分に吟味の上、採否を決定していただきたいと思います。

写真-6**

異種材との取合いは、肌分かれを起こしやすいといえますが、ここに載せた写真-6〜8のように、下塗りの時点でシーリング(○部分)を施すことは防水上有効といえます。

現場調合の混和剤には、防火性や強度などのデータが提示されていない製品があることや、調合のばらつきなども見られることから、原則として現場での調合は避けて、既調合品を使用することをお勧めします。

ただ、既調合品のなかには、防火の認定は取れていても通則認定が取れていない製品があります。ラスモルタル壁には、建築基準法でも認められているように防火性能があるはずですが、先の阪神大震災では揺れのためにモルタルが剥落してしまい、防火性能がまったく発揮できなかった事例も少なくなかったといわれています。通則認定は、防火だけでなく強度なども含めた規定ですので、これが取れていない製品は価格が安いという魅力はありますが、こうした意味からできれば使用しないことをお勧めします。

なお、日本建築仕上材工業会発行の『施工の手引き』にもあるように、既調合モルタルは1日で下塗りから中塗りまでを完了させることができます。ただ、数日であっても期間をあけての施工を希望するメーカーもあるようですので、工程をにらんで可能であれば日数をおいていただければと思います。また、仕上げに際しての養生期間は、製品によって異なる場合があり、散水養生や練り置き時間の限度など、注意するべき点もいくつかあります。それぞれの製品の施工要領書で事前に注意事項を確認しておくことをお勧めします。

写真-7**

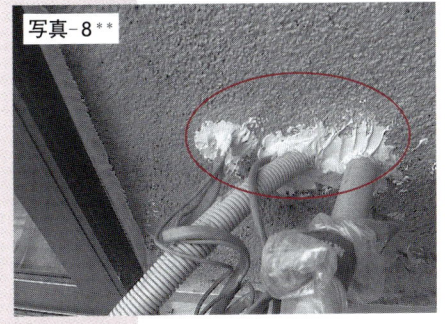

写真-8**

2-4 地覆部のコンクリート下地のモルタル塗りについて ★

写真-9

住宅工事では多くの場合，基礎部分のコンクリートの型枠として鋼製型枠を使用していますので，コンクリート表面の平滑度が高く，さらに型枠の剥離剤が付着していることもあり，モルタル塗りの下地としてはあまり適当とはいえません。モルタルが浮いてしまった場合は，下地のコンクリートとの隙間がシロアリの侵入ルートとなる可能性も否定できませんので，シロアリの被害が多い地域では，建築主の了解がとれれば塗らないことをお勧めします。

地覆部を**コンクリートの打放し**（写真-9）とするには，型枠の施工精度を守ることやコンクリートの品質への気配りなどが欠かせませんが，そうした点への配慮を抜きに，単純にモルタル塗りをやめるというわけにはいかないことに注意していただきたいと思います。
なお，地覆部にモルタル塗りを施す場合，通常は**接着剤を塗布**（写真-10 ○部分）しますが，その前に十分な清掃が欠かせません。剥離剤の除去には，サンダーがけを指定している施工会社もあるようですが，そこまではできなくてもワイヤーブラシなどでの清掃は実施していただきたいと思います。

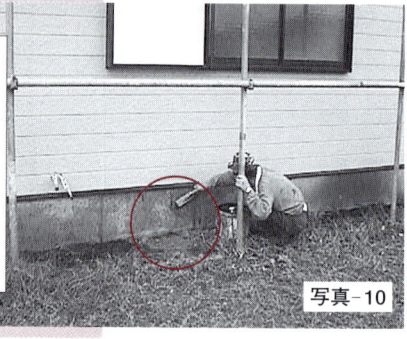

写真-10

■3 外壁のタイル工事について　　　　　重要度：★

3-1 乾式工法のタイルの取付け方法について ★

写真-1

平板に接着剤の接着力だけを期待して張り込んでいく工法と，突起部が付いた専用ボードとしての**木片セメント板**（写真-1）に引っ掛けた上に接着剤を併用して取り付ける工法の2つに大別できます。剥落に関しては，後者のほうが問題は少ないといってよいと思いますが，接着剤の施工が十分でなかったために剥落した事例もあり，メーカーのマニュアル通りに施工しなければ，問題が発生するのは共通といえます。なお，タイル取付け用ボードの固定に使う釘の仕様を指定していないタイルメーカーもありますが，必ずステンレス製などの防食性の高い釘を使用していただきたいと思います。

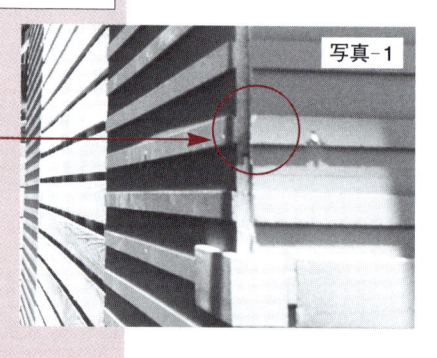

3-2 レベルの確認について ★

写真-2

外装材のレベル測量には，**水盛り缶**（写真-2 ○部分）を使用する場合が多いようですが，作業者によって精度のばらつきが大きいようです。現場の状況を適切に判断して，必要に応じて再測量などの指示を出していただきたいと思います。また，タイル割付けのルールを設計者とよく打合せをしておき，事前にタイル屋さんにその内容を伝えておくことはいうまでもありませんが，その際に単に割付け図を渡すだけでなく，割付け開始位置や寸法調整しろなどの情報も伝えておくことをお勧めします。

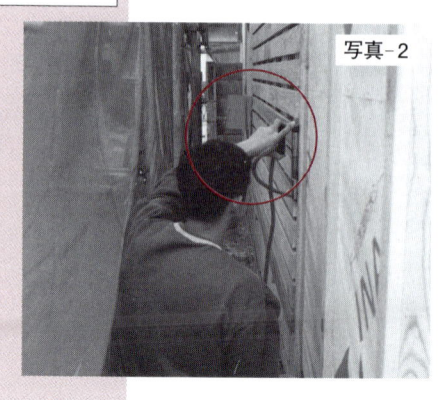

■4 外壁のサイディング工事について　　　　　重要度：★

4-1 取付け方法について ★

　　　　　サイディングボードは，専用の隠し金物で固定する方法もありますが，写真-1のように釘を**表面から打ちつける**（○部分）製品を使用している事例が多いように思います。

　メーカーのうたい文句のとおり，隠し金物で固定すれば釘穴からの水の浸入はなくなります。しかし，ボードのジョイント部やサッシの取合い部などからの雨水の浸入を完全に防ぐことは難しく，どちらの固定方法にしても取付け釘が防水紙を打ち抜くことになりますので，この部分に関しては大差ないということもできます。いずれにしても，通気構法とする場合は，十分な断面寸法の縦胴縁を使うことで，ボードの取付け釘が防水紙を貫通することだけは避ける，などの工夫もこうした問題を避ける方法の一つだと思います。

　なお，メーカーではステンレス製の専用釘を同梱している場合が多いようですが，無塗装品には釘を別途用意しなければならない製品もあります。その場合は，必ずステンレス製の釘など防食性の高い釘を使用していただきたいと思います。

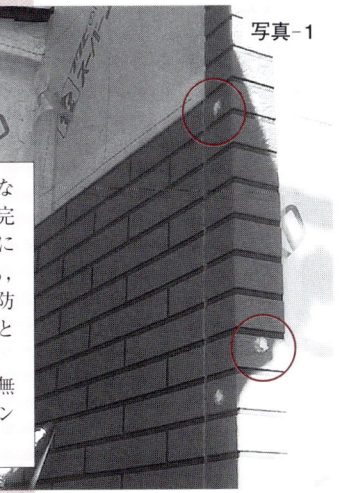

写真-1

4-2 屋根やサッシなどとの取合い部分その他について ★

　　　　　写真-2は，144ページ・写真-2，3の事例の**板金部分との取合い部**（○部分）ですが，狭い場所での作業ということもあり，板金とボードがうまく納まっていません。また，写真-3は○部分の寸法が極端に狭くなっており，やはりきちんと納まっていません。

写真-2

写真-3

　写真-2，3は，設計上の配慮が不十分であったといわなくてはなりませんが，厳しい見方をすれば，工事監理者や施工管理者として，この段階まで何の手も打てなかったのか，という思いが筆者にはあります。それは，下地が施工された段階で少しの注意を払いさえすれば，こうした状態となってしまうことがある程度は予測可能と思うからです。

　工事監理者や施工管理者は，工事が仕様書や図面どおりに進行しているかどうかを確認するだけでなく，次工程の仕事に不都合はないかどうかも含めて確認し，問題の発生が予測される場合は，仕様や図面の変更を提案しなければいけない立場にいることを再確認していただきたいと思います。

　サイディングの防水性能には，シーリング工事の状態が大きく関わってきますが，多くの場合，実に**きれいに仕上げ**（写真-4 ○部分）てくれます。

　ただ，シール部分のすべてに**養生テープ**（写真-5 ○部分）を張るという作業はかなり手間のかかることであり，それが原因とは考えたくありませんが，プライマーを省略してしまう事例が少なくありません。施工が完了した後ではわかりませんし，シーリングの性能にも大きく影響しますので，メーカーの仕様を守るよう注意していただきたいと思います。

写真-4

写真-5

■5 外部の床のタイル工事について　　　重要度：★

5-1 下地のコンクリートについて ★

アプローチ部分のコンクリートは，基礎工事とは同時に施工されず，足場がばらされた後に打設されることが多いようです。そうした場合に，打設するコンクリート量が少量の時には，現場練りのコンクリートが使われる場合が多いようですが，品質の点を考えると，できるだけスランプ18cm以下の生コンを使用することをお勧めします。

写真-1

写真-2

アプローチ部分には，防湿コンクリートでも述べたワイヤーメッシュを使用する場合もあるようですが，**できればD 10@200程度の配筋**（写真-1○部分）をしていただきたいと思います。また，打設量が少ない場合は，写真-2のように基礎工事時点で同時に**打設してしまう**（矢印）ことをお勧めします。

5-2 張付けについて ★

外部のタイル張り工法としては，いわゆる「**空練りモルタル（バサバサモルタル）**」（写真-3○部分）下地にノロ張りとする事例が多いようですが，空練りモルタルはコンクリート下地との密着性が悪いので，通常は**接着剤を塗布**（写真-3矢印）します。接着剤に関しては公庫仕様書には規定がなく，タイルメーカーの仕様書にも規定していない場合があります。タイルがはがれるなどの問題が発生することは避けなければいけませんので，慎重に検討することをお勧めしますが，健康住宅とうたっている仕様などの場合には，できれば接着剤の使用量を減らすなどの方向で検討していただければと思います。

なお，公庫仕様書には記載がありませんが，タイル張り部分に車両などが乗る場合は，ローラーなどで十分転圧しておかないと，モルタル部が破壊されてしまう場合がありますので，タイルメーカーの施工要領書などに沿った施工とすることをお勧めします。

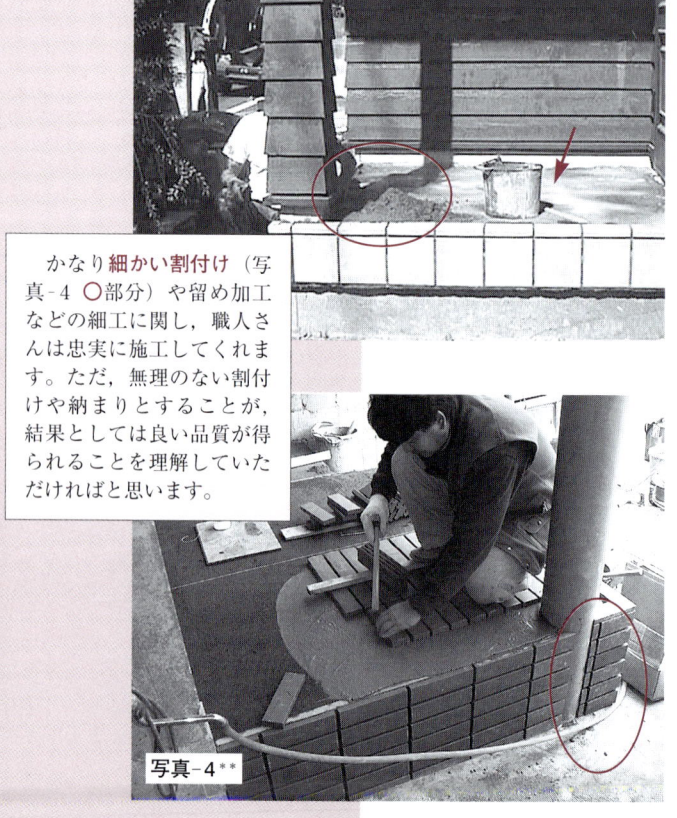

写真-3

かなり**細かい割付け**（写真-4 ○部分）や留め加工などの細工に関し，職人さんは忠実に施工してくれます。ただ，無理のない割付けや納まりとすることが，結果としては良い品質が得られることを理解していただければと思います。

写真-4

■6 外部の塗装工事について　　　　重要度：★

6-1 作業性への配慮について ★

写真-2の事例（144ページ・写真-2，153ページ・写真-2と同じ事例です）では，**出窓のために非常に狭い部分**（矢印）ができています。こうした部分でも職人さんたちはがんばって塗装作業をしてくれますが，残念ながらきちんとした仕事は期待できないと言わざるを得ません。作業性を配慮した設計が必要なことを設計者の方々には理解していただきたいと思います。

写真-1

写真-2

外壁面に吹付け塗装をする場合は，吹付け面とスプレーガンとの間に，ある程度の距離がないと仕上がりにむらがでるなどの問題が発生します。写真-1のような**狭い事例**（矢印）はめったにありませんが，住宅工事では民法上許される範囲で，境界線いっぱいにバルコニーなどの突出部を設ける場合があり，部分的に狭くなっている事例は少なくありません。そうした場合は吹付けとせず，金鏝仕上げやローラー塗装などを選択するといった配慮を設計者の方々にはお願いしたいと思います。

6-2 下地の状態について ★

塗装面の下地の状態は，塗装の品質に大きな影響を与えます。メーカーの指定した仕様を守ることをお勧めします。

木やモルタルなどの水分を含んだ下地に塗装する場合は，塗装メーカーの指定している含水率以下となっていることを確認の上，作業にかかっていただきたいと思います。公庫仕様書には含水率の規定はありませんが，未乾燥下地に塗装すると，「はがれ」などの不具合が発生することがありますので注意が必要です。なお，コンクリートやモルタル下地の含水率として6〜10％以下，木部には15％以下を指定している塗料が多いようです。木材用の含水率計とは別に，コンクリートやモルタル用の**含水率計**（写真-3）がありますので，塗装前に必ず測定していただきたいと思います。

写真-3

軒天井などの**釘頭のパテ処理**（写真-4 ○印）は必ず行われているといってよいようですが，シーラー処理が省略される場合があるようです。下地材料によっては，メーカーがシーラー処理を指定している場合があり，特に繊維強化セメント板は吸水率が高く，アルカリ性が強い製品もあるようですので，メーカーの仕様を守ることが重要です。ただし，シーラーやパテは健康に有害な製品も少なくありませんので注意が必要です。また，本書ではパテの使用はやむを得ないと判断していますが，シーラーについては屋外のみでの使用を前提としていただきたいと考えています。また公庫仕様書には鉄部の素地ごしらえとして，「スクレーパー，ワイヤーブラシなどを用いて汚れや付着物を除去し，溶剤拭きを行って油類を除去したのち，ディスクサンダー，スクレーパー，ワイヤーブラシ，研磨紙ずりなどでさび落としを行う」と規定されています。しかし，正直言ってこうした作業を求めても実行は難しいと言わざるを得ません。できれば塗装の不要なステンレスやアルミ素材を使うこととし，生の鉄材を使用しないことをお勧めします。

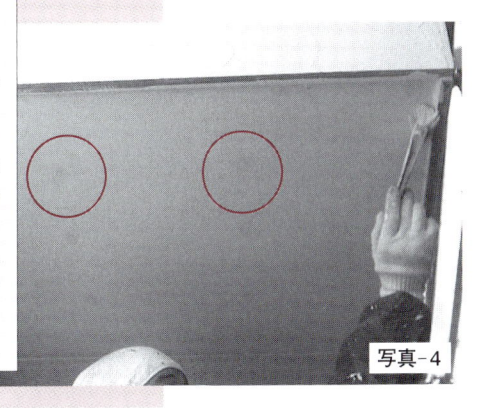

写真-4

■7 バルコニーの防水工事について　　　　　　重要度：★★

7-1 バルコニーの直下に居室を設けることの可否について ★★

　　　性能の優れた防水材料が開発されたこともあって，近年**バルコニーの下部を居室**（写真-1 ○部分）にしている事例を多く見受けます。しかし，木造住宅は地震などによる挙動が大きく，防水材がその動きに追随しきれない可能性を否定できないと筆者は考えています。また，日射などの影響を受ければ経年変化による劣化は避けられないと思われ，わずかな漏水が発生してもそれが逆にわずかであるために気がつかず，躯体の腐朽を進行させてしまうということもあり得ます。

　防水材の性能を否定するつもりはありませんが，木造住宅ではできるだけ勾配をとって，すみやかに雨を流してしまうことが望ましいといえ，そうしたことからいえば，バルコニーの直下の居室は極力避けることを設計者の方々にはお勧めします。

写真-1

7-2 防水の施工について ★

　　　居室直上のバルコニーは，筆者としてはお勧めできないという考えを持っていますが，こうした事例が少なくないということから，以下に注意点をいくつかあげておきます。

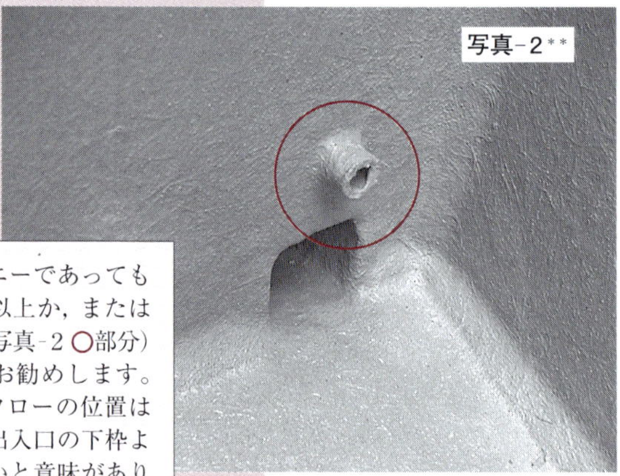

写真-2＊＊

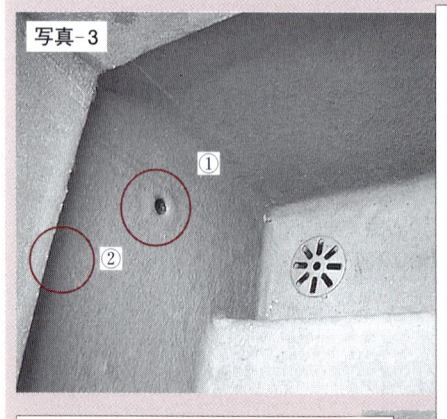

　小さなバルコニーであってもドレンを2個所以上か，または**オーバーフロー**（写真-2 ○部分）を設けることをお勧めします。ただ，オーバーフローの位置はバルコニーへの出入口の下枠よりも下に設けないと意味がありません。写真-3はやや**位置が高過ぎる**（①）といえ，写真-2のような位置が適当です。

　また，写真-3のようなドレンの形状は詰まりやすいといえますので，写真-2や目皿部分が立ち上がっているなどの詰まりにくい形状とすることをお勧めします。

写真-3

　防水層の立上り端部の納まりが不十分ですと防水上の欠点となります。バルコニーの壁を**垂直に立ち上げる**（写真-4 ○部分）のではなく，**防水層端部の止まりとなる部分**（写真-3 ②）をつくると納まりがよくなります。

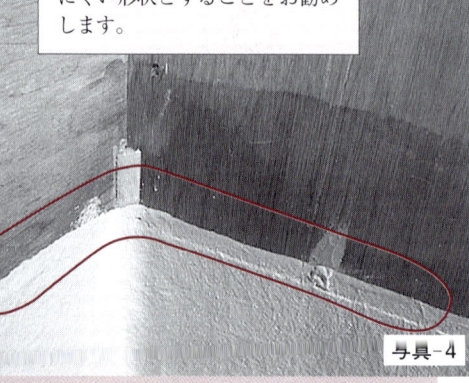

写真-4

4 給排水・ガス・電気・空調・住器工事

これらの工事によって備わることになる機能は，現代の住まいには欠かせないといえますが，在来工法に限らず現在建築されている住宅には，建築工事との取合いに十分な配慮がなされているとはいい難い事例が少なくないように思われます。この問題の解決には，これらの工事に関わる当事者である職人さんたちの意識の向上が必須ですが，施工管理者や工事監理者の方々にも問題意識をもっていただいて，強く指導してもらわねばなりません。

なお，基礎工事までの給排水設備関連工事については，4章「3 基礎工事−配筋と型枠」，「6 基礎工事−コンクリート打設後の工事」，「7 基礎工事−コンクリートと基礎の形」に記載していますので，まだ読んでいない方は一度目を通した上でこの節をお読みいただきたいと思います。

■1 配線・配管と建築工事部分との取合いについて　　　重要度：★★

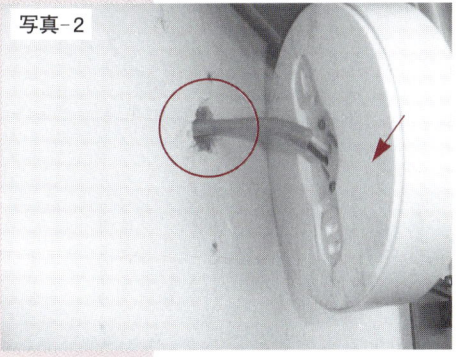

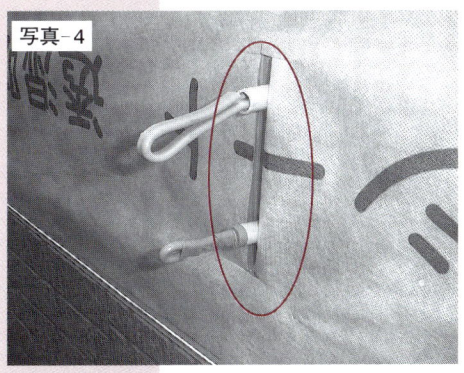

1-1 電気配線の外壁貫通部の処置について ★★

通常，外壁に取り付ける照明器具やコンセントには防雨型（または防雨・防湿型）を使用しますが，防水紙貫通部も含めて配線が外壁を貫通している部分に何も処置をしていない事例（写真-2〜4の〇印）が少なくありません。写真-2は写真-1の器具を外したところですが，裏側に**発泡樹脂**（矢印）が張り付けており，これをビスで押さえ付けることで防水性を保っており，写真-3のコンセントは取付けプレートを覆う**軟らかい樹脂部分**（矢印）で防水性を保っています。配線の外壁貫通部分にシールがない場合，これらの樹脂部分が紫外線などの影響を受けて劣化すると，そこから雨水が防水紙を抜けて壁内に浸入する可能性があります。こうした部分からの漏水が室内まで浸入することはまれと思われますが，躯体を腐朽させるおそれがあり，〇印部分にシールを施すことをお勧めします。

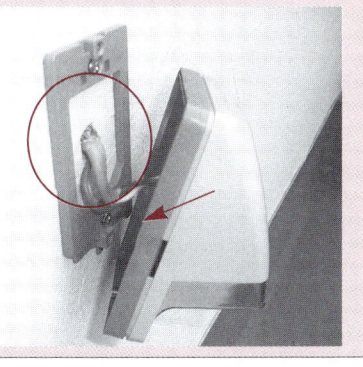

写真-1

写真-2

写真-3

写真-4

外壁の貫通部分にシールを施したとしても，防水上の弱点であることに変わりはありません。写真-1のように，軒の出が少ない場所に取り付けられた器具は，紫外線だけでなく雨の影響も受けやすく，できれば器具の上部の軒の出を大きくするなどの配慮をするとともに，防水紙の貫通個所を減らす意味からも，取付け個所そのものを必要最小限にすることをお勧めします。

なお，浴室などの照明についても同様の配慮をしていただきたいと思いますが，照明器具は防湿型（または防雨・防湿型）を使用しなければなりませんので注意して下さい。

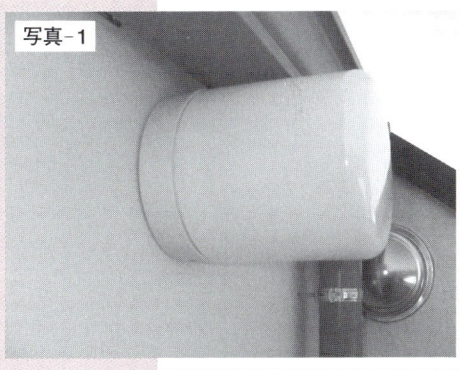

1-2 その他の外壁貫通部の処置について ★★

基礎部にスリーブを設けなかったガスや空調設備配管などを，**木造部分**（写真-5 ○部分）で外壁貫通させている事例が多く見受けられます。そして，前述した電気工事と同様に，処置が不十分な事例が多いといわなくてはなりません。

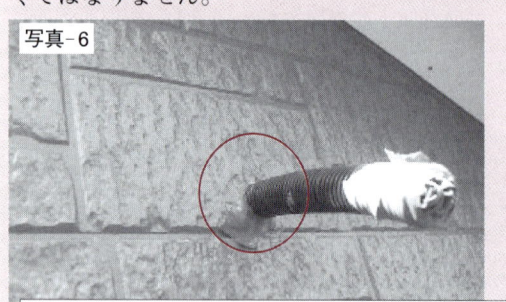

写真-5

写真-6

写真-7

外観上はきちんとシーリングされて（写真-6 ○部分）いても，内部の**防水紙貫通部分**（写真-7 ○部分）が未処理という事例が少なくありません。つまり，こうした場合には表面のシーリングが劣化すれば内部に漏水してくる危険性があるということです。また，地盤に接近している部分では，**上から見ると**（写真-9 ○部分）シーリングが施されているように見えても，下側は作業がしにくかったり，場合によっては不可能であったりするために**未施工**（写真-8 ○部分）となっている事例もありますので，こうした個所にも注意が必要です。

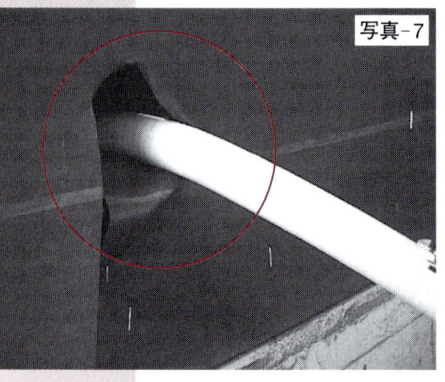

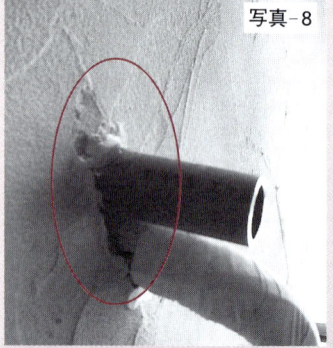

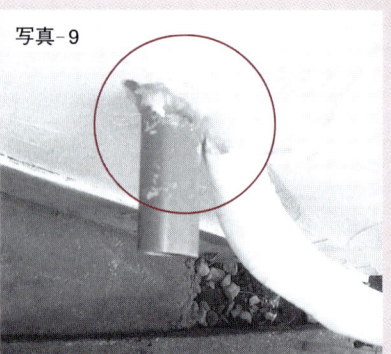

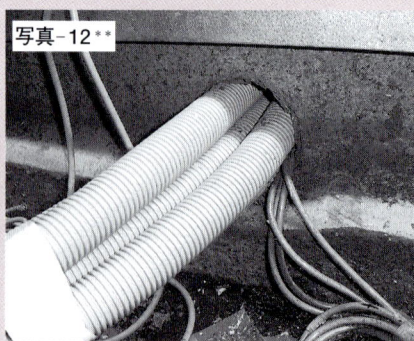

写真-8　写真-9　写真-10

写真-11　写真-12※※

床暖房用配管（写真-11）や**エアコン用配管**（写真-10）などがまとまって木造部分の外壁を貫通している事例を散見します。このように多数の配管が貫通すると，防水紙や外壁仕上げを貫通している部分でのシーリングではとても対応できません。

できれば写真-12のように，**基礎部分で配管を貫通**させることで，万一雨水が浸入しても木造部分を直接濡らさないような配慮をしていただければと思います。なお，いうまでもないことと思いますが，スリーブには補強筋を必ず設けていただきたいと思います。

1-3 構造部材との取合いについて ★★★

配管や配線によって構造部材を欠損している事例が多いといわなくてはならないことは実に残念です。ここに載せたものはほんの一例に過ぎないと理解していただき，こうした仕事が行われてしまう原因を突き止め，改善していただかねばなりません。

写真-13

配管等による構造部材の欠損は，以下の3つのケースに分けることができます。
①**配管が通るスペースがある**（写真-13）にもかかわらず，欠き取ってしまったケース
②構造部材を欠き取らなければ**配管の通るスペースがない**（写真-15）ケース
③**天井高さの調整**（写真-14）などの内部造作で対応できたにもかかわらず，欠き取ってしまったケース

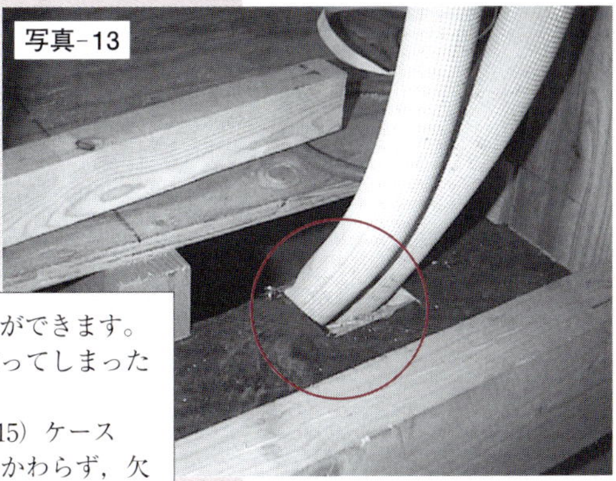

写真-14

写真-13のケースは土台を切り欠かなくても配管が通ると思われますが，おそらくいつもこうした仕事をやっているために機械的に切り欠いてしまったのではないかと思われます。事前に職人さんとよく話し合っておくことをお勧めします。

写真-15のケースは設計上の配慮不足が原因といえます。写真-17のように，**パイプシャフト**（点線部）を設ければ部屋は狭くなりますが，土台を欠いてしまうことは防げます。

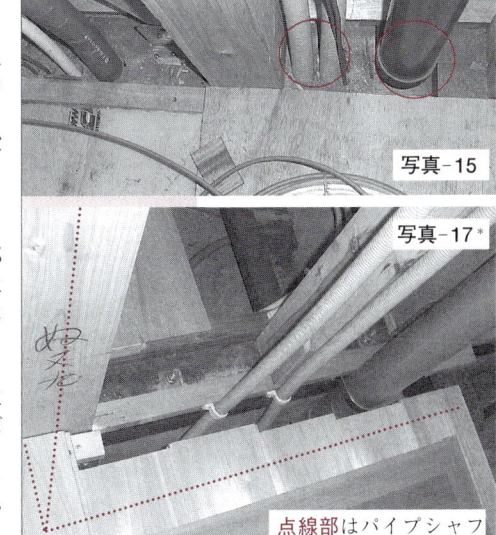

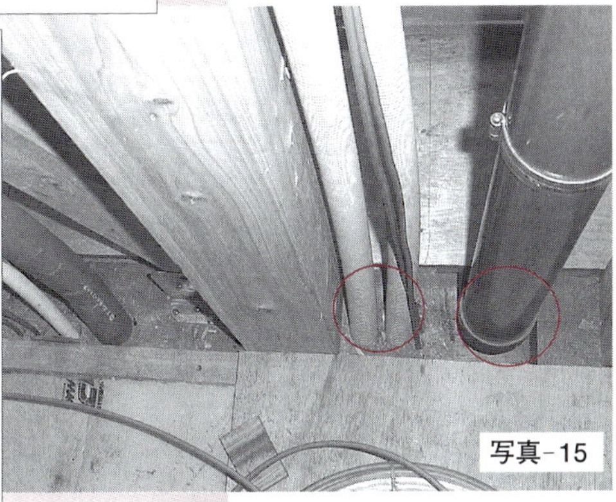

写真-15

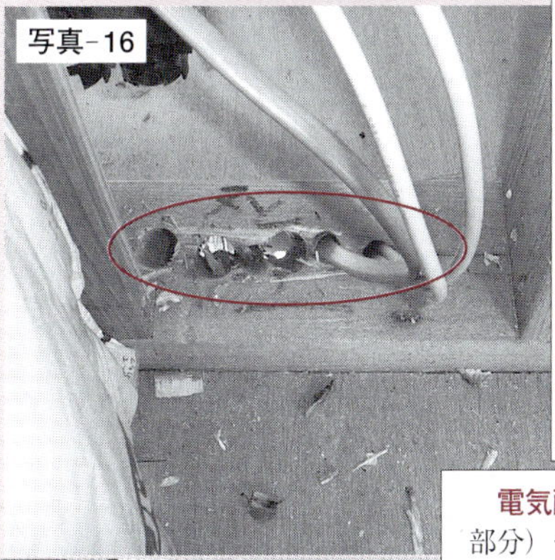

写真-16

写真-17*

点線部はパイプシャフトの壁位置を示します

写真-14のケースでは，天井高さの変更は建築主の方の了解を得なければならず，容易ではないと思いますが，梁の下端を切り欠くことは決してやってはなりません。

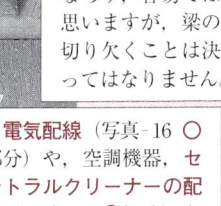

写真-18

電気配線（写真-16 ○部分）や，空調機器，**セントラルクリーナーの配管**（写真-18 ○部分）などが梁や胴差しを貫通している事例も少なくありません。

電気配線の貫通径は小さいですが，**何本も連続して貫通**させるのは好ましくありませんし，メンテナンスや機器自体の交換のことも考えると，エアコン用の配管が壁内に**埋め込まれてしまう**（写真-19）ことは好ましくありません。

写真-19

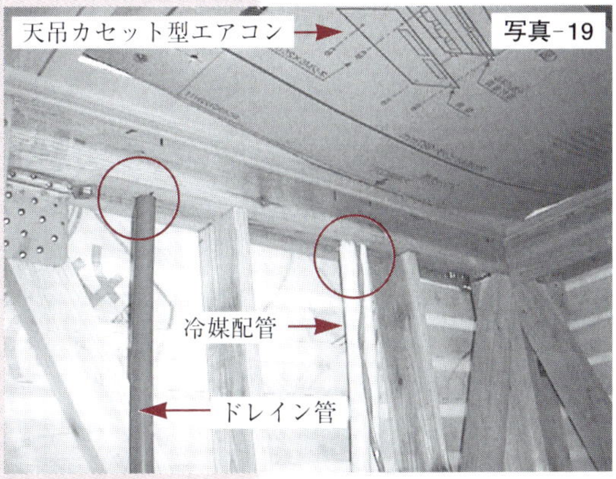

天吊カセット型エアコン
冷媒配管
ドレイン管

■2 給排水工事について　　　　　重要度：★

2-1 通気管について ★★

平屋建であれば，排水管をワンサイズ大きくしておけば，通気管がなくても排水には特に支障はないといってよいと思います。しかし，2階建で通気管が設けられていないと，排水竪管の近くの衛生器具などで**封水**が切れることがありますので注意が必要です。

写真-1

写真-2　排水管　通気管

写真-3　排水管　通気管

外気に開放できる位置に通気管を設けることができない場合には，**ドルゴ通気弁**（写真-1○部分）を設ける方法もありますので，通気管を省略してしまうことのないよう注意して下さい。

なお，ドルゴ通気弁は密閉空間に設けてはいけません。ガラリなどで通気を確保する必要があります。また，どのような方法をとるにしても，原則として接続された排水管のあふれ線より150mm以上の高さに通気口を設ける必要があるのは同じです。

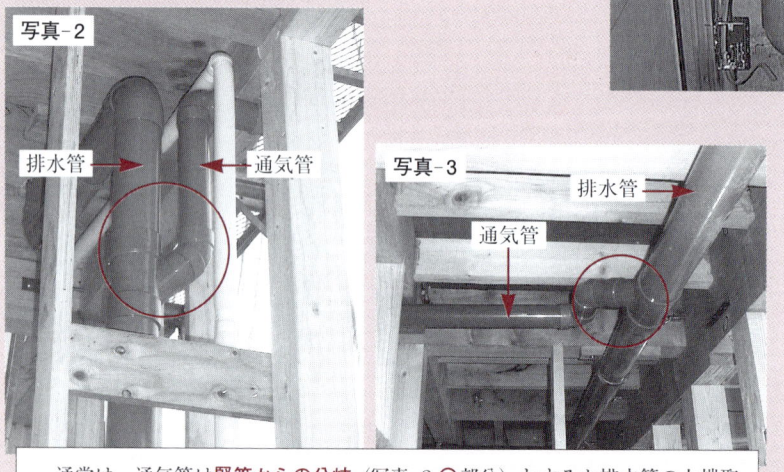

通常は，通気管は**竪管からの分岐**（写真-2○部分）とするか排水管の上端取り出しとします。ただ，天井ふところが狭いためと思われますが，写真-3のように**排水管の横から取り出す**（○部分）ような仕事を見ることがありますので，注意が必要です。

また，1階部分にパイプシャフトを設けていても2階には忘れがちであり，通気管を断熱材に押し込む形で納めている事例も少なくありませんので，設計者の方々には注意していただきたいと思います。

［封水］排水管から臭気や害虫などが室内に侵入することを防止するために，配管内部に水を溜めるためにトラップと呼ばれるものを設けますが，ここに溜められた水を封水といいます。

2-2 給水管や温水暖房用配管などの水圧試験について ★

通常は，給水管や給湯管の配管施工の終了時と器具の取付け時の2回，**水圧試験**（写真-4）を実施します。特に第1回目の試験は内部造作工事の進行に影響のないよう，適切な時期に実施していただきたいと思います。

なお，1回目（写真-4の段階）の試験の水をそのまま残すことで，給水管を釘で打ち抜くといった問題を発見しやすくするように配慮している施工会社もあります。確かに電動工具が多い現在では，手応えを感じることがないために，まちがって打ち抜いてもわかりにくいといえ，そうした意味では有効と思いますが，季節によっては内部の水の凍結や腐れなどの問題も起こりますので注意していただきたいと思います。

写真-4**

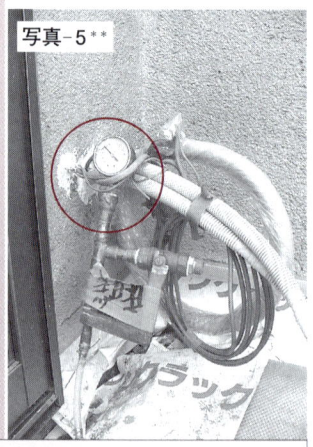

写真-5**

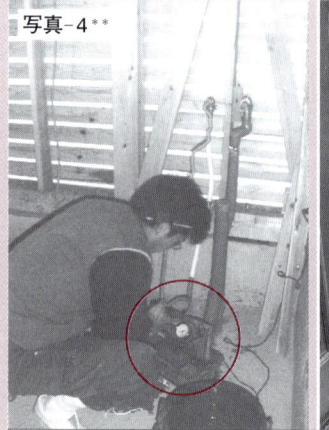

写真-5は，床暖房用配管の水圧試験後に**メーターを残す**（○部分）ことで，水圧の変動を確認できるようにしている事例です。

■3 電気工事について　　　　　　　　　　　　　　　　　重要度：★

3-1 電気配線のジョイントボックスについて ★

写真-1

配線の接続は，**固定されたジョイントボックス内**（写真-1）で行わなければなりませんが，**固定していない事例**（写真-2 〇部分）も散見します。写真-2はいわゆる内線規定に反する仕事ということになりますが，天井ふところ内に入れない状況の場合は，**配線を引き寄せて盛り替え作業**（写真-3）などをせざるを得ないために，こうした仕事をしている場合もあるようです。規定通りの作業を要求しても，手直しなどがうまくいかないのであればそれもまた問題です。たとえば，天井点検口を設置するなどで，造作工事の完成後でも配線盛り替え作業が可能なつくりとするなどの対応も一つの方法であり，職人さんと事前によく打合せをしておくことをお勧めします。

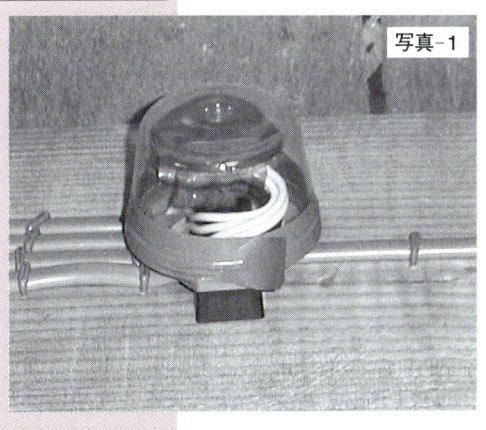

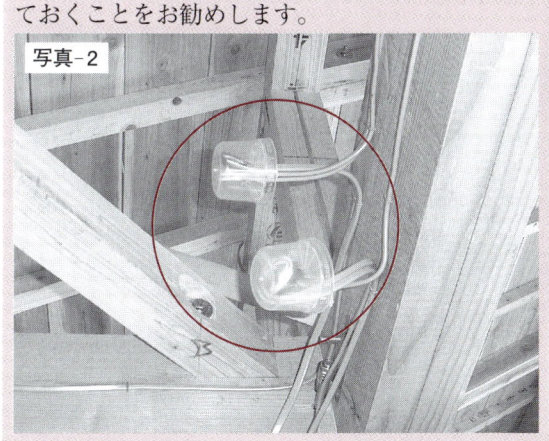

写真-2

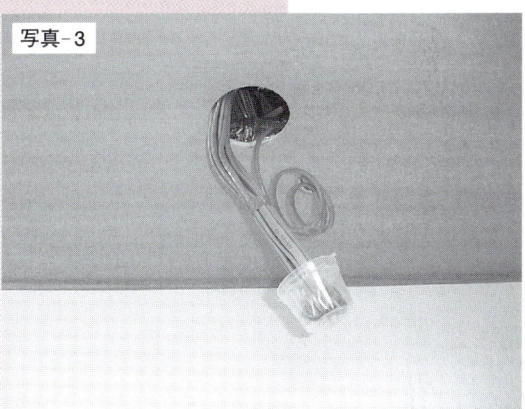

写真-3

3-2 電気配線などの固定について ★

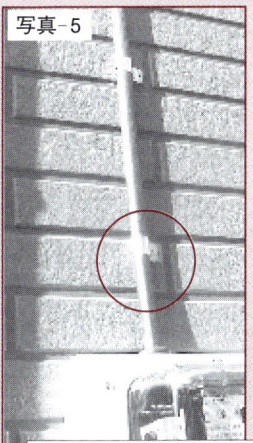

写真-5

写真-6

電気配線などを外壁に**ビス**（写真-5 〇部分）で固定する場合がありますが，厳密にいえば雨水が浸入する可能性をつくることになりますので，注意が必要です。143ページの雨樋の取付けでも述べたように，通気構法とすることも防水紙を傷つけないための工夫の一つだと思います。

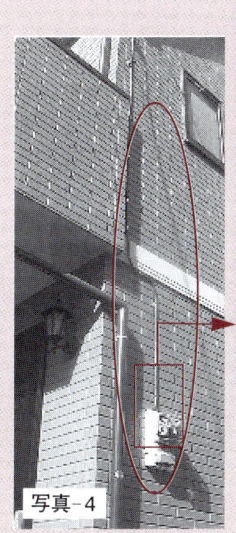

写真-4

電気配線などの引込みには，**引き込み用ポール**（写真-6矢印）で受けた以降を地中埋設で建物内に取り込む方法もあります。ただし，電気配線ルートを基礎工事段階で確保しておく必要がありますので，打設前のスリーブの設置を忘れないように注意して下さい。

4 住器（住宅設備機器）関連について　　　　重要度：★

4-1 ユニットバスの配管のメンテナンスについて ★

ユニットバス内から**配管の状態を確認できる部分**（写真-1 ○部分）もありますが，確認できない部分のほうが多いといわなくてはなりません。

木造部分の床下の高さが，メンテナンスには不十分である事例が多いことを80ページの「2-4 土台回りのメンテナンスについて」で述べましたが，**ユニットバスの下のスペース**（写真-2）はさらに狭くなっており，ほとんどの事例でメンテナンスができない状態となっていることを理解していただきたいと思います。

設計者の方々には，最も狭くなる部分でもメンテナンスが可能となる基礎の高さとするように配慮していただければと思います。

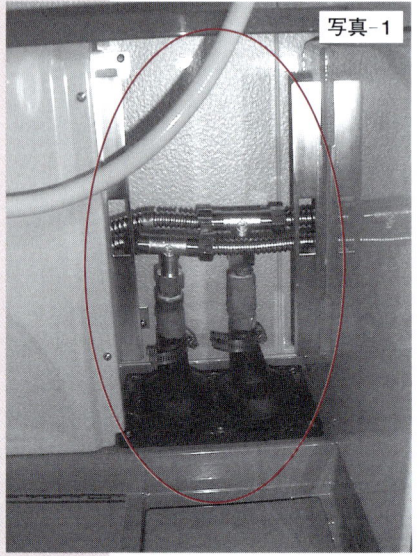

写真-1

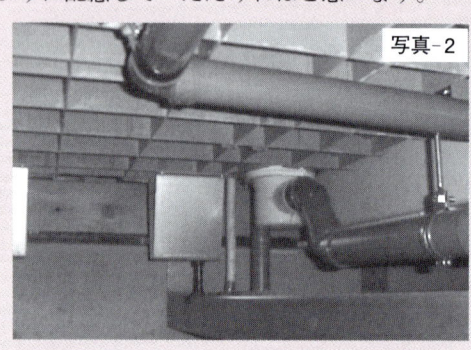

写真-2

4-2 レンジフードの排気について ★

キッチンの排気方法としては，**シロッコファン**（写真-3）などによるダクト方式と，**換気扇**（写真-4 ○部分）を外壁に直接設ける方式の2つに大別できます。最近では前者による方法が多くなっているように思われますが，素人である建築主がシロッコファンやダクト内を清掃することはかなり難しいといってよく，メンテナンスの点も考えて建築主の方とよく打合せの上決定することをお勧めします。

写真-3

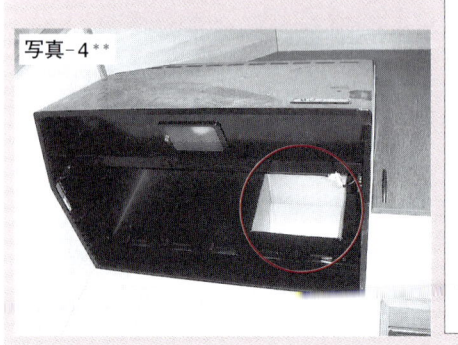

ダクトと断熱材との取合いに関する問題は，6章「8 断熱工事」で述べたとおりですが，**ダクト部分**（写真-5 ○部分）が木部に直接触れないように耐熱性の断熱材で包むなどの配慮をお願いしたいと思います。

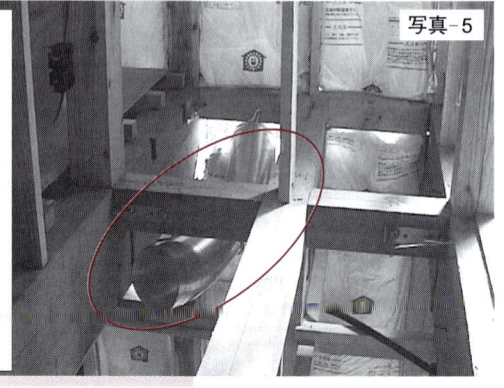

写真-4**

写真-5

5 その他の工事（防腐・防蟻処理，仮設工事）

　薬剤による防腐・防蟻処理に関しては，健康に与える影響が特に大きいものの一つであると筆者は考えています。ただ，ほかに何らの対策もなしに薬剤だけを中止するということは危険であるとも考えていることをお断りしておきます。

　また，仮設工事は建物が完成すれば取り払われてしまうものであり，一般的には仮設鋼板，建物内外の足場，養生シート，仮設の給水や電気およびトイレ，地業工事での遣方などが仮設工事に含まれます。それらのうち，ここでは建物の品質に影響の大きい仮設鋼板，外部足場，養生シートなどを取りあげ，紙面の制約もありその他は割愛してることをご了承いただきたいと思います。

■ 1 薬剤による防腐・防蟻対策の問題点について　　重要度：★★

1-1 現在行われている薬剤処理の状況について ★★

　現在，最も多く行われている防腐・防蟻対策としては，薬剤による処置といえると思います。在来工法では多くの場合，**筋かいや間柱の施工が終わった段階**（写真-1）に薬剤の散布や塗布が行われていますが，外壁に合板を張る仕様の場合には，**合板が張り上がった段階**（写真-2）にも行われます。

　公庫仕様書では木口やほぞ穴まで塗布することが規定されていますが，こうした段階で散布が行われるということは，仕口や継手の内側は薬剤がしみ込むことを期待するしかなく，結果として未処理となる部分が少なくないといわなくてはなりません。また，筋かいや間柱は現場で加工しながら取り付けるのが通常ですから，もし公庫仕様書の規定を厳格に守ろうとするならば，薬剤処理業者さんが大工さんの脇について，加工に合わせて1本1本処理していかなくてはいけないことになってしまいます。

　こうしたことから，公庫の規定は不可能ではないまでも，現実的ではないといわざるを得ないと筆者は考えています。

写真-1

写真-2

写真-3

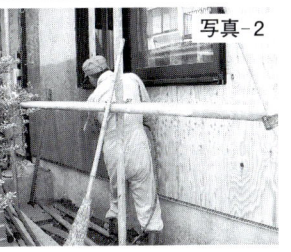

　公庫仕様書には，あらわしになる柱を除いて，1mの高さまで柱や間柱などの全周に薬剤を塗布することが規定されていますが，間柱の外壁側の面だけしか塗られていない事例や，**塗り残し**部分（写真-3 ○部分）がある事例も散見します。これは仕様書の問題ではなく，処理業者さんの理解の問題であるといえ，こうした仕事が少なくないことも薬剤処理の限界を示していると筆者は感じています。ほぞ穴まで処理ができないのはしかたがないことだと目をつむってしまうのではなく，公庫仕様書の規定には，防腐・防蟻性能の高い樹種を採用することで薬剤処理は不要という規定もありますので，こうした方向も含めて検討していただければと思います。

　なお，健康住宅研究会が公表した『設計施工ガイドライン』には，現場塗布薬剤は「安全な居住空間を提供するために当面優先的に配慮されるべき物質」（まわりくどい表現になっていますが，使用を控えるべき物質という意味で使っています）として取りあげられていますが，現在でも薬剤を塗布している事例が少なくありません。これは建築主の方々の要望もあるでしょうが，設計者や施工者側の不勉強もあるといわなければならず，自戒をお願いしたいと思います。また，危険性情報は国が明らかにしているものがすべてではないということにも注意しておいていただきたいと思います。

1-2 土台への薬剤処理の現況について ★

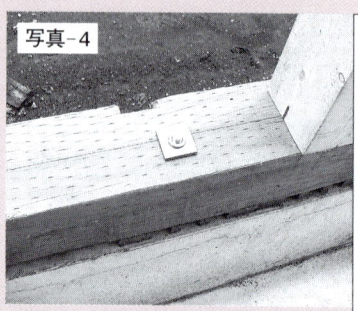

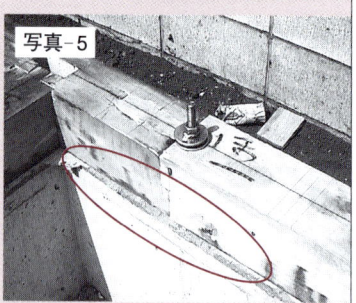

前ページで，行政は危険性情報を十分には明らかにしていないと書きました。それは土台に関していえば，『設計施工ガイドライン』のなかに，工場で**加圧注入処理された材**（写真-4）は優先取組み物質の対象としないとしている点や，古くから使われ，現在でも多く使われているクレオソート油という固有名詞が欠落している点などを，その理由としてあげることができます。個人個人で危険性情報を収集することは大変な労力を要しますが，現在使っている建材や処理剤を一度は見直していただければと思います。

写真-4

写真-5

『設計施工ガイドライン』のなかでいわれているように，薬剤の「空気中への放散は極めて少ない」としても，加圧処理に使用される薬剤はおもにクロム，銅，砒素の化合物であり，人体への影響を無視できないと思われます。

焼却処分の際に砒素が飛散するといわれていることや，国立公衆衛生院がリサイクルのための解体廃材の加工の際に，前述した化合物が溶け出すおそれのあることを指摘していることもあり，筆者としては加圧処理材については使用しないことをお勧めしたいと考えています。

なお，写真-4の樹種はベイツガで，表面に見える小さな傷は薬剤を内部まで浸潤させるために付けられたものですが，なかにはJAS規格通りの深さまで薬剤が達していないものもあるようです。

写真-7

通常，クレオソート油は土台設置の直前に，大工さんが**土台の下端**（写真-5 ○部分）に塗布します。写真-6のように**土台の上端**（写真-6矢印）にも塗布している事例もありますが，建物の耐久性のためにはよくても，健康のためには好ましくないと言わなくてはなりません。

なお，写真-5のアンカーボルトは継手の位置に設けられており，好ましくないことを付け加えておきます。

前述したように，『設計施工ガイドライン』にはクレオソート油の危険性について明確に記載していません。そのためもあるのではないかと筆者は考えていますが，現在でも使用している事例を散見します。クレオソート油には，VOCが含まれていることから，できれば使用は避けていただきたいと思います。

なお，鉄道のまくら木を塀や外部階段などに使用している事例もあるようです。確かに地面に接していても50年程度の耐腐朽性能はあるようですので，そうした点だけを見れば評価できる素材といえますが，深部まで浸潤処理した材であり現場で塗布したものよりさらに長期に渡っての毒性が高いといえ，お勧めできません。

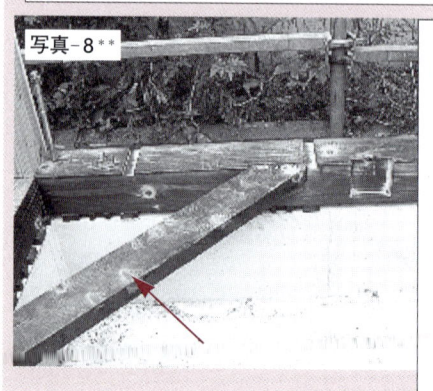

写真-6

写真-9

写真-8**

表面を焼くことで防腐・防蟻性をもたせることは古くから行われいる方法です。写真-8の事例**では火打ち土台**（矢印）まできちんと処理してあり，好ましいといえます（88ページの写真-5の火打ち土台はこうした処理をしていません）。

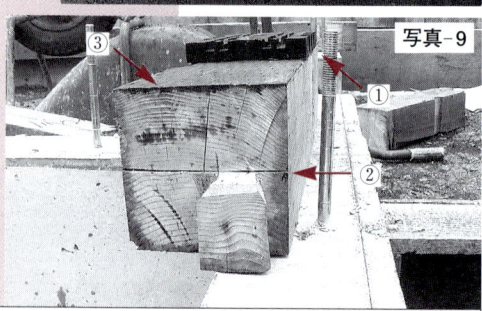

写真-9では，通気のための**基礎パッキン**（①）を使用し，**加圧注入処理**（②）された土台を使っている上に，さらに**クレオソート油**（③）を塗っています。「防腐」という観点からは実に丁寧な仕事といえますが，「健康」という点からは好ましくありません。

1-3 現在使われている薬剤の効果と人体への影響について ★★

現在使われている薬剤としては，有機リン系がその毒性を指摘されたために，ピレスロイド系に移行しつつあるようです。ピレスロイド系薬剤は，一般的にいって虫には少量で強く作用しますが，哺乳動物に対しては毒性が低く，空気，光，熱などに弱く分解が早いので環境に与える負荷は小さいとされています。しかし，ピレスロイド系薬剤の半数は，有機リン系の一つであるフェルメトリンよりも毒性が強く，たとえばピレスロイド系薬剤の一つであるペルメトリンは，米環境保護庁（EAP）から発ガン性のある農薬として規制されており，同じくアレスレンには突然変異原性があるといった情報もあります[19]。

一方，健康被害の危険が少ないといわれている自然材料系のシロアリ防除剤として，「ヒバ油」，「木酢液」，「月桃エキス」などが現在市販されています。このうち，前二者には多少の毒性や溶剤使用の問題があり，その防蟻効果は大量散布によって得られているとの指摘もあるようです。また，「月桃エキス」は健康被害の問題はないようですが，殺蟻成分としての活性は大きいとはいえないという情報もあります[19]。いずれにしてもこれらの薬剤は，ピレスロイド系薬剤より効果は小さいと考えておくべきと思われます。

なお本書は化学合成系であれ，自然材料系であれ，薬剤の散布はお勧めしませんが，もし実施する場合は，給水管などの回りをきちんと養生した上で行うことを厳守していただきたいと思います。

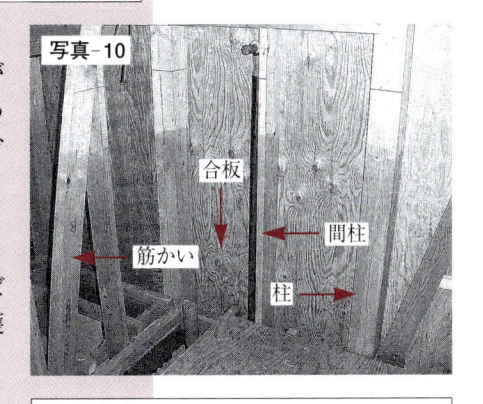

写真-10

薬剤の保証期間は，処理業者さんによって異なるようですが，おおむね3年～5年程度のようです。仮に，建物に期待する寿命を50年とし，薬剤効果の持続期間を5年とすれば，建物の寿命をまっとうする間に10回の薬剤塗布作業が必要となります。

しかし，竣工後では**柱，間柱，筋かい，合板の内部側**（写真-10）などは壁の中に隠れてしまうため，床下から塗布することのできるのはかなり限られた範囲となってしまいます。薬剤による防腐・防蟻対策は，再処置が可能なつくりとなっていて始めて意味のあるものであることを知っておいていただきたいと思います。

高温多湿の日本では，何らかの防腐・防蟻対策の必要性があることだけは確かであり，単純に薬剤を排除してしまうことは危険といわざるを得ません。薬剤の可否を論じる際には，シロアリ被害の地域差や気候風土の違いなども含めて考える必要があり，一般論としての回答はあまり意味がなく，場合によっては危険ですらあります。

ただ，薬剤の有効期間や再処置の問題，前ページで述べたような未処理部分がどうしてもできること，などをあわせて考えると，どのような薬剤を使用するにしろ，その薬剤のお世話になる範囲をできるだけ狭めて，住宅の構造そのものでの対策を主とした方向で考えていくことが必要ではないかと筆者は考えています。

そして，日々工事に関わっている読者の方々にとっては，結論を回避したままにしておくわけにはいかない問題であることも確かです。そうした視点から，それぞれの状況に応じた対策を考える際の参考にしていただきたいとの意図から，次ページ以降に筆者なりの考えを記載してみました。読者の方々がこの問題にアプローチする際の参考になれば幸いです。

なお，この問題に関し新たな情報が得られた場合，ここに記載した内容が適当でなくなる場合があり得ることをご承知おき下さい。

■2 薬剤の使用をできるだけ避けた家づくり　　　重要度：★★

薬剤を使用しないという結論だけが先にあって，防腐・防蟻対策が不十分というようなことがあってはなりません。何が重要かをよく見極め，できる範囲内でより良いと思われる対策を実行していただきたいということから，薬剤の使用をできるだけ避けるために必要と筆者が考えている項目を6つあげてみました。ただ，個々の工事がおかれた状況はさまざまですので，薬剤の使用も含めて以下の項目のすべてを実行する必要はない場合もある一方で，逆にすべてを実行した上にさらに何らかの薬剤の使用が必要という場合もあり得る点に注意していただきたいと思います。

なお，以下の項目の記載順は対策の優先順位というわけではないことをお断りしておきます。

図-1 各都市のクリモグラフ

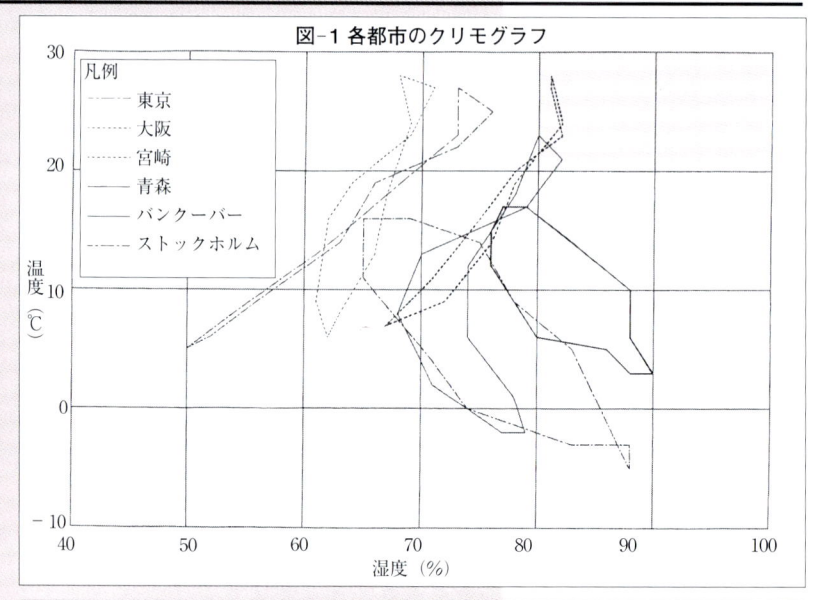

凡例：東京，大阪，宮崎，青森，バンクーバー，ストックホルム

ここでは，腐朽の要因や蟻害の発生状況などに関する情報は省略しています。ただ，日本が木材腐朽菌の生育しやすい気候風土であるという点を，上に載せた図-1から再認識していただき，読者の方々にはその状況に応じた知識を専門書で得ていただきたいと思います。

図-1は各月の平均温湿度の1年間の変化を見るために作成したクリモグラフ（気候図）です。東京や大阪は腐朽菌の生育に**好適といわれている環境**（図-1 表□部分）の範囲からは外れていますが，床下などの湿気をすみやかに排除できない場合は，気温が高いことから，容易に生育に好適な環境となり得ることを読み取っていただきたいと思います。

また，わが国の2×4住宅の祖国ともいってもよい北米や北欧の気候は，夏に湿度が低くなることから腐朽菌の生育には適さない風土であることもわかります。腐朽対策を講じない安易な導入は，危険な側面があることも合わせて知っていただければと思います。

2-1 耐久性の高い樹種を使用する ★★

土台に防腐・防蟻剤を使用しない場合は，ヒノキやヒバなどの**耐腐朽・耐蟻性の高い樹種**（表-1 □部分）の心材部分を使用することが最低の必須条件と考えていただきたいと思います。

表-1 耐腐朽性・耐蟻性の心材比較表

耐腐朽性・耐蟻性が大なもの	ヒバ，コウヤマキ，ベイヒバ
耐腐朽性が大，耐蟻性が中なもの	ヒノキ，ケヤキ，ベイヒ
耐腐朽性が大，耐蟻性が小なもの	クリ，ベイスギ
耐腐朽性が中，耐蟻性が中なもの	スギ，カラマツ
耐腐朽性が中，耐蟻性が小なもの	ベイマツ
耐腐朽性・耐蟻性が小なもの	アカマツ，クロマツ，ベイツガ

公庫仕様書で1階回りに防腐・防蟻処理を施すことが規定されている部位だけでなく，それ以外の部位にも，できるだけ耐腐朽・耐蟻性の高い樹種を使用して薬剤処理を避けていただきたいと思います。

2-2 床下の十分な通風と防湿を確保する ★★

79ページの「2-3 床下の湿気を滞らせない」を参照下さい。

2-3 床下の構造を防腐・防蟻対策として有効な形とする ★★

以下の3項目を実行することをお勧めします。
① 防蟻板（図-2）を設ける。
② 床束や根がらみ（図-2 ○部分）は中止する。
床束や根がらみ（105ページ・写真-5を参照）は土台ほどではありませんが，他の部位より腐朽の可能性が高く，地盤に近いことから蟻害も受けやすいといえます。104ページの写真-2のような架構として，土台より下に木部を置かないようにすることは対策として有効です。
③ 基礎立上り高さを400 mm以上とする（79ページ「2-2 シロアリの侵入率と基礎の高さとの関係について」を参照）。

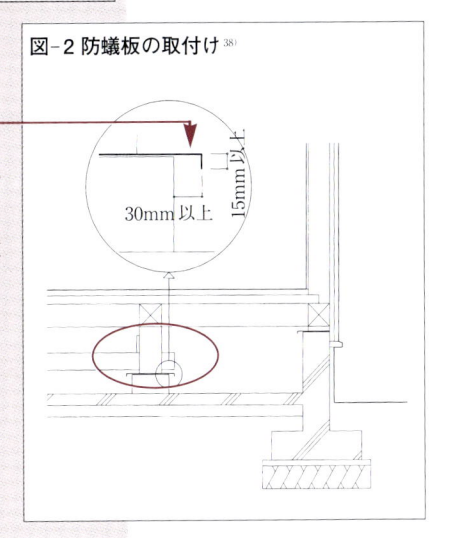

図-2 防蟻板の取付け[38]

30mm以上
15mm以上

2-4 シロアリの侵入経路とならない配管ルートとする ★

シロアリはつねに水分を必要としているために，地上を這い回ったり，大気にさらされている外壁をよじ登ることはできないといわれています。80ページ・図-6のような配管ルートをとることは，地中埋設管を床下に引き込む場合に比べて侵入経路となりにくく，さらに点検も容易といえます。

海外での研究ですが，1.6mm～2.5mmの砂の粒子が，シロアリの侵入に対し有効なバリアーとなるようです。これはシロアリが移動するために必要なトンネルを支えられないためと説明されていますが，もしこれが有効であれば，そもそもシロアリが建物に寄り付けなくなるということであり，興味を引かれます。
日本での実績はこれからのようですが，薬剤を使用しない防蟻方法という点で，今後の研究成果に期待したいと思っています。

2-5 土台回りのメンテナンスができるつくりとする ★

木はそのおかれた環境により，法隆寺のように千年以上もの寿命を建物に与えることができる一方で，ヒノキやヒバなどのように腐朽性が高いといわれている樹種であっても，腐りやすい環境においては **10年と持たない**（表-2 □部分）ことを再確認していただきたいと思います。
メンテナンスが実行できるつくりの一例を，80ページ「2-4 土台回りのメンテナンスについて」に記載していますので参照して下さい。

樹種	耐用年数	樹種	耐用年数
アカマツ	5.5	センベル	8.0
カラマツ	6.0	セコイヤ	8.0
エゾマツ	2.5	ベイツガ	3.0
スギ	6.0	ベイマツ	6.0
ヒバ	7.0	ベイモミ	3.0
ヒノキ	7.0	ベイヒ	6.0
クヌギ	5.0	ベイヒバ	7.0
クリ	7.5	ベイスギ	7.0
ケヤキ	7.5	スプルース	3.0
ブナ	4.0		
ミズナラ	6.5		

表-2 土壌に設置した場合のおもな樹種の心材の耐用年数[39]

表-2は，屋外の土中に埋めた杭の耐用年数を試験した結果です。これは一般的な木造住宅で，木がおかれている状況とは大きく異なり，かなり過酷な条件といえますので，これが木造住宅における耐用年数とは考えないで下さい。

2-6 外壁および天井裏の放湿経路を確保する ★

129～131ページの通気措置に関する記載を参照下さい。

3 仮設工事について

重要度：★

3-1 作業用鋼鈑敷きについて ★

外構工事は建築工事が完了してから行われますので，工事上の主要な出入りに使われる部分が最終的には舗装される部分であっても，多くの場合は裸土のままで建築工事が進行していくことになります。そうした場合，特に雨天時や雨上がりの直後などでは，職人さんの出入りで建物内が汚れてしまうことがあり，注意が必要です。

写真-1*

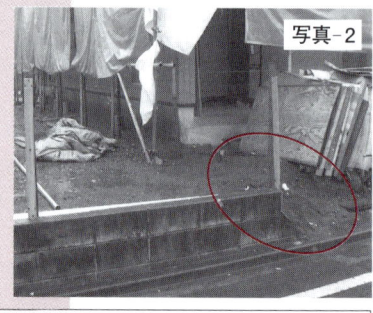

写真-2

写真-1のように空地部分があり，そこが職人さんの出入りや資材の搬入口になる場合は，**鋼板などを敷いて**（写真-1矢印）汚れを建物内に持ち込まないような配慮をお願いしたいと思います。また，敷地いっぱいに建築する事例も最近では少なくありませんが，そうした場合は裸地部分がほとんどないことから省略される場合があるようです。しかし，写真-2のように**裸土部分がわずか**（○部分）であっても汚れを持ち込む原因となり得ますので，内部の造作や仕上げなどの段階になると影響が大きくなりますし，面積が小さければ仮設費用もわずかで済むわけですから，処置を省略しないことをお勧めします。

3-2 外部足場について（その1）★

外部足場の足元は，4章「2 根切り・地業」を読んでいただければおわかりのように，埋戻し土かそのすぐ脇のいずれにしてもあまり安定しているとはいえない地盤上に組まれますので，安全上の配慮が欠かせません。

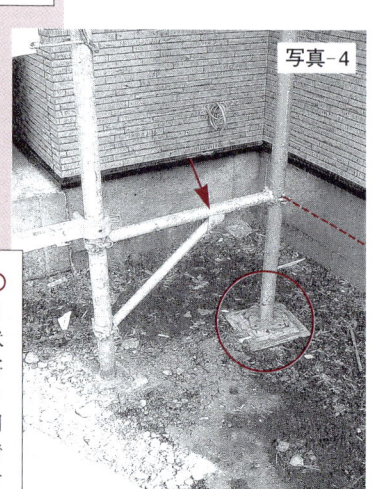

写真-3

写真-4

写真-3の足場には，**足元**（○部分）に何の配慮もみられません。もちろん，こうした状況の足場のすべてが必ず災害を起こすというわけではありません。極論すれば仮設費用はかけようと思えばいくらでもかかってしまうものですが，安全を第一に考えて，写真-4のように**足元部分でのつなぎ**（矢印）や座板部にさらに**補助のベース**（○部分）を設けるか，ベース板などを敷いた上に足場を組むなどの配慮は省略しないでいただきたいと思います。なお，写真-4には点線部につなぎが見えませんが，できればここにも設けてほしいと思います。

3-3 外部足場について（その2）★

外部足場にシートが張られると，風の影響を大きく受けることになりますので，周辺の建物へ災害を与えることのないよう慎重な事前の検討が望まれます。

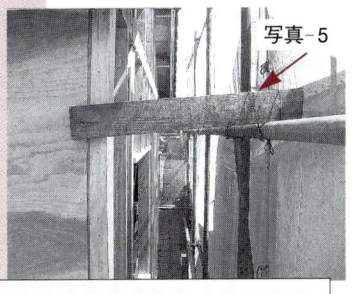

写真-5

写真-6**

足場の控えには，木片を**番線**（写真-5矢印）などで固定している事例を散見しますが，できれば写真-6のように**専用の金具**（矢印）を用いてきちんと固定していただきたいと思います。また，通常は単管のみの足場となることが多いようですが，敷地に余裕があれば，写真-8のように**足場板**（矢印）を設けることをお勧めします。

写真-7*

本書では，91ページに記載したように，建方作業前に足場を組んでおくこと（先行足場）をお勧めしていますが，建方前は不安定な状態となりますので，建物の外周だけでなく，**内部**（矢印）にも設けて固めておくなどの配慮も必要です。

写真-8*

足場の**頂部で頭つなぎ**を取れる場合は，写真-6のように躯体に直結せずに，写真-10のように**先端に緩衝材を付けた足場**（○部分）とすることもできます。現場の状況を的確に判断して，最適な方法を採用していただければと思います。

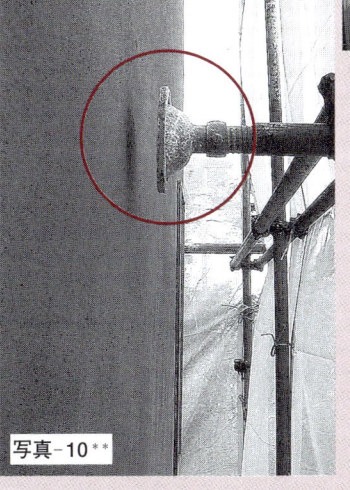

写真-9**

写真-11**

足場の控えは，防水紙を張り込む際には一時的に盛りかえるなどの必要が生じます。これは大変手間のかかることではありますが，ぜひ実行していただきたいと思います。

また，この控え部分を取り外した跡には**シーリング**（写真-12○部分）が必要ですが，足場を外しながらの作業となりますので，不十分なものとならないよう注意していただきたいと思います。

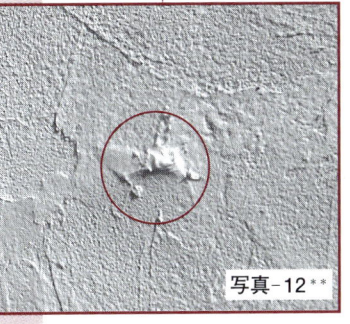

写真-10**

写真-12**

3-4 養生シートついて ★

隣地に建物がある場合は、その面だけにメッシュシートを設けて、**他の面は省略してしまう**（写真-13）ような場合があるようですが、写真-14のように外周全面に設けて欲しいと思います。

なお、養生シートに関しては、92ページ・5章「2 養生について」にも記載がありますので、そちらも参照していただきたいと思います。

写真-13

写真-15

写真-14*

写真-16

建物の全周に**メッシュシート**（写真-16①）を設ければ多少の雨は防げますが、最近の建物は軒の出が少ないこともあって、風をともなった強い雨が降れば防げないことのほうが多いといわなくてはなりません。この写真-15, 16は同一建物を同時期に撮影したものですが、サッシや防水紙はこれから施工にかかるところであり、この段階で雨に降られると、室内にかなり吹き込むことが容易に想像できると思います。サッシと防水紙が取り付けられるまでは、必要に応じて適切な時期に**ブルーシート**（写真-16②）を現場に納入していただきたいと思います。

なお、写真-16の事例では、バルコニー直下が**居室**（〇部分）になっていますが、この部分の養生がなされていない点は問題であることを指摘しておきます。

[引用文献]

1) 埼玉県地震被害想定調査委員会，埼玉県環境生活部地震対策課『埼玉県地震被害想定調査報告書』，1998
2) 埼玉県環境部消防防災課『埼玉県地震被害想定策定調査報告書』，1982*
3) 通商産業省工業技術院　地質調査所『1：200,000　地質図・東京』，1987
4) 同上
5) 埼玉県県政情報センター『埼玉県表層地質図』，1995
6) 建設省国土地理院『1：20,000　旧版地形図　川口町』，1892
7) 建設省国土地理院『1：25,000　土地条件図　東京東北部』，1981
8) 葛飾区建築部建築課『葛飾区地盤調査報告書』，1977
9) 埼玉県環境生活部大気水質課『埼玉県地盤沈下調査報告書』埼玉県県政情報センター，1999
10) 建設省関東地方建設局荒川下流工事事務所『身近な川について考えよう(綾瀬川流域編)』リバーフロント整備センター，1982
11) 建設省関東地方建設局荒川下流工事事務所『直轄河川防御対象氾濫区域図』，1991
12) 埼玉県環境部消防防災課『埼玉県地震被害想定策定調査報告書』付図8　河川の被害想定図（南関東地震），1982
13) 篠崎祐三「地盤特性と被害分布」，『建設技術』建築技術，1995・8，62頁，図2
14) 伊藤滋・岡田恒男・矢野克巳監修，日本建築家協会都市災害特別委員会編『建築家のための耐震設計教本』彰国社，1997，27頁，図②関東大震災による建物の被害
15) 埼玉県県政情報センター『埼玉県表層地質図』，1995
16) 通商産業省工業技術院　地質調査所『1：200,000　地質図・東京』，1987
17) 埼玉県環境部消防防災課『埼玉県地震被害想定策定調査報告書』付図13　木造建物の破損危険度想定図（地表面速度・南関東地震），1982*
18) 建設省国土地理院『1：25,000　土地条件図　野田』，1972
19) 日本建築学会『小規模建築物基礎設計の手引き』1998，30頁，表4-1
20) 兼歳昌直・小野井伍『建築施工[改訂版]』井上書院，1999，177頁，図6-3
21) 兼歳昌直『建築材料[改訂版]』井上書院，1999，25頁，図Ⅱ-3
22) 兼歳昌直・小野井伍『建築施工[改訂版]』井上書院，1999，178頁，図6-5
23) 建設大臣官房官庁営繕部監修，公共建築協会編『木造建築工事共通仕様書　平成10年版』公共建築協会，1998，38頁，表3-3-12
24) 樫野紀元『鉄筋コンクリート造構造物の耐久性　鉄筋の腐食とその対策』鹿島出版会，1988，74頁，図3.7
25) 戸祭邦之『コンクリート工事実務事典』井上書院，1997，94頁，図-1
26) 小林一輔『コンクリートが危ない』岩波書店，1999，岩波新書，82頁，図4・3
27) 山野勝次「薬剤依存から転換迫られるシロアリ対策」，『日経アーキテクチュア』日経BP社，1999・12・28，120頁，図2
28) 住宅金融公庫建設サービス部監修『平成11年度版　木造住宅工事共通仕様書（解説付）』住宅金融普及協会，133頁，参考図17.3.2-AおよびB
29) 同上，31，32頁，参考図4.1.6　ホールダウン金物
30) 同上，29頁，参考図4.1.6　くら金物
31) 同上，29頁，参考図4.1.6　折曲げ金物
32) 同上，48頁，参考図5.2.1　大壁造における構造用面材の張り方
33) 同上
34) 同上，30頁，参考図4.1.6　羽板ボルト
35) 同上，135頁，参考図17.4.2-1　根太と床ばり（胴差し）の上端高さが同じ場合の下地板の取付け
36) 吉川翠・阿部恵子・小峯裕己・松村年朗『住まいQ＆A　室内汚染とアレルギー』井上書院，1999，62頁，表1
37) 住宅金融公庫建設サービス部監修『平成11年度版　木造住宅工事共通仕様書（解説付）』住宅金融普及協会，26頁，表
38) 山野勝次「薬剤依存から転換迫られるシロアリ対策」，『日経アーキテクチュア』日経BP社，1999・12・28，120頁，図3
39) 農林水産省林業試験場監修，木材工業ハンドブック編集委員会『木材工業ハンドブック改訂3版』丸善，1982，749頁，表12.7

*埼玉県では，新たなデータにより，平成10年3月に埼玉県被害想定調査報告書を作成しています。

[参考文献]

（1） TakeyamaK，HisadaT，andOhsakiY『Behavior and Design of Wooden Buildings』WECC，Tokyo，1960
（2） 力武常次『地震の正しい知識』オーム社，1995
（3） 地質ボランティア『あなたもできる地震対策』せせらぎ出版，1995
（4） 日本建築学会『小規模建築物基礎設計の手引き』，1998
（5） 日本建築学会『建築工事共通仕様書・同解説 JASS 11 木工事』，1994
（6） Stevens『Forestry』，1938
（7） 加納猛『木材の材質』日本林業技術協会，1973
（8） 坂本功『地震に強い木造住宅』工業調査会，1997
（9） 杉山英男『デザイナーのための木構造』彰国社，1986
（10） 住宅金融公庫監修『平成11年版木造住宅工事共通仕様書』財団法人住宅金融普及協会，1999
（11） W.H.Prince『Factors influencing Concrete Strength』J of AIC，1951
（12） United States Government Printing Office『United States, Department of the interior, Bureau of Reclamation：Concrete Manual, 7th Edi』
（13） 股黒弘三『地震に強い木造住宅の設計マニュアル・耐震性を保つメンテナンス手法』エクスナレッジ，1996
（14） 松井郁夫，小林一元，宮越喜彦『ここまでできる!!木組みの家づくり図鑑　木造住宅私家版仕様書　架構編』エクスナレッジ，1998
（15） 須貝高『ホルムアルデヒドによる空気汚染に関する研究』日本建築学会中国・四国支部研究報告第10号1996年3月
（16） 山田雅士『建築の結露―その原因と対策[増補改訂版]』井上書院，1998
（17） 星野昌一「銅屋根の利用と工法」，『ガイドブック銅屋根』社団法人日本銅センター
（18） 吉川翠・阿部恵子・小峯裕己・松村年朗『住まいQ＆A　室内汚染とアレルギー』井上書院，1999
（19） 八木美智子・井出龍子・久光貴子・平井芙美子・八崎美姫・柳野洋子『防除読本　暮らしの害虫』社団法人全国消費生活相談員協会，1997
（20） 国立天文台『理科年表』丸善，1999
（21） 北原覚一『木材物理』森北出版，1986
（22） 日本建築学会編『建築工事標準仕様書・同解説 JASS 5 鉄筋コンクリート工事』，1998
（23） 山室滋『図解建築工事の進め方』市ヶ谷出版，1998
（24） 木下工務店技術本部編『木造住宅施工の実務手順』彰国社，1997
（25） 日本建築家協会都市災害特別委員会『建築家のための耐震設計教本』彰国社，1997
（26） 杉山英男『地震と木造住宅』丸善，1996
（27） 『建築知識』エクスナレッジ，1997・7
（28） 『建築知識』エクスナレッジ，1998・9
（29） 国立医薬品食品衛生研究所化学物質情報部『国際化学物質安全性カード(ICSC)日本語版』食品衛生研究所ホームページ
（30） 『性能保証住宅設計施工基準　木造住宅(戸建・解説付)』財団法人住宅保証機構，1999

■索引

あ－お

相欠き	105
あおり止め金物	95
赤身	96, 105
足場	91, 168, 169
アスベスト	112, 114
アセトアルデヒド	112, 116
アルカリ骨材反応	77
アルカリ総量計算書	77
アンカーボルト	44, 45, 46, 47, 64, 84, 85
アンカーボルト位置施工図	46
いぐさ	111
いすか	54
いも	97, 151
ウール	115, 119
上木	45
受入検査	66, 78
打ち継ぎ時間	68
内法材	40
海砂	77
埋込み長さ	47
エアコン用配管	134, 158
営繕仕様書	32, 61, 70, 76
液状化	17
エコ電線	116
襟輪欠き	126
塩化ビニルモノマー	111, 116
塩ビ壁紙	111
大入れ	106
大矩	52, 89
大矩巻尺	54
オーバーフロー	156
大引き	104, 105
男木	44
折曲げ金物	95

か－こ

加圧注入処理	164
カーペット	111
笠木	143
重ね継手	59
瑕疵担保	33, 82
かすがい	96, 104
仮設工事	168
河川の被害想定図	15
可塑剤	110
型枠	61, 62, 66
型枠の存置期間	70
活断層	13
かど金物	102, 103
角根平頭ボルト	98
金輪継ぎ	41
矩の確認	54, 58, 85, 109
かぶり厚さ	58, 60, 61, 62, 63
空練りモルタル	154
仮筋かい	90, 91
瓦桟	142
含水率	21, 24, 79, 116
木裏	40
木表	40
気乾含水率	24, 128
刻み	40, 43
キシレン	110
木摺	129, 130
基礎パッキン	79, 87
基礎伏図	46
既調合モルタル	151
揮発性有機化合物	110
気泡	67
給水管	116, 134
旧版地形図	13
共振現象	16
共通仕様書	32
切り土	17
釘打ち機	100
雲筋かい	94
くら金物	95
グラスウール	115, 118, 119, 133, 134, 135, 136, 137
クリープ	76
グリーン材	22
クリモグラフ	166
クロス張り	146
燻蒸剤	24, 116
珪藻土	111, 145
契約約款	33
化粧合板	126
桁行筋かい	94
健康住宅研究会	110, 116, 163
建築基準法	26, 29, 31, 60, 61, 63, 79, 99, 130
公庫仕様書	26, 32, 47, 57, 60, 61, 77, 84, 94, 96, 97, 99, 104, 111, 143, 155, 163
鋼製型枠	64
洪積層	13, 16
構造用合板	30, 97, 100, 130
構造用製材	21, 116
工程表	36
合板	121, 123, 130, 148, 163
剛床	30
コールドジョイント	68
国際ガン研究機関	113
固定金具	62, 64, 72
小端立て	57
小屋組	30, 94
小屋筋かい	94
小屋束	96
小屋梁	28
固有周期	16
コルクタイル	111
コンクリート	35, 61, 65, 66, 69, 70, 71, 78
混和剤	72

さ－そ

サイディングボード	114, 130, 153
逆木	41
座金	87
座金付きボルト	86, 101
先付けアンカーボルト	64
酢酸ビニルモノマー	116, 121, 146
ささら桁	127
サッシ	28, 107, 108, 109
座掘り	85, 141
さや管	80
仕上り寸法	26
シーラー	155
シーリング	107, 142, 151, 153, 169
地業	55, 57, 73
軸組	31, 98
軸組図	34, 50
仕口	43
地震被害想定策定調査報告書	12, 18
沈みひび割れ	67
自然乾燥	37
地鎮祭	53
漆喰	112, 129, 145
シックハウス検討会	110
室内濃度指針値	110
地縄	52
地盤調査	19
地盤沈下調査報告書	15
地覆	152
ジャンカ	67
集成材	25, 26, 116
シュート	65, 74
樹脂モノマー	112, 115, 116
ジョイントボックス	161
消費者契約法	82
白太	24, 96, 105
シロアリ	75, 79, 167
シロッコファン	162
人工乾燥	37
心材	24, 96, 105, 130
水圧試験	160
水準器	89
水平構面	30
スウェーデン式サウンディング試験	19
末	41

スクリュー釘 …………………98	通気口 …………45, 60, 78, 79	**は－ほ**
筋かい …………42, 98, 99, 101, 134	通気措置 …………………129, 130	パイプシャフト …………………159
筋かい金物 ………………98, 99	束石 …………………………73, 74	バイブレーター …………………67
捨てコン …………………58, 60, 73	継手 …………………41, 42, 44, 45	葉枯らし …………………………37, 38
スプリングワッシャー ……………128	壷掘り …………………………19	剝離剤 …………………………63, 152
スペーサー …………………60, 74	吊木受け ………………………125	バケット …………………………65
墨出し …………………………58	低臭形塗料 ……………………147	羽子板ボルト …………99, 100, 101
スランプ …………66, 69, 74, 77, 78, 154	手板図 …………………………46, 50	パテ ……………………………146, 155
スリーブ …………………………63, 75	底盤 ………………………59, 60, 61, 62	腹 …………………………………40
背 …………………………………40	手刻み …………………………48, 49, 50	腹起こし ………………………138
製品安全データシート ……………113	鉄筋ユニット ……………………59	バルコニー …………131, 143, 156
石膏プラスター ………112, 124, 145	転圧 …………………………58, 73	板金 …………………142, 143, 153
接着剤 ………111, 112, 114, 115, 116, 121	電気配線 ………………134, 159	番線 ……………………………104, 169
セパレーター ……………………138	天然系塗料 ……………116, 147	氾濫予想区域図 …………………15
セメントペースト ………………66, 67	天端均し …………………71, 72	火打ち金物 ……………………105
セルフレベリングモルタル ………69	胴差し …………………………31, 133	火打ち土台 …………45, 88, 164
セルロースファイバー ………115, 119	透湿防水シート ………107, 129	火打ち梁 …………………42, 105
背割り ………………99, 101, 102, 103	特1等材 …………………25, 43	挽立て寸法 ……………………26
繊維強化セメント板 ……………112	床付け面 ……………………56, 57	庇 ………………………………132
先行足場 …………………91, 169	土質柱状図 ……………………14	ひねり金物 ……………………95
先行モルタル ……………………65	土台 ……………44, 45, 80, 87, 164	非溶剤型塗料 …………116, 147
	土台伏図 ………………………46	表層地質図 ……………………13
た－と	土地条件図 ……………………14, 18	ひら金物 ……………………96, 98
対角線のチェック ……52, 54, 58, 109	特記仕様書 ……………………32	平ラス ……………………150, 151
台直し …………………………62	ドライアウト ……………………145	ピレスロイド系薬剤 ……………165
耐腐朽・耐蟻性 ………………166	取付けピン ……………………136	品確法 ……………………81, 82
タイル …………112, 122, 131, 152, 154	塗料 …………………………116	封水 ……………………………160
田植え式アンカーボルト …………64	トルエン ………………………110	フォーカシング …………………16
卓越周期 ………………………16	ドルゴ通気弁 …………………160	腐朽 …………………79, 80, 105, 166
宅地造成 ………………………17	ドレン ………………………156	複合フローリング ………………111
ダクト ………………………135, 162		節 …………………………22, 25, 42
たすきがけ ……………………94, 99	**な－の**	プライマー ……………………153
畳 …………………………111, 121	長ほぞ ………………………87, 102	プラスターボード ……112, 124, 126
タッカー釘 ……………………149, 151	生コン …………………………66, 78	プラスチックひび割れ ……………69
建入れ直し ……………………89, 90	波形ラス ………………150, 151	フルバック ……………119, 133, 135
建方 …………………………89	難燃剤 ……………………111, 115	プレカット ……………48, 49, 50
たてどい受け金物 ……………143	布基礎 ………………55, 56, 59, 78, 80	振れ止め ………………………94
縦胴縁 ……………………129, 130, 131	根がらみ …………………104, 105, 167	平衡含水率 ……………………24
垂木 ……………………………41, 95	根切り ………………………55, 56, 57	べた基礎 ……………56, 62, 79, 80
単位水量 ………………………77	ネコ車 …………………………61, 65	辺材 ……………24, 96, 105, 130
炭化コルク ……………115, 118, 119	ネコ土台 ………………………72	偏心率 …………………………29
短材 ……………………………42	根太 …………41, 104, 105, 106	ベンチマーク ……………………53
断熱材 ………115, 133, 134, 135, 136, 137	熱貫流率 ………………………118	防雨型 …………………………157
タンピング ………………………67	熱貫流量 ………………………118	防カビ剤 …………111, 112, 115, 116
短ほぞ …………………………87, 102	熱伝導率 ………………………118	防蟻板 …………………………167
地下室 …………………………138	年輪 ……………………………23	防湿型 …………………………157
力骨 ……………………………150	納入書 …………………………66	防湿コンクリート ……72, 74, 79, 80, 104
地質図 …………………………13, 18	軒樋受け金物 …………………143	防湿シート ……………………73
地耐力 …………………18, 19, 56, 57	軒桁 ……………………28, 30, 34	防水紙 ………107, 130, 132, 140, 141, 149, 150, 153, 158
千鳥 ……………………………41, 97	軒天井 …………………132, 144, 155	
中間検査 ………………………81	野地板 ………………………90, 96, 97	防水テープ ……………………107
沖積層 …………………………13, 16	ノンアスベスト …………………112	防虫剤 ……………………115
長尺シート床材 …………………111		防風下げ振り ……………………89
通気管 …………………………160		

防腐・防蟻剤	110, 116
防腐・防蟻対策	163, 165, 166
ボーリング	14
ホールダウン金物	86, 101, 102
補強筋	63, 75
ポリウレタン	115, 118, 119
ポリエチレン	115, 118, 119, 134, 135, 136
ポリスチレン	115, 118, 119
ホルムアルデヒド	96, 110, 111, 112, 113, 115, 116
ポンプ車	65

ま－も

増し締め	128
間柱	125, 132, 133
豆板	67
マラカイドグリーン	111
水糸	54, 55, 56, 61
水切り	143
水セメント比	76
水盛り	53
水盛り缶	152
見積書	35
耳	133
無垢材	25, 111, 121, 127
起り	125
無節	22, 25, 43
室	56
女木	44
目潰し砂利	58
面材耐力壁	100, 130
メンテナンス	80, 162, 167
木材腐朽菌	79
木質構造計算規準	23, 24
木片セメント板	114, 152
木工用ボンド	116, 121, 126
元	41
母屋	41, 95
盛り土	17
モルタル	72, 112, 129, 130, 151, 152

や－よ

矢板	138
屋根葺き材	140
山形プレート	102, 103
遣方	54
ヤング係数	21
優先取組み物質	110, 164
床組	30, 31, 104
床束	104, 105, 167
床伏図	34
ユニットバス	137, 162
養生	69, 87, 92, 108, 122, 170

ら－ろ

ラス	150, 151
ラスボード	124
落下防止ネット	91
乱	95
ランマー	58
リノリウム	111
リブラス	150, 151
レイタンス	68, 71
レベラー	69, 71, 72
レンジフード	162
ローム	13, 18
ロックウール	115, 119

わ

ワイヤーメッシュ	74, 154
和小屋	28, 94
渡りあご掛け	106
ワッシャー	128
割栗石	56, 57, 58

A－Z

BM	53
E0	112
Fc0	97, 112, 121, 123, 148
F1	97, 112, 121, 123, 148
IARC	111, 113, 115, 116
ISM	111
JAS規格	21, 22, 23, 112
JASS	32, 47, 61, 63, 68, 70, 76
JIS規格	98, 112
JIS認定工場	78
KD材	22
MSDS	112, 113, 115
N値	19
RAL	111
SS試験	19, 20
VOC	110, 115
W/C	76
Z釘	98
Zマーク	47, 86, 98

あとがき

　建築主の方を対象に，1996年から工事監理のポイントを『あなた自身で出来る「在来工法木造住宅」の工事監理・公開講座』と題してインターネット上（1999年12月1日にアドレスをhttp://www.asahi-net.or.jp/sesyukanに変更）で公開してきました。
　そして公開以来，多くの建築主の方々から，今現場で起きている問題の数々を教えていただけでなく，埼玉県庄和町の上村様をはじめとして，貴重な情報も数多く提供していただきました。それらのひとつひとつが，この本の内容をより充実したものとする力になったと考えており，深く感謝しております。

　本書の執筆にあたっては，ホームページとは構成や内容を一新したいという意図から，新たに取材を行いました。そうした取材に協力して下さった施工会社のなかに，たまたま「匠の会」の会員社が2社含まれていました。この「匠の会」は，ある住宅情報誌で大変低く評価されています。しかし，本書に掲載された写真をご覧になれば，少なくとも筆者が取材した仕事に関しては，そうした評価はあてはまらないことがおわかりだと思います。有名なハウスメーカーであれば，必ず品質の優れた建物ができるというわけではなく，実際に現場で働く職人さんたちの技能と誠意が品質を決定し，地元で頑張っている工務店であれ有名ハウスメーカーであれ，そうした職人さんを確保できるかどうかが，良好な「施工品質」を実現するための要点であると考えていましたが，はからずもそれが再確認できたと感じています。
　取材には多くの施工会社，材木市場，そしてプレカット工場などの方々にもご協力をいただきましたが，特に，普段どおりの仕事をするなかできちんとした仕事を見せて下さった，「こもだ建総」と「マルイ木材」の大工さんをはじめとした職人さんたちや社員の皆様に，深く感謝しております。

　筆者は，設計・監理の実務に関わるようになってからまもなく30年になりますが，木造住宅に関してはたかだか10年余の経験しかありません。したがって，知識量は決して十分ではないと承知しているつもりです。ただ，言い方を換えれば，20年近い住宅以外の経験を経た上で木造住宅の現場の実情を知ったことで，問題点がよく見えるという側面もあると感じています。残念なことに，住宅工事では当たり前のこととして行われている工事のなかには，問題のある仕事も見受けられるといわなければなりません。もし，筆者が最初から住宅に関わっていたら，そうした問題点に気づいていたかわからないと感じています。
　もちろん，本書に記載された内容が「施工品質の確保」のために必要な要点のすべてではありませんし，浅学菲才のために不十分な記載となっている個所も少なからずあると思っています。そうした点には読者の皆様のご叱責を賜わり，改善の機会が与えられた際に盛り込むことでお許しをいただければと考えております。

　最後に，設計事務所名鑑にも載っていない無名の設計者に本を書く機会を与えて下さった井上書院の関谷勉社長のご英断と，編集を担当していただいた石川泰章氏，山中玲子氏のご努力に深く感謝するとともに，私事で恐縮ですが，私を支えてくれた妻と子供たちに感謝して筆を置きます。

　　　　　　　　　　　　　　　　　　　　　　　　　　　　　　　　　2000年8月　　力石眞一

●著者
力石眞一（ちからいし しんいち）
1971年，武蔵工業大学工学部建築学科卒業／同年，清水建設株式会社設計2部／1989年，生活文化施設担当建築設計部・教育施設設計担当課長を経て，力石眞一建築設計事務所設立，現在に至る。
所在地　埼玉県新座市東北2-7-30
TEL　048-476-9061
Eメールアドレス　chiisan@asahi-net.email.ne.jp
ホームページURL　http://www.asahi-net.or.jp/sesyukan
一級建築士
日本建築学会正会員
著書『住宅現場・公開講座 品質を守る木造住宅の計画と設計』井上書院（2002）

●執筆協力設計事務所
金田建築構造設計室
所在地　東京都足立区柳原2-28-6-103
TEL　03-3870-2590

●取材協力施工会社（50音順）
株式会社こもだ建総
所在地　埼玉県大宮市御蔵797-2
TEL　048-684-8888
匠の会会員
こもだ建総の施工事例には掲載写真に（＊）を付けてあります。
マルイ木材株式会社
所在地　東京都東村山市久米川町1-16-12
TEL　042-397-0101
マルイ木材の施工事例には掲載写真に（＊＊）を付けてあります。

・本書の複製権・翻訳権・上映権・譲渡権・公衆送信権（送信可能化権を含む）は株式会社井上書院が保有します。
・JCLS〈㈱日本著作出版権管理システム委託出版物〉
本書の無断複写は著作権法上での例外を除き禁じられています。複写される場合は，そのつど事前に㈱日本著作出版権管理システム（電話03-3817-5670，FAX03-3815-8199）の許諾を得てください。

住宅現場・公開講座　品質を守る木造住宅のつくり方

2000年8月30日　第1版第1刷発行
2009年3月20日　第1版第10刷発行

著　者　力石眞一ⓒ
発行者　関谷　勉
発行所　株式会社井上書院
　　　　東京都文京区湯島2-17-15 斎藤ビル
　　　　電話（03）5689-5481　FAX（03）5689-5483
　　　　http://www.inoueshoin.co.jp/
　　　　振替 00110-2-100535
装　幀　川端博昭
印刷所　秋元印刷所

ISBN978-4-7530-1978-6　C3052　　　　Printed in Japan

出版案内

住宅現場公開講座 品質を守る設計図の見方・つくり方
力石眞一著／B5判・106頁（二色刷）
木造住宅の欠陥トラブルは，施工段階の不具合に起因するだけでなく，検討不足や配慮に欠けた設計によるものも少なくない。本書では，現場の実際を知ることによって欠陥工事を起こさない設計図がつくれるよう，設計図の不備が原因といえる欠陥工事の実例を通して，その発生を未然に防ぐ方法やポイントを詳解する。●定価2835円

住宅現場公開講座 品質を守る木造住宅の計画と設計
力石眞一・中村茂著／B5判・182頁（二色刷）
在来構法による木造住宅の施工段階において品質を確保するために，設計段階でどのような点に配慮すればよいのかを，設計スケジュールに沿って多数の写真と図表を用いて解説する。適切な判断をするためにおさえておきたいポイントがよくわかる，耐久性・安全性を備えた高品質の家づくりに欠かせない一冊。●定価3675円

木造建築用語辞典
小林一元・高橋昌巳・宮越喜彦・宮坂公啓編／B6判・486頁
木造住宅の現場で実際に使われている用語4000語と図・写真300余点を収録。初心者でもわかりやすいよう記述するとともに，基本用語にはその種類，用途が一目でわかるように構成図を用いて説明する。木材，遣方，基礎，軸組，茶室，床の間，2×4，継手・仕口，建具など，木造建築に必要な用語を毛網羅した本格的辞典。●定価3675円

木造建築の木取りと墨付け
藤澤好一監修，田處博昭著／B5判・160頁（二色刷）
木造建築における大工の伝統的な技術について，自然素材としての木材の扱い方，加工と架構の方法の学び方および大工道具の使い方が容易に理解できるよう，木取りから墨付け，加工，建方に必要な基本知識を作業工程に沿ってわかりやすく図解した。軸組加工の基本と原理を知るうえでも貴重な手がかりとなる参考書。●定価3150円

マンガで学ぶ 木造住宅の設計監理［改訂版］
貝塚恭子・片岡泰子・小林純子著／B5判・146頁
設計事務所入社後初めて，新築住宅の設計から監理までをまかされた女性建築家を主人公に，在来軸組工法による木造住宅の着工から竣工までのポイントを，基礎的・実用的な知識が容易に理解できるようマンガ形式でまとめた。また，改正建築基準法や品確法に準拠するとともに，住宅性能表示制度についても解説。●定価2835円

マンガで学ぶ 木の家・土の家
小林一元・高橋昌巳・宮越喜彦著／B5判・144頁
「木」や「土」といった再生可能な自然素材を使った，人にも環境にもやさしい木組・土壁の家のつくり方を，アレルギーに悩む子をもつ一家の，新居の設計監理をうけもった若手設計者を主人公にマンガ形式で解説。木の調達から木材の加工，建方，土壁塗り，造作，竣工後の手入れまで，各工程のポイントをおさえて整理した。●定価2625円

＊上記価格は消費税5％を含んだ総額表示となっております。